KB103204

방언의 발견

초판 1쇄 발행 / 2018년 3월 30일
초판 2쇄 발행 / 2023년 4월 5일

지은이 / 정승철
펴낸이 / 강일우
책임편집 / 정편집실 이하림
조판 / 박아경
펴낸곳 / (주)창비
등록 / 1986년 8월 5일 제85호
주소 / 10881 경기도 파주시 회동길 184
전화 / 031-955-3333
팩시밀리 / 영업 031-955-3399 편집 031-955-3400
홈페이지 / www.changbi.com
전자우편 / human@changbi.com

ⓒ 정승철 2018
ISBN 978-89-364-7509-3 03700

방언의

발견

정승철 지음

창비

방언 사용권은 인간의 '기본권'

면접이나 발표를 위한 스피치 학원이 성행이라 한다. 이에 '사투리반'이 있는데 여기서 취직 또는 면접에서의 '불이익'을 내세워 사투리를 고치라 권유·선전하고 있는 모양이다. 그들의 광고 문구야 그저 하나의 '상술'로 가벼이 여겨버릴 일이지만, 사투리로 인해 실제 면접에서 불이익을 받는다면 그것은 사회적으로 큰 문제가 된다. 표준어를 쓴다고 일이나 공부를 더 잘하는 건 결코 아닌데 표준어 사용이 합격의 한 요소가 된다니!

더구나 현재의 사투리는 사회 구성원들의 의사소통에 지장을 줄 정도로 심한 것이 아니다. 대개는 약간의 자모음 발음과 억양의 차이만 드러낼 뿐, 문법이나 단어의 상당수는 이미 표준어화하여 거의 동일해졌다. 그러한 까닭에 자모음의 발음이 조금 다르거나 강한 억양을 지닌 특정 지역의 방언 화자들이 해당 학원의 주 고객이 된다. 그 정도의 차이를 사회적으로 용인하지 못해, 수많은 젊은이들이 자존심에 상처를 입고 공연히 돈과 시간을 쓰고 있는 셈이다.

이처럼 그리 크지 않은 차이에도 불구하고 사투리가 교정 대상으로 간주되는 것은, 산업 근대화 시대를 통해 고착화된 표준어 의식이 아직도 위세를 떨치고 있기 때문이다. 즉 '국민 총화'를 저해(?)하는 사투리를 없애고 국가 구성원 모두가 표준어 하나로 소통해야 근대화를 빨리 이룩할 수 있다는 잘못된 인식이 여태껏 우리 사회에 확고하여 이쪽저쪽으로 강한 영향을 미치고 있다는 말이다.

돌이켜보면 '표준어'는 19세기의 제국주의 또는 국가주의 시대의 산물이다. 그것은 서양 제국주의 국가(일본 포함)에서 국민의 의사 전달 수단을 통일하여 국가적 역량을 결집하고 이를 바탕으로 타국에 대한 침탈을 도모하기 위해 제안되었다. 그러기에 종전 후 제국주의가 종식되면서 이들 나라에서는 효력이 다한 표준어 개념을 폐기 또는 유보하기에 이른다. 이로써 보면 광복 이후에 우리는 산업화를 위해 그러한 표준어를 정책적으로 수용한 것이 된다.

하지만 1970·80년대를 거치면서 강력한 표준어 (교육) 정책의 추진 및 매스컴의 발달 등으로 전국의 방언 차는 의사소통에 큰 어려움을 주지 않을 만큼 줄어들었다. 2000년대에 들어서서는 지방자치제가 강화되고 개인용 컴퓨터나 스마트폰의 일반화 등 소통 환경이 엄청나게 바뀌어 '획일'보다 '다양', '전체'보다 '개인'을 중시하는 문화가 급속히 확산되었다. 적어도 이제는 표준어의 유효성을 따져봐야 할 시기가 도래한 것이다. 게다가 지방분권이 시대적 과제가 된 오늘날은 더욱 깊이 이 문제를 고민해볼 때다.

우선은 표준어의 사회적 효용가치가 방언의 소멸(즉 문화적 다양성의 상실)을 상쇄할 만한지 비교·검토할 필요가 있다. 나아가 지금의 시점에서 표준어가 과연 국가 구성원 모두에게 필수적인지 그리고 개인의 언어생활에 국가 표준어를 강제해도 되는지, 또 표준어는 '바른 말'이고 사투리는 '틀린 말'로 보는 사회 분위기가 정말로 국어 또는 국가 발전에 도움이 되는지도 다시 생각해볼 일이다.

사실 국민 전체의 소통 및 국가 발전을 위해 표준어를 쓰자는 논리는, 요즘과 같은 국제화 시대에 의사소통의 편의 및 세계화를 위해 영어를 공용어로 하자는 주장과 별반 다르지 않다. 따라서 우리나라에 영어 공용어가 웬 말이냐 하면서도 표준어는 절대적으로 필요하다고 주장하는 것은 논리적 모순이다. 그저 원하는 사람이 영어를 배워 쓰듯, 표준어도 그리 쓰게 하면 된다. 그러지 않고 지금처럼 표준어(또는 영어)가 제도적으로 강제되었을 때는 아무런 이유 없이 고통을 받는 사람이 생겨나게 마련이다.

　'말'이란 자신이 속한 사회로부터 자연스럽게 물려받는 것이다. 그러한 말을 '틀렸다'고 쓰지 못하게 하는 건 심각한 인권 침해다. 그러므로 그동안 사투리 쓴다고 수난을 당한 사람들의 상처 치유는 차치하더라도, 소통하고 싶은 사람들끼리 표준어든 사투리든 자신이 원하는 말로 이야기할 수 있는 사회, 곧 '방언 사용권'이 존중되는 사회가 지금이라도 만들어져야 한다('사투리'는 표준어와 대립적으로 쓰이는 말이고 '방언'은 표준어와 상관없이 지역 또는 계층에 따라 분화된 말의 체계를 가리키는 용어다).

　그와 같이 사투리에 대한 편견이 없는 사회에서 표준어는 권장어가 된다. 누구나 꼭 써야 하는 '표준어'가 아니라, 써도 되고 쓰지 않아도 되는 그런 '권장어' 말이다. 이들 권장어는 각종 사전(방언사전 포함)에 실려 필요한 사람들에게 소용된다. 물론 지역사회마다 특정 사투리를 권장어로 선정하는 일도 가능하다. 그 결과로서 언어 차별이 없는 동등한 사회가 이룩되어 더이상 이 땅에서 사투리 때문에 피해를 보는 사람이 생기지 않기를 바라는 마음 간절하다.

2018년 3월
정승철

차 례

일러두기

1. 방언학과 관련해서는 『한국의 방언과 방언학』(2013)과 『한국방언자료집』(1987~1995) 및 '우리말샘'(국립국어원)을 비롯한 각종 방언사전, 그리고 기타 일반적인 사항에 대해서는 『한국민족문화대백과사전』(1991)과 한국역사정보통합시스템, 네이버사전 및 사용자 참여형 온라인 백과사전을 참조했다(직접 인용이 아니면 출처를 밝히지 않았다).

2. 이해의 편의를 위해 인용하는 원문 중 일부는 수정을 가했다.

3. 이 저서는 2007년 정부(교육과학기술부)의 재원으로 한국연구재단의 지원을 받아 수행된 연구의 결과물이다(NRF-2007-361-AL0016).

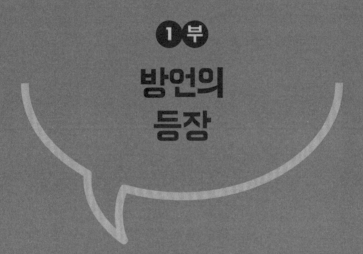

1부

방언의
등장

기원적으로 '방언(方言)'은 '오방지언(五方之言, 다섯 지역의 말)'의 준말이다. 이때의 '오방'은 동방, 서방, 남방, 북방의 4방에다가 중방(中方, 중앙)을 상호 대등한 자격으로 합쳐 이르는 말이다. 이에 따르면 방언은 결국 각 지방에서 쓰이는 말을 가리키게 된다. 그러하기에 본래의 방언은 중앙과 지방 또는 중심과 주변의 이분법적 사고가 강력해지기 이전에 만들어진 말로, 오늘날의 지역어(또는 지방어) 정도의 뜻으로 쓰였다고 할 수 있다.

중국에서는 전통적으로 주변 국가에서 쓰이는 언어에 대해서도 '방언'이란 명칭을 사용했다. 예를 들어, 송나라 사람 손목(孫穆)은 자신이 지은 『계림유사(鷄林類事)』(1103~1104)에서 고려의 말을 '방언'이라 불렀다(사진 1 참조). 우리나라에서도 19세기 말까지는 대체로 방언이 이러한 용법으로 쓰였다. 그리하여 이전 시기에는 우리나라 사람이 '우리말'을 가리켜 이를 때에도 방언이라 부르는 것이 보통이었다.

하지만 시간이 흘러 20세기에 들어서면서부터 방언은 지금처럼 지방어(또는 지역어)로서의 뜻을 확고히 하기 시작했다. 20세기 초에 이와 같은 변화가 일어난 것은 근대문화의 수용 과정에서 중국어 또는 일본어의 영향을 받았기 때문이다(중국이나 일본에서는 이미 오래전부터 방언이 '지방어'란 뜻으로 사용되고 있었다).

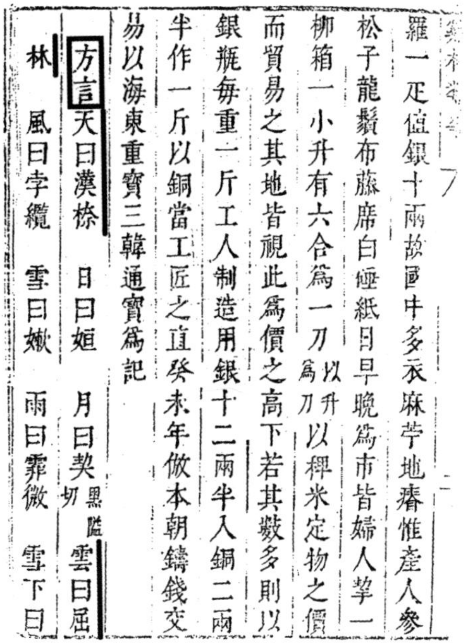

羅一疋値銀十兩故國中多衣麻苧地瘠惟產人參
松子龍鬚布藤席白硾紙日早晩爲市皆婦人挈一
柳箱一小升有六合爲一刀(以升爲刀)以稗米定物之價
而貿易之其地皆視此爲價之高下若其數多則以
銀瓶每重一斤工人制造用銀十二兩半入銅二兩
半作一斤以銅當工匠之直癸未年倣本朝鑄錢交
易以海東重寶三韓通寶爲記
方言天曰漢捺 日曰姮 月曰契(黑隘切) 雲曰屈
林 風曰孛纜 雪曰嫩 雨曰霏微 雪下曰

사진 1 **『계림유사』**

『계림유사』는 송(宋)의 손목이 360여 개의 고려말 단어를 채집·정리하여 책으로 편찬한 어휘집이다. 그는 1103년에 서장관(書狀官, 기록관)으로 송나라 사신을 수행하여 고려에 왔다 간 뒤 『계림유사』를 집필하였다. 서적을 통해 한국어 단어가 이처럼 많이 외국에 소개된 것은 이때가 처음이었다. 『계림유사』에 채록되어 있는 고려말 단어 중 현대어와 음상이 유사한 예를 들어 보이면 다음과 같다.

天曰漢捺: '天(천)'은 '漢(한) 捺(날)'(현대어: 하늘)
雲曰屈林: '雲(운)'은 '屈(굴) 林(림)'(현대어: 구름)

1장
조선시대의 방언

처엄 들을 적은 귀에 서더니
오래 들으니 닉어가더라

19세기 이전의 한국 방언이 어떠했는지를 알려주는 자료는 극히 드물다. 그러한 자료마저도 거의 대부분 해당 지역에서 쓰는 단어 몇 개를 단순히 나열한다든지 혹은 해당 지역의 문화를 서술하면서 일부 사투리 어휘를 포함시키든지 하여 지역 방언에 대한 짤막한 정보를 제공해놓은 것들에 불과하다. 하지만 이런 단편적 자료조차 그리 흔치는 않으므로, 이들 하나하나가 이전 시기의 한국 방언의 모습을 드러내주는 귀한 자료임에 틀림없다.

『훈민정음』과 방언

우리의 역사 속에서 '방언'이라는 말은 대체로 중국의 변방 국가의 언어를 가리키는 뜻으로 쓰였다. 그렇다고 이전 시기에 지방어에 대한 인식이 전혀 나타나지 않았던 것은 아니다. 이러한 면에서 볼 때 해례본[1] 『훈민정음』(1446)의 다음 기록은 매우 중요하다. 비록 '방언'이란 말을 직접 사용하고 있지는 않지만, 당시의 지방어에 대한 직접적인 언급을 담고 있

---

1 '해례본'은 한글로 된 '언해본 훈민정음'에 대해 한문으로 쓰인 '훈민정음'을 구별해 부르는 이름이다.

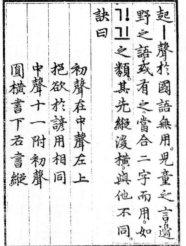

기 때문이다.

　　'ㅣ'가 앞에 와서 'ㆍ'나 'ㅡ'와 결합된 소리는 국어(國語)에서 쓰이지
않으나 아이들 말이나 변두리 시골말에는 간혹 있다.〔ㆍㅡ起ㅣ聲於國
語無用 兒童之言邊野之語或有之〕

　　이 기록은 '이'와 'ㆍ'가 순차적으로 합쳐진 발음 'ㅣ' 그리고 '이'와 '으'
가 순차적으로 합쳐진 발음 'ㅢ'가 훈민정음 창제 당시의 시골말에 존재
했음을 증언한다. 이러한 발음들이 서울말에는 없으나 일부의 시골말에
있었다는 것이다.

　　그러면서 위의 인용문에서는 '국어(國語)'와 '아이들 말(兒童之言), 변두

리 시골말(邊野之語)'을 구별하고 있다. 이때의 '국어'는 오늘날의 중앙어
(또는 표준어)를 가리키고 '아이들 말'은 오늘날의 유소년 언어(이를테면
세대에 따른 방언) 그리고 '변두리 시골말'은 오늘날의 지역 방언을 가리
키므로 이 기록은 15세기 당시에도 지방어의 존재를 인식하고 있었음을
단적으로 보여준다.

17·18세기의 지역 방언에 대한 단편적 기록

제주 목사 이원진(李元鎭, 1594~1665)이 효종(孝宗) 4년에 편찬한 제주
도 읍지 『탐라지(耽羅志)』(1653)의 '풍속(風俗)' 조에 다음과 같은 기록이
나온다.

마을 사람들의 말이 어렵고 껄끄러우며 (억양은) 앞이 높고 뒤가 낮
다. (…) 서울은 '서나(西那)', 숲은 '고지(高之)', 산은 '오름(兀音)'이라
하고 손톱은 '콥(蹄)', 입(口)은 '굴레(勒)'[2], 굴레[3]는 '녹대(祿大)', 쇠로 만
든 재갈은 '가달(加達)'이라고 한다.(村民俚語難澁先高後低(…)以京爲西那
以藪爲高之以岳爲兀音謂爪爲蹄謂口爲勒草轡謂之祿大鐵銜謂之加達)

이는 단편적이지만 제주 지역 사투리에 관한 역사적 기록으로 주목을
받고 있다. 위의 진술에 등장하는 단어 중에 '서나'를 제외하면 거의 모두
현대 제주 방언에서 쓰이는 것들이다.

한편 조선후기의 실학자 홍양호(洪良浩, 1724~1802)는 함경도 경흥 부사
로 부임해 있으면서 『삭방풍토기(朔方風土記)』(1778)를 지었다.[4] 그런데

---

2 '굴레'는 『제주어사전』(2009)에 '입안'을 속되게 이르는 말로 풀이되어 있다.
3 말이나 소 따위를 부리기 위하여 머리와 목에서 고삐에 걸쳐 얽어매는 줄.

이 책 속에서 경흥 사투리로 추정되는 20여 개의 단어가 발견된다.

문은 '오라(烏喇)', 산봉우리는 '장(嶂)', 높은 언덕은 '덕(德)', 가장자리는 '역(域)', 벽은 '축(築)', 얕은 여울은 '슬(膝)', 고양이는 '호양(虎樣)', 셋소는 '윤도리(輪道里)' (…) 작은 수레는 '발고(跋高)'라고 한다.〔門曰烏喇山峰曰嶂高阜曰德邊涯曰域墻壁曰築淺灘曰膝猫曰虎樣貰牛曰輪道里(…)小車名曰跋高〕

『삭방풍토기』에 실린 이들 어휘 대부분은 18세기의 함북 경흥 지역에서 실제 사용되던 방언형일 개연성이 매우 높다. 형태나 의미가 달라진 것도 있지만 '장, 호양'을 제외할 때 이들은 대체로 현대 경흥 방언에서 '우래(집채 주위의 공간), 덕(언덕이나 언덕진 곳), 역(가장자리), 듁(벽), 쓸(강어귀에 쌓인 퇴적물), 눈도리(소를 남에게 빌려주고 그 대가로 새끼를 그냥 가지는 제도), 발귀(눈 위에서 짐을 실어 나를 때 쓰는 바퀴 없는 수레)' 등으로 대응되어 나타난다(곽충구 2001b). 오지로 부임한 관원이 자신이 접한 지방문화에 대한 관심을 '풍토기' 형식의 서록으로 표출했다 할 만하다.

또 오지로 귀양 간 이들도 해당 지역 방언에 관한 기록을 남기는 일이 있었다. 이광명(李匡明, 1701~1778)의 「이쥬풍쇽통(夷州風俗通)」(1756)이 바로 그러했다. 서울 서대문밖 출신(10세 때부터 강화도에 거주) 이광명은 1755년에 함경남도 이주(夷州, 갑산)로 유배되었는데 거기에서 갑산 지역의 풍토기로 「이쥬풍쇽통」을 썼다.

4 이제까지 홍양호의 저술로 알려져온 『북새기략(北塞記略)』은 그의 손자 홍경모(洪敬謨, 1774~1851)가 이 『삭방풍토기』에다가 다른 여러 문헌에서 발췌한 내용을 추가하여 편집·간행한 문헌으로 추정된다(손성필 2014).

노인도 청올치란 말도 모르고 (…) 아희들이 히 펴진 후의 닐어나 털
갓 쓰고 개갓져고리 개갓바지 닙고 쇠갓도록이 물읍ᄀ지 동치고
(7~8면)

이 지역의 "노인들이 '청올치(칡의 속껍질로 꼰 줄)'란 말도 모르고 (…) 아
이들은 해가 난 후에 일어나 벙거지 쓰고 개가죽 저고리와 바지를 입고 소
가죽 신을 무릎까지 동이고" 일하러 나간다는 말이다.[5] 이처럼 이광명은
갑산 지역의 생활문화를 기술하는 가운데, 언어문화상의 차이를 언급하
면서 이 방언의 어휘 "100여 항"(곽충구 2010, 165면)을 채록·보고하고 있다.

유의양, 유배지의 사투리를 기록하다

유의양(柳義養, 1718~1788)은 대대로 서울에 살며 벼슬을 한 전주 유씨
가문의 일원이다. 그는 홍문관이나 사헌부에 주로 근무하면서 부수찬(종
6품), 수찬(정5품), 교리(정5품), 집의(종3품) 등의 벼슬을 살았다(마지막은
종2품의 호조참판).

영조(英祖) 말년에는 시파(時派, 사도세자 지지파)와 벽파(僻派, 사도세자 반
대파) 사이에 벌어진 당쟁의 혼란 속에서 파직과 서용(敍用)이 반복되었
다. 그로 인해 1771년에는 경남 남해도(6개월)로, 1772년에는 충남 아산
(1개월)으로, 1773년에는 함북 종성(4개월)으로 유배를 갔다. 이 시기에 그
는 흥미롭게도 유배지의 산천·풍속·제도·문물·언어 등을 적은 한글 필사

---

5 '털갓(벙거지), 개갓져고리(개가죽으로 지은 저고리), 개갓바지(개가죽으로 지은 바지), 쇠갓
도로기(쇠가죽으로 만든 신)' 등은 현대 함경도 지역에서 쓰이는 방언형이다(곽충구 2010,
184~185면).

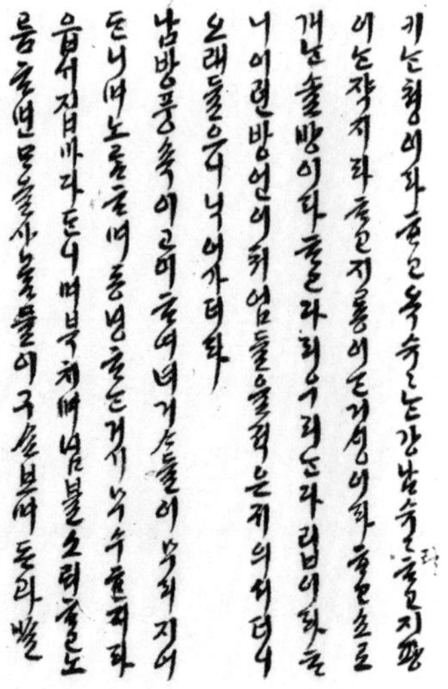

사진 3 『남해문견록』(1771)

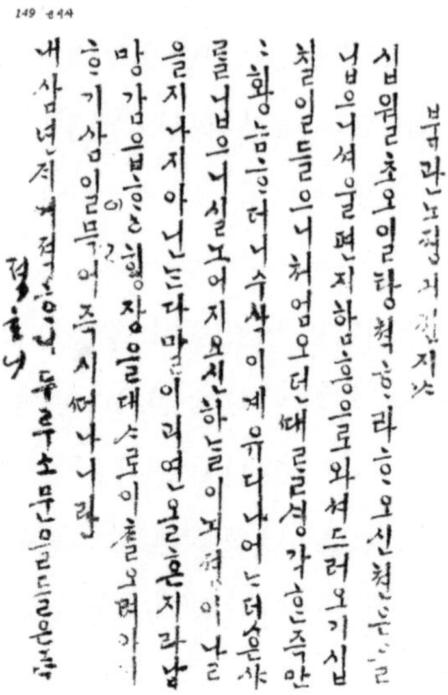

사진 4 『북관노정록』(1773)

본으로 『남해문견록(南海聞見錄)』(1책)과 『북관노정록(北關路程錄)』(4권 4책)을 남겼다.[6]

특히 『남해문견록』에는 30개 남짓의 '남해도' 사투리, 『북관노정록』에는 40여 개의 '종성' 사투리가 채록되어 있다. 일별하면 이들은 대체로 해당 지역에서 사용되는 말을 받아 적은 것으로 판단된다(곽충구 2010). 이 단어들의 대략을 표에 가나다순으로 정리해 보이면 다음과 같다(두 책에 공히 출현하는 항목에 음영을 넣었다).

6 유의양은 남해도 귀양살이 도중에 서울 사는 딸과의 편지 왕래를 위해 한글을 배웠다. "직작년의 내 남히 적소의 이신 쌔 언문을 급히 빈화 (어린 딸에게) 편지후고"(『북관노정록』 권3, 51면). 하지만 『북관노정록』은 유의양이 직접 쓴 게 아니라, 그가 부르는 내용을 어린 딸이 한글로 "받아써서" 필사한 것이라 한다(최강현 역주 1999, 39면).

표 1 『남해문견록』과 『북관노정록』의 사투리

표준어형	『남해문견록』(1771)	표준어형		『북관노정록』(1773)
계집애	가산아히	가져오라		개야오라
기러기	글억이	갓[冠]		빗갓
		강가		기역
		고양이		곤냥이
너희	늑의	꽹이		곽지
		꺼병이(꿩의 새끼)		딜우기
다리미	다립이	다섯		닷쾌
달라	도라	댕기		당긔
		도토리		밤
		동아		춤동화
먹어라	묵으라	매양		뇨궁
바빼 걸어라	핑핑 거르라	바빼 걸어라		직요 거르라, 종종 거르라
		밤[栗]		춤밤
병아리	비가리	병아리		뱡우리
뽕	뽕	벙거지		털갓
		부르는 소리	닭	죠죠
			돼지	오루러
			돼지새끼	꿀꿀
			망아지	허허
		부엌		경지
솔개	솔방이	솔개		슐개
		수수		숙기
아무렇게나	함부래	아우		더런이
아직	당ㅅ	어렵다		밧부다
		어미		워미
		여섯		엿과
옥수수	강남슈슈	옥수수		옥숙기
올케(오빠의 아내)	올체	올케(오라비의 처)		올집어미
옷	핫옷	핫불모	오색	백색	허여여
	홑옷	홋불모		청색	퍼러러
	겹옷	겹불모		홍색	발가가
	긴 옷	긴 불모		황색	누러러
	짧은 옷	져른 불모		흑색	검어어
			일곱		일패

표준어형	『남해문견록』(1771)	표준어형	『북관노정록』(1773)
저희	즉의	장마 졌다	마 졋다
지렁이	거싱이	채	치
지팡이	쟉지	천둥소리	쇠나기 운다
질경이	뵈피장이	형	형이
키(箕)	청이	호박	동화
		홍두깨	다드미대
화로	화틔	황소	둥구레

이처럼 유의양은 서울말과 유배지의 말 사이에 존재하는 어휘상의 차이를 섬세하게 기록해놓았을 뿐 아니라 당시의 방언 실태에 대해 부분적이나마 언급하기도 했다.

　　북도 말들이 아라듯지 못흘 스토리 만흐나 경성 이북은 도로혀 경성 이남들이어서 (…) 죠곰 나은 듯 ㅎ다 ㅎ나 처엄으로 드르니 알기 어렵더라. (『북관노정록』 권3, 54~55면)

함경북도의 경우, 경성(鏡城) 이북의 사투리가 오히려 그 이남에 비해 더 알아듣기 쉽다는 말이 있으나 유배지 종성(경성 이북에 위치)의 사투리를 처음 들었을 때는 이해하기가 어려웠다는 것이다. 하지만 그는 어떠한 사투리라도 자꾸 들으면 이해 가능하게 된다고 이야기한다.

　　이런 방언이 처엄 들을 적은 귀에 서더니 오래 들으니 닉어가더라. (『남해문견록』 46면)

'방언'을 처음 들을 때는 귀에 설고 알아듣기 어려우나 시간이 지나면

귀에 익어 이해할 수 있게 된다는 말이다. 이로써 보면 유의양은 자주 접하면 접할수록 상호 의사소통이 가능해지는 방언의 본질을 자신의 유배 체험을 통해 이미 인지하고 있었던 셈이다.[7] 아울러 그의 진술에서 사투리에 대한 부정적 인식은 별로 드러나지 않는바, 유의양은 방언에 대해 매우 우호적 태도를 지닌 인물이었음을 알게 된다.

청이로 까분 뒤에 사창귀로 단단히 묶어서 정지간에 들여놓아라

서울 출신의 실학자 이덕무(李德懋, 1741~1793)도 지역 방언에 매우 우호적인 태도를 보인 인물이다. 한성부 관인방 대사동(지금의 종로구 인사동)에서 태어난 그는 매우 박학다식하고 글을 잘 썼으나 서자였기 때문에 출세에 제약이 많았다.

하지만 그 명성이 두루 알려지면서 정조(正祖)에게 발탁, 1779년에 규장각의 외각 검서관(책의 교정·출판을 관장하는 관리)이 되었다. 그 이후 14년간 주로 규장각에 근무하면서[8] 많은 책의 출판에 관여하고 고증학적인 학문 토대를 마련하여 훗날 정약용(丁若鏞, 1762~1836), 김정희(金正喜, 1786~1856) 등에 학문적 영향을 많이 준 실학자로 평가받는다.

그의 호가 '청장관(靑莊館)'이어서 그의 저작을 모아놓은 저술 총서가 바로 『청장관전서』(1795)다. 방언과 관련하여 이 전서에 실려 있는 「한죽당섭필(寒竹堂涉筆)」(권69) 속에는 다음과 같은 흥미로운 이야기가 나온다. 이 글의 제목이 '신라 방언'이다.

지방의 관리가 되어 사투리를 알면 그 지방의 사정(事情)을 쉽게 알

---

7 언어와 방언을 구분하는 제1의 기준으로 '상호 의사소통 여부'를 들기도 한다.
8 그는 '사근역 찰방, 적성 현감' 등의 외직을 겸하였다.

수 있다. 내가 처음 사근역(沙斤驛)⁹에 부임했을 때 아전이나 종의 말을 듣고 무슨 말인지 도무지 알 수 없었다. 이는 대개 그들이 사투리를 사용했기 때문이었다. 그들 또한 내 말을 잘 알아듣지 못해서 착오를 일으키는 일이 많았다. 얼마 지나 나도 사투리를 익혀서 드디어 백성을 대할 때 사투리를 사용하게 되었다.

한번은 환곡(還穀)을 거두어 곳간에 들일 때 시험 삼아 하인들에게 사투리로 말하였다.

"거치(居稤)가 온전하지 않으면 나락(羅洛)이 새게 된다. 청이(請伊)로 까분 뒤에 사창귀(沙暢歸)로 단단히 묶어서 정지간(丁支間)에 들여놓아라."

때마침 서울에서 온 손님이 옆에 앉아 있다가 입을 가리고 웃으면서 무슨 말이냐고 묻기에 다음과 같이 일일이 풀이해주었다.

"거치는 '섬〔苫〕'이고 나락은 '벼〔稻〕', 청이는 '키〔箕〕'입니다. 그리고 사창귀는 '새끼〔藁索〕', 정지간은 '곳간〔庫〕'을 가리키지요."

* 거치: 곡식 따위를 담는 가마니. 현재의 함양 지역어에서는 '섬'.
* 나락: 벼. 현재의 함양 지역어에서도 '나락'.
* 청이: 곡식을 까불러 쭉정이나 티끌을 골라내는 도구. 현재의 함양 지역어에서는 '쳉이'. 이는 '청이〉쳉이'의 변화를 겪은 것이다.
* 사창귀: (짚으로 만든) 새끼. 현재의 함양 지역어에서는 '사네끼'.
* 정지간: 곳간. 현재의 경상도 방언에서 '정지' 또는 '정짓간'은 '부엌'을 가리킨다.

「한죽당섭필」은 이덕무가 경상남도 함양군 사근역의 찰방(察訪, 역참을

---

9 '사근역'은 지금의 경남 함양군.

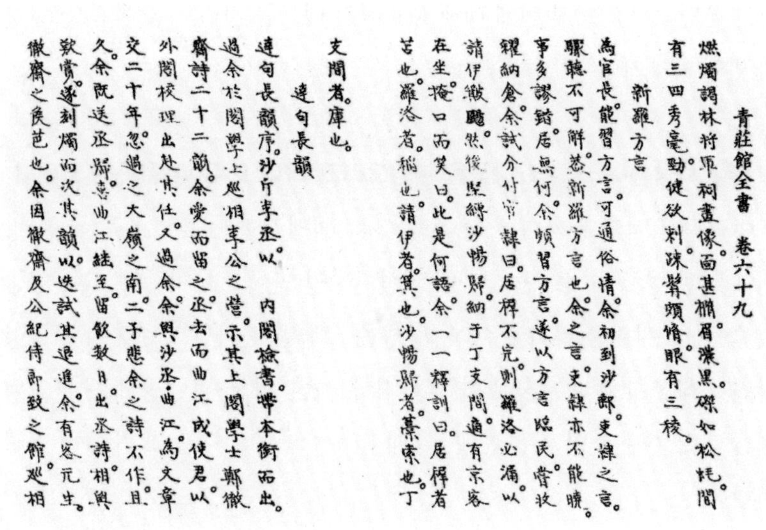

燃燭調林杵碓畫像。面甚欄眉漆黑。有三四秀毫勁健欲刺眛鬐頗憎眼有三稜。如松杧間。

青莊館全書　卷六十九

新羅方言

為官長能習方言可通俗情。余初到沙郵吏禥之言聒聒不可辨。恕新羅方言也。余之言吏隸亦不能曉。事多謬錯居焉。何余頗習方言。始以方言臨民曾牧鯉納倉余試令什官肄日。揮不完則羅浴必潘以蹛伊徹鬷然堅緋沙閪鬷紉于丁支閪通有京卷請伊者聽俊絆暢驟。此是何語余一一釋訓曰居揮者也。沙閪者憙索也。丁苫也。羅浴者稻。逈請伊者在生掩口而笑曰此是何語。

支閪者庫业。

逺句長韻

逺句長韻序。沙斤李丞以　内閣徐書带本衙而止過余校閣學上邳相亭公之譽。不其上閣學士鄭徹齋詩二十二韻之正。去而曲江成侫君以外閣校理此处其仕又過余興沙丞亭日以交二十年怱過之大嶺之南二子悲余之詩不作且久余院送丞歸歸墅。曲江越至留歸余以逡試其眞歟賞遂刻燭而次其韻以选试其有怱詩相興徵齋之良芑也。余因徹齋及公紀侍卽致之館处相

사진 5 **이덕무의 '신라 방언'** (『청장관전서』 1795)

관장하던 종6품의 관직)으로 부임(1781)한 뒤에 지은, 경상도 지방에 관한 견문록이다. 사근역 관아의 동헌이 '한죽당(寒竹堂)'이었으므로 그 이름을 따서 글의 제목으로 삼았다.

비록 몇 예에 불과하지만 위의 이야기 속에 당시의 서울말과 지방말의 차이가 그대로 드러나 있다. 나아가 자신의 말(서울말)과 아전이나 종의 말(아마도 함양말)이 상호이해가 불가능한 것이었다는 진술도 보인다. 그러기에 이는 조선후기에 지역 간의 말이 달라 의사소통의 어려움이 있었음을 보고한 매우 귀중한 기록이다.

한편으로 그보다 더 중요한 것은 이 이야기에서 다른 지역 방언에 대한 편견이나 부정적 인식이 전혀 드러나 있지 않다는 점이다. 심지어 서울 사람이 지역 사투리를 따라 하기도 한다. 이로써 보면 이덕무는(그의 말을 듣고 웃던 '손님'도) 방언에 대해 우호적인 태도를 지닌 서울 사람으로, 가히 방언 애호가라 할 만하다.

시골 사람들이 기필코 경음을 본받으려고 하니 모두 다 잘못된 일이다

이덕무와 거의 동시대를 산 존재(存齋) 위백규(魏伯珪, 1727~1798)는 방언에 관한 한 우호적이면서도 매우 선진적인 인식을 보여준다. 그는 영농(營農)을 중시한 실학자로, 거의 평생을 고향인 전라남도 장흥에 머물러 살면서 향촌 교육과 저술에 힘썼다. 경학·지리·역사·의학 등에 관한 그의 저술이, 그 후손들이 엮은 문집 『존재집(存齋集)』(1875) 총 22권 속에 실려 전한다.

어떤 사람은 "요즘은 산골이나 바닷가 촌구석 사람 모두 한양 옷을 입고 한양 말을 쓸 수 있다. 이로써 비루하고 속된 풍속을 바꿀 수 있으니 기뻐할 만한 일이다."라고 한다. 하지만 나는 기뻐할 일이 아니라고 생각한다. 모든 존재는 바탕이 있은 뒤에야 문채(文彩)를 내고 멀리까지 지속될 수 있기 때문이다. (…) 따라서 퇴옹(退翁, 퇴계 이황)이 영남의 발음을 고치지 않은 것은 참으로 의미가 있다. (『존재집』 4, 49면)

위의 진술에서 위백규는 놀랍게도 지방의 말이나 풍속이 서울식으로 바뀌는 것을 기뻐할 일이 아니라고 말한다. 더불어 퇴계 이황(李滉, 1501~1570)이 중앙 관직에 진출하고도 경상도 사투리를 바꾸지 않은 사실을 우리에게 전해준다. 본바탕이 중요하므로 자신이 쓰던 방언을 바꾸는 일이 그리 바람직하지 않다고 생각한 것이다. 여기에서 더 나아가 그는 지금 사람들이 보기에 매우 파격적인 주장을 제기한다.

옛날 신라는 영남지방의 말을 경음(京音)으로 삼았고 백제는 호남지방의 말을 경음으로 삼았다. 고구려는 관서지방(평안도)의 말을 경음으로 삼았고 단군은 해서지방(황해도)의 말을 경음으로 삼았다. 예맥은 관동지방(강원도)의 말을 경음으로 삼았고 옥저는 관북지방(함경도)의 말을 경음으로 삼았다.

언제 도읍을 기준으로 그곳의 토속을 변화시킨 적이 있었는가. 지금은 경음을 가지고 향음(鄕音, 지방 사투리)을 놀리고 비웃기 때문에, 한양에 다녀간 시골 사람들이 기필코 경음을 본받으려고 하니 모두 다 잘못된 일이다. (47면)

위백규는 '경음(서울말)'과 '향음(사투리)'을 구분하고 이전 시기에는 '도읍(서울)'을 기준으로 '토속(지방)'을 변화시킨 적이 없었다고 지적한다. 그러고는 지방 사투리 쓰는 것을 비웃는 행위와 서울에 다녀간 시골 사람들이 자신의 방언을 버리고 서울말을 배우는 행위가 모두 잘못되었음을 설파한다. 이를테면 위백규는 자연스럽게 습득한 각자의 방언을 중시하는 방언 예찬론자이자 표준어 반대론자였던 셈이다.

하지만 역설적으로 이 진술은 당시에 서울말이 중앙어로서 자신의 지위를 확고히 하고 있었음을 시사하기도 한다. 서울말이 정치·경제·문화의 중심어로 역할을 하고 있었기 때문에 사투리가 놀림과 비웃음의 대상이 되고 서울을 동경하는 시골 사람들이 기필코 서울말을 배우고자 했다는 것이다. 앞서 이황에 관한 언급을 통해서도 당시의 지방 출신 관리들이 서울로 진출할 때 자신의 말을 서울말로 바꾸려 했음을 알 수 있다.

말을 배울지라도 서울 사람에게 배우게 하오

현재의 서울말은 한국의 표준어이면서 사실상의 중앙어다. 즉 그것이 현대 한국사회에서 정치·경제·문화 및 행정의 중심어로 기능한다는 밀이다. 이러한 사정은 조선시대에도 크게 다르지 않았을 것으로 추정된다. 다음 진술이 당시의 그러한 사정을 짐작하게 한다.

그런 말은 경상도 사람의 사투리지 셔울 사름 ᄒᆞᄂᆞᆫ 말은 아니오니 말을 비홀지라도 셔울 사름에게 비호게 ᄒᆞᆸ소. (『인어대방』 권6, 20면)

한국어를 배울 때 이왕이면 사투리가 아니라 서울말을 배워야 한다는 것이다. 이로써 우리는 당시의 조선사회에서 지방어로서의 '사투리'가 확실히 인식되고 있었으며, 그와 대비하여 서울말이 중앙어로서의 분명한 지위를 확보하고 있었음을 알게 된다.

하지만 당시의 서울말이 설사 오늘날의 표준어와 같은 역할을 수행했다 하더라도, 사투리에 대한 배타적이며 비하적 태도는 지금만큼 강하지는 않았던 것으로 생각된다. 필요에 따라 서울말을 배우는 이들이 어느 정도 있었겠지만, 대부분의 사람들은 그럴 필요성을 크게 느끼지 못했을 터이기 때문이다. 조선후기 사투리에 대해 긍정적인 태도를 보인 인물들(이원진, 홍양호, 이광명, 유의양, 이덕무, 위백규 등)의 진술은 바로 그러한 사회 분위기를 간접적으로 드러낸다. 이와 같은 상황은 시간이 흘러 19세기 말의 근대계몽기에 들어서서도 크게 달라지지 않는다.

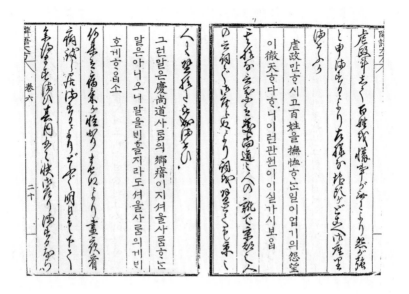

사진 6 『인어대방』(1790)

『인어대방(隣語大方)』은 정조 14년(1790)에 일본어 학습서로 간행되었다. 이 책에서는 흘림체로 쓴 일본어 문장에다가 한국어 번역을 병기함으로써 양자의 비교를 통해 일본어를 배울 수 있도록 하였다.

이러한 구성으로 인해 일본에서는 이를 재편집해 한국어 학습서로 활용하였다(현전하지는 않지만 정조 때 간행된 한국의『인어대방』에 앞서 일본의『인어대방』이 편찬되었다는 주장도 있다). 한국어 문장에다가 일본어 번역을 붙여[10] 한국어를 배우는 책으로 편찬한 것이다. 이로써 보면『인어대방』은 한일 양국 사이에서 한국인을 위한 일본어 학습서이자 일본인을 위한 한국어 학습서로 공히 사용된 교과서였던 셈이다.

---

10 일본에서 편찬된『인어대방』에는 한국어 문장을 주문(主文)으로 하고 그 오른쪽 공백에 주해처럼 가타카나(カタカナ)로 어절별 번역을 달아놓았다.

2장
근대의 계몽운동과 방언

영남 말씨는 강직하고
호남 말씨는 내교가 많다

일반적으로 '근대계몽기'란 갑오개혁(1894~1896)에서 대한제국(1897~1910)에 이르는 시기를 가리킨다. 이는 우리나라가 서양 문물을 받아들여 종래의 봉건적 질서와 의식을 타파하고 근대국가로 전환하기 위해 거국적으로 개혁정책과 계몽운동을 활발히 펼치던 시기다. 시기 획정에 관한 여러 이견[1]이 존재하기는 하나, 통상적으로는 19·20세기 교체기를 전후하여 근대적 사회체제를 갖추고 계몽을 통해 봉건적 대중을 근대적 국민으로 바꿔나가려는 운동을 가열차게 전개한 애국계몽의 시기를 근대계몽기라 부른다.

이와 같은 근대적 변혁의 시기에 온 세상은 사회진화론[2]에 경도되어 있었다. 이는 개인뿐 아니라 그들로 구성된 민족이나 사회, 나아가 국가도 생존경쟁을 통해 진화해나간다는 이론이다.

---

1 가장 넓게는, 외세에 의해 개항이 강제되는 강화도조약(1876) 이후부터 일제강점(1910)이 이루어지기 전까지의 시기를 이르기도 한다.
2 영국의 사상가 스펜서(Herbert Spencer, 1820~1903)가 제안한 사회발전이론. 그는 당시의 유럽에 산재해 있던 생물 진화에 관한 여러 이론을 종합하고 이를 인간 사회에 적용시켜 사회진화론을 창안하였다. 훗날 다윈(Charles R. Darwin, 1809~1882)은 이와 같은 스펜서의 사회진화론을 받아들여 그 유명한 '생물진화론'을 정립하였다.

이에 따르면 약한 개체(또는 집단)가 경쟁에서 도태되고 강한 개체(또는 집단)가 '적자생존'하여 살아남는 것은 인간이 거스르기 어려운 자연의 법칙이다. 그러한 까닭에 사회진화론자들은 우월한 민족이 열등한 민족을 지배하고 강한 나라가 약한 나라를 지배하는 일을 매우 자연스러운 현상으로 이해하였다. 이로써 보면 사회진화론은 19세기 서구 열강의 제국주의에 이론적 기반을 제공한 이데올로기의 하나였다고 할 수 있다.

그럼에도 불구하고 피식민 국가의 지식인들은 민족자강을 통한 부국강병을 실현할 목적으로 불가피하게 그러한 사회진화론을 수용하였다. 이 이론에 의하면 약한 사회집단은 도태되게 마련이므로, 그들은 자국민에 대한 계몽과 교육을 바탕으로 실력을 양성하여 자신들의 사회를 강한 사회집단으로 진화시키고자 하였다.[3] 이러한 차원에서 이 시기 한국사회의 많은 애국계몽사상가들은 사회 진화를 통한 국권회복에 궁극적인 뜻을 두고 민족계몽 및 교육활동에 온갖 노력을 다 기울였다. 그들에게 계몽과 교육에 기초한 민족자강은 국가 간 생존경쟁에서의 승리를 담보하는 가장 중요한 요건이었다.

그런데 이 시기에 우리 민족을 계몽하고 교육하는 데에는 그 도구가 되는 '어문(語文)'이 문제였다. 당대 지식층은 한자(또는 한문)를 사용하는 게 일반이었고 한글을 쓸 줄 아는 사람들마저도 표기 방식이 여럿이어서 통일된 글쓰기 방식이 존재하지 않았기 때문이었다.

그들이 보기에 이와 같은 한자(또는 한문)의 사용 및 한글 표기법의 혼란은 당시에 사회 구성원들의 원활한 의사소통을 방해하는 결정적인 요

---

3 피식민지 지식인의 이러한 태도는 자칫 잘못하면 제국주의에 적극적으로 동조하는 결과를 초래할 가능성이 있었다. 그 전형적인 예가 바로 이광수(李光洙, 1892~1950)의 '민족개조론'이다.

소의 하나가 되었다. 특히 외세 침탈이라는 위기 상황에서 민족 구성원 사이의 불통 및 분열은 곧 국권상실을 초래하는 일이었다. 그리하여 이 시기의 애국계몽사상가들은 통일된 한글 표기 규범이 마련될 수 있도록 한국 어문에 대한 정리와 연구가 무엇보다 우선함을 지속적으로 역설하였다.

『황성신문』, 각지 사투리에 관해 이야기하다

근대화의 시기, 민족계몽을 위한 언론매체 『황성신문(皇城新聞)』은 1898년에 남궁억(南宮檍, 1863~1939) 등이 창간한 일간신문이다. 1910년 일본의 강제합병 이후에는 '한성신문(漢城新聞)'으로 이름이 바뀌어 발행되다가 그해 9월에 폐간되었다. 일제의 을사늑약(1905) 강제 체결에 항거하면서 장지연(張志淵, 1864~1921)이 쓴 「시일야방성대곡(是日也放聲大哭)」(1905.11.20)은 이 신문을 대표하는 가장 유명한 논설이다.

'방언'과 관련하여 1900년 10월 9일자 『황성신문』에는 다음과 같이 매우 흥미로운 논설이 실렸다. 이 기사의 원제목은 '언어가정(言語可整)'인데 요즘 식으로 바꾸면 '말을 잘 다듬어 쓰자' 정도가 된다(사진 1 참조).

이 논설에서는 서울 지역을 중심으로 19세기 말의 전반적인 언어 실태에 대한 관찰을 통해 언어통일을 위한 정리의 대상 및 방향에 관해 언급하고 있다. 근대계몽기의 유력 신문사에서 당시의 언어 상태를 진단하고 이를 바탕으로 국가에 대해 어문 정리 작업의 조속한 수행을 촉구한 것이다. 이 기사는 당시 서울 각 지역 및 계층의 언어 상태와 전국 방언에 대한 인식, 그리고 당시 유행하던 비속어나 은어 등에 관한 진술을 담고 있어 우리의 호기심을 자극한다. 한 구절, 한 구절 따라가면서 읽어보자.

이 논설의 첫 부분에서는 서울의 여러 지역[4] 또는 신분에 따른 말투에 대한 인상을 이야기한다. 그리 넓지 않은 영역 안에서도 "현저히" 다른 말

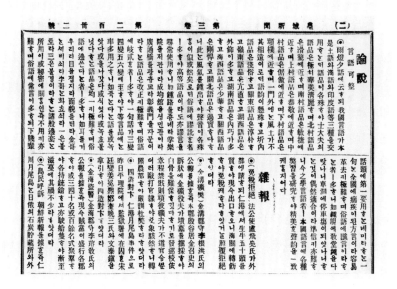

사진 1 『황성신문』(1900.10.9)의 논설 「언어가정」

투가 상존함을 아울러 지적하고 있다(국한문 혼용으로 된 원문을 현대어로 옮겨서 인용함).

항간에 이르되, 우리나라 말은 본래 고유어[土語]와 한자말[漢語]과 불교식 외래어[印度語] 3종을 섞어 쓰는데 말투가 각각 다르다.

사대부(士大夫)의 말투는 극히 청아하고 수려하며[華美淸麗], 북촌(北村) 말투는 익살스럽고 오만하며[滑鶩], 남촌(南村) 말투는 좀 빠르다[敏捷]. 상촌(上村) 말투는 정중하고[恭敬], 중촌(中村) 말투는 거만하며[倨

---

4 서울 옛 동리의 인문·지리에 관해서는 강명관(2009) 참조.

傲〕, 하촌(下村) 말투는 완고하다〔頑樸〕. 이 지역들은 풍토가 크게 다르지 않은데 말투는 현저히 다르다.

첫째, 북촌 말투는 익살스럽지만 오만하다. 북촌은 종로(또는 청계천)의 북쪽 지역(현재의 북촌 한옥마을 인근)이다. 오랫동안 조선 도읍 한양의 정치·경제적 중심지였기에 이러한 지역적 특성이 말투에 배어 있었던 듯하다. 오늘날의 정치인 말투가 연상된다.

둘째, 남촌 말투는 빠르다. 남촌은 청계천 남쪽에서 남산에 이르는 지역을 가리킨다(그 일부가 현재의 남산골 한옥마을이 되었다). 이 지역에는 전통적으로 무반 또는 가난한 선비들이 주로 거주했는데 이들의 말투가 조금 빨랐음을 보고한 것이다. 지금은 듣기 어려워진 전형적인 서울 말투는 나긋나긋하면서도 조금은 빠르다.

셋째, 상촌 말투는 정중하고 중촌 말투는 거만하며 하촌 말투는 완고하다. 당시의 서울은 청계천을 따라 상촌(上村)과 중촌(中村)과 하촌(下村)의 구분이 있었다.[5] 대체로 상촌은 청계1가 및 종로1가의 위쪽 지역, 중촌은 청계2가와 3가 주변 지역, 그리고 하촌은 청계4가와 5가의 아래쪽 지역이다.

이전 시기에 상촌은 전통 양반이 살던 곳, 중촌은 중인이나 전문 직업인이 살던 곳, 하촌은 하급 군인이 살던 곳이다. 이 논설의 기록에서 직업 또는 신분, 이를테면 사회계층에 따라 상대적으로 각각 정중하거나 거만하거나 완고한 말투를 보였다는 것이 재미있다.

---

5 '상촌'은 현재의 서촌 근방으로 '웃대 마을'이라고도 했다('종로'가 중심). 이 '웃대 마을'에 대해 왕십리 부근의 '하촌'을 '아랫대 마을'이라 불렀다. '중촌'은 이들 사이, 즉 상촌과 하촌 사이에 있었다.

기내(圻內) 말씨는 천속(淺俗)하고, 관동(關東) 말씨는 순박(淳朴)하며, 영남(嶺南) 말씨는 강직(冗直)하다. 또 호서(湖西) 말씨는 외식(外飾)이 많고, 호남(湖南) 말씨는 내교(內巧)가 많다. 그리고 해서(海西) 말씨는 소화(少華)하고, 관서(關西) 말씨는 강한(剛悍)하며, 관북(關北) 말씨는 과실(過實)하다. 이처럼 각각 말이 다른 것이 풍토나 기운(風氣)의 차이에서 비롯되었다 하니 아마도 그런 것 같다.

이 논설의 두 번째 부분이다. 여기에서는 당시 사람들 사이에 공유되었을 듯한 전국 8도 방언(현재는 '제주도' 포함 9도)에 대한 인상을 밝혀놓았다. 이때의 '기내'는 경기도, '관동'은 강원도, '영남'은 경상도, '호서'는 충청도, '호남'은 전라도, '해서'는 황해도, '관서'는 평안도, '관북'은 함경도다. 이 논설에 기술된 내용을 바탕으로 당시의 사람들이 8도 방언을 어떻게 인식하고 있었는지 살펴보자.

우선, 경기도. 경기도 말씨의 천속(淺俗)함은 가볍고 쉬운 것이다. 그러기에 경기도의 천속한 말씨는 새침한(예쁘게 쌀쌀맞은) 말씨 또는 새초롬한 말씨에 가깝다고 하겠다. 강원도 말씨가 순박하다거나, 경상도 말씨가 강직하다고[6] 한 것은 지금도 흔히 회자되는 이야기다.

다음으로, 충청도 말씨는 외식이 많단다. 격식을 차리면서 에둘러 말한다는 것이다. 지금의 충청도 말투에 빗대보면, 직접적이거나 단정적이기보다는 격식을 차려 빙빙 돌려 말하는 우회적 성향이 매우 강한 말투다. 결국 이는 매우 정중하고 유연한 말투를 가리킨다고 할 수 있다.

---

6 어쩌면 '강직하다'보다 '씩씩하다'가 이에 더 잘 어울릴 듯싶다.

그리고 전라도 말씨의 '내교'는 '내공(內功)'이다. 말에서 안으로 갈고 닦은 힘이 많이 드러난다는 뜻이다. 말에 내공이 있음은 곧 말투가 은근하고 구성지며 맛깔스럽다는 것이다. 이는 결국 구수한 말투에서 연성되는 인상이다.

이어서 북한 말씨[7]에 대해 언급한다. 먼저 황해도. 황해도 말씨의 '소화(少華)'는 조금 화려하다는 것이다. 이는 말이 수다스럽지 않으면서 타협적이며 은근히 재치 있는 것을 나타내는 듯하다. 평안도 말씨의 '강한(剛悍)'은 '강인함'일 테고, 함경도 말씨의 '과실(過實)'은 매우 실하다는 것이니 '묵직하고 끈덕짐'을 드러내는 표현일 성싶다. 이제까지의 진술을 한데 모아 적어보면 다음과 같다.

경기도 말씨는 새초롬하고, 강원도 말씨는 순박하며, 경상도 말씨는 씩씩하다. 그리고 충청도 말씨는 정중하며, 전라도 말씨는 맛깔스럽다. 황해도 말씨는 재치 있고, 평안도 말씨는 강인하며, 함경도 말씨는 묵직하다는 인상을 준다.

이처럼 특정 언어와 방언에 대해 갖게 되는 심리적 상태나 그런 느낌을 '언어 의식' 또는 '언어 태도'라 한다. 결국 이 부분은 전국 각 방언에 대한 당시 한국인들의 언어 의식을 서술한 것이 된다. 물론 이러한 언어 의식은 개인차가 무척 커서 구성원 모두가 공감한다고 장담하기는 어렵다.

그럼에도 불구하고 여기서 강조하고 싶은 것은 이 논설에서 지역 방언에 대한 차별적인 태도가 거의 드러나 있지 않다는 사실이다. 나아가 이곳

---

7 북한 말씨에 대해서는 직접 접하는 일이 드물므로 해당 논설의 축자적 표현 등에 의지하여 각 방언에 대한 인상을 간단히 서술하기로 한다.

저곳에 상존하는 방언 차를 각 지역의 풍토 차에서 비롯한 자연스러운 차이로 받아들이고 있기까지 하다. 당시 사람들이 가졌던 지역 방언에 대한 인식을 단적으로 엿볼 수 있는 대목이다.

다음으로, 이 논설에서는 속어(俗語) 명칭의 출현과 다양한 속어 표현에 대해 진술하기도 한다. 속어란 당시 사회에서 통속적으로 쓰이는 말을 가리킨다.

속어에는 잘못 바뀐 것이 많은데도 그러한 말이 흔히 사용된다. 가령 종로(鍾路)를 '종네'라 하고 장악원(掌樂院)을 '재관', 성균관(成均館)을 '성민관', 광통교(廣通橋)를 '광충교', 창의문(彰義門)을 '자문'이라 하는 것은 고치기 극히 어려운 말이다.

여기서의 '장악원'은 궁중 음악과 무용에 관한 일을 다루는 관청, '광통교'는 청계1가에 있는 다리, 그리고 '창의문'은 한양 도성의 사소문(四小門) 중 서북문을 가리킨다. '종네'와 '성민관'을 포함하여 이러한 속어 명칭은 지금은 거의 사용되지 않는 것들이다. 현재는 광통교 대신 '광교'가, 그리고 창의문 대신 '자하문(紫霞門)'이 더 자주 쓰일 뿐이다.

이와 같이 지명이나 기관 명칭을 줄이거나 발음을 바꿔 쓰는 예는 지금도 우리 주위에서 흔히 발견된다. 이 부분에서는 그러한 속어를 고치는 것이 매우 어려운 일이므로, 말을 정리할 때 유념해야 함을 이야기하고 있다. 이에 덧붙여 '죽다'는, 이를 나타내는 말이 꽤나 여럿이어서 문제가 된다고 보았다.

속어에는 여러 가지 표현이 같은 뜻을 나타내는 경우가 많다. 가령

'죽다'는 '녹이다, 올라가다, 식다' 또는 '녹초 부르다' 등으로 쓰이는데 이와 같은 말들은 통일하기 지극히 어렵다.

위의 진술에 의하면 당시에는 '죽었어' 대신에 '녹였어, 올라갔어, 식었 어'나 '녹초 불렀어'가 쓰였다.[8] 여기서는 '죽다'처럼 동일한 뜻을 나타내 는 여러 표현의 예를 들고 이러한 표현들을 하나로 통일하는 일의 어려움 을 호소하고 있는 것이다.

'죽다'는 오늘날에도 '(올라)가다, 잠들다, 눈을 감다, 숨을 거두다, 손 가락을 놓다' 또는 '뒈지다/뒤지다, 뻗다, 골로 가다' 등 여러 가지로 달 리 쓰인다. 이로써 보면 이들 중 '(하늘나라로) 올라가다'는 이때부터 지금까지 110여 년간 일관되게 '죽다'를 대신하는 말로 사용되어온 셈 이다.

다음은 이 시기의 포도청 '변언(邊言)'에 관한 것이다. 이때의 '변언' 또 는 '변(邊)'은 범죄 수사에 사용되는 은어를 가리킨다.

속어에 '변' 쓰는 것이 많으니 '귀(耳)를 기울이라', '눈(目)을 접지라', '면모(面貌)를 대라'가 그것이다. 또 김가(金哥)는 '끼비쇠'라 하고 이가 (李哥)는 '화초쇠'라 하며, 일(一)은 '불토'라 하고 삼(三)은 '불경'이라 한 다. 이와 같은 변투(邊套)는 비밀스럽게 사용되는 것이므로 일반화하여 쓰기는 지극히 어렵다.

가령 당시의 포도청에서 범죄 용의자가 김(金)씨일 때는 '끼비쇠'라 부

---

8 『표준국어대사전』에 따르면 '녹초가 부르다'는 현재 '녹초(맥이 풀어져 힘을 못 쓰는 상태)가 되다'의 속된 말로 쓰인다.

르고 이(李)씨일 때는 '화초쇠'라 불렀다는 말이다.[9] 여기서는 이러한 은어들을 일반화해서 사용하기 어렵다는 점을 지적하였다.

한 언어 속어에 상언(常言)이 많은데 하층민의 말투에 제일 자주 쓰이는 '네미'라 하는 말은 전국에 고질이 된 '방언(方言)'이라 쉽게 없애기 매우 어렵다. 또한 속어에 참언(讖言)이 많아 '종현(鍾峴)에 교당종(敎堂鍾)을 달았나니', '차동(車洞)에 정거장(停車場)이 되었나니' 하는 말이 바로 그것인데 이는 믿기 어렵다.

여기서의 '상언'은 '욕'이고 '참언'은 황당무계한 '예언'을 뜻한다. 이 부분에서는 하층민이 쓰는 '네미'(현재는 '니미')란 욕이 고칠 수 없을 정도로 널리 퍼졌다는 사실을 밝히면서 이와 같은 욕이나 황당무계한 말이 쉬 없어지지 않아 언어 정리를 어렵게 함을 하소연한 것이다. 이때의 '방언'은 '지역 방언'이 아니라 계층어의 뜻으로 쓰이는 '사회 방언'을 가리킨다.

마지막으로 이 논설의 결론이다. 언어와 관련된 혼란스러운 당시의 상황에 대해 언어의 정리와 통일 작업이 필요함을 언급하고 있다.

지금 언어를 배우는 자가 우리나라 말에 각종 폐습을 연구하여 아름다운 말로 통일할 수 있게 할지어다.

이에서 보는 대로 이 논설에서는 당시의 혼란스러운 언어 실태를 지적하고 이를 바탕으로 국어의 연구와 정리 및 통일을 촉구하고 있는 것이다.

---

9 허남오(2001)에 따르면 조선시대의 수사 은어에서 김씨는 '끼비쇠'(또는 '개비쇠'), 이씨는 '화초쇠', 박씨는 '등걸쇠', 조씨는 '빽빽이쇠'로 칭했다고 한다.

훗날 여러 방면에서 이러한 요구들이 봇물같이 터져나와 국문의 정리와 통일을 위한 공동연구기관의 설치를 대한제국에 요청하게 된다.

국문연구소가 설치되다

1905년 7월, 관립 의학교(1899~1907) 교장 지석영(池錫永, 1855~1935)은 한글 표기의 통일을 주장한 상소 「신정국문(新訂國文)」을 대한제국 학부 (현재의 교육부)에 제출하였다. 그는 한국사회에 종두법(천연두 백신)을 본격 적으로 도입·보급한 개화파 의학자이면서 한글 옥편 『자전석요(字典釋 要)』(1909) 등을 간행한 국어 연구자였다. 대한제국 정부는 그러잖아도 통 일된 표기 방식의 필요성을 느끼고 있던 터에 당대의 유수한 어학자 지석 영이 상소를 올리자 이를 받아들여 표준 규범으로 삼고자 하였다.

하지만 「신정국문」은 이론상·실용상으로 여러 문제를 내포하고 있었 다. 그러한 까닭에 관립 한성법어학교(1895~1906)[10] 교장 이능화(李能和, 1869~1943)는 1906년 5월, 한글 표기 규범 마련을 위한 공동연구기관의 설립을 주장하는 의견서를 학부에 냈다. 그리하여 1907년 7월, 대한제국 정부는 학부 산하에 '국문연구소'(1907~1909)를 설치하고 한글 연구를 위 한 전문위원들을 선임하였다. 이로써 보면 국문연구소는 비록 2년 반 정 도 유지된 한시적 기구였지만, 사실상 최초로 이 땅에 세워진 국립 국어연 구기관이었던 셈이다.

처음에는 학부 학무국장 윤치오(尹致旿, 1869~1950)를 위원장(소장)으 로 하여 이능화, 주시경(周時經, 1876~1914), 현은(玄檃, 1860~1934) 및 일본 인 사무관 우에무라 마사키(上村正己) 등 소수의 연구자가 위원으로 임명

---

10 이 법어(프랑스어)학교를 비롯한 여러 외국어학교는 1906년에 한성외국어학교로 통합되었다 가 1911년에 일제의 조선교육령에 의거하여 폐교되었다.

되었다. 그 이후 연구를 더 진행해가는 과정에서 인원을 보충하여 지석영, 이종일(李鍾一, 1858~1925), 어윤적(魚允迪, 1868~1935) 등을 추가 위촉하고 한국어문에 관한 사항을 한층 심도 있게 논의하였다.

이 시기의 국문연구소는 문자 체계 및 표기 규범의 확립을 목표로, 1907년 9월에서 1909년 12월까지 총 23차례의 회의를 열었다.[11] 이 자리에서 한글과 관련된 10가지 현안에 대해 논의하고 그 결과를 정리하여 「국문 연구 의정안(議定案)」 및 「국문 연구」를 작성하였다.[12] 1909년 12월에는 이들을 한데 묶어 380여 장의 보고서를 만들고 이를 학부에 제출하였다. 국문연구소에서 논의된 10개 주제 중 흥미로운 사항만 여기에 드러내 보이면 다음과 같다.

(1) 모음 글자 'ᄋᆞ'(아래 아)의 폐지 여부
- 결과: 'ᄋᆞ'는 '아'와 혼동되나, 'ᄋᆞ'를 그대로 사용함.
- 근거: ① 전통적 표기 관습에 부합함. ② 공문서에 사용됨. ③ 표기의 통일에 유용함.

(2) 'ㄷ, ㅅ, ㅈ, ㅊ, ㅋ, ㅌ, ㅍ, ㅎ' 받침의 사용 여부
- 결과: 전통적 표기 관습에 부합하지 않으나, 이들을 받침에 사용함.
- 근거: ① '훈민정음'의 규정에 부합함. ② 규칙적 표기를 위해 이들 받침의 사용이 반드시 필요함.

(3) 자모 이름의 통일
- 결과: 기윽, 니은, 디읃, 리을, 미음, 비읍, 시옷, 이응, 지읒, 치읓, 키

---

11 이 국문연구소의 활동에 관한 자세한 사항은 이기문(1970) 참조.
12 「국문 연구 의정안」은 회의의 최종 결정 사항을 정리한 것이고, 「국문 연구」는 각 현안에 대해 연구위원들이 자신의 의견을 정리한 것이다.

읏, 티읕, 피읖, 히읗.
- 근거: ① '훈몽자회'의 기본 자모 이름을 따름. ② '훈몽자회'의 원칙에 따라 모든 자모의 이름을 체계적으로 정비함.

이에서 보듯 국문연구소의 주된 관심은 글말로서 표기 체계를 통일하는 데에 놓여 있었다. 글을 통한 의사소통의 효율성과 통일성을 위해 어떠한 문자 체계, 또 어떠한 한글 표기 방식을 채택해야 할지에 논의가 집중되어 있었다는 말이다. 제한적이나마 문자 체계 및 표기 규범을 정립해가는 과정에서 부수적으로 표준어 또는 사투리의 문제가 언급되기도 하였다.

어찌되었든 국문연구소의 연구 결과, 즉「국문 연구 의정안」은 극심한 정국의 혼란으로 끝내 공표되지 못하였다. 더구나 국문연구소 활동이 종료된 뒤 얼마 지나지 않아 일본의 강제합병(1910.8.29)이 이루어짐으로써「국문 연구 의정안」은 그대로 사장되는 운명에 처해졌다. 그럼에도 불구하고 국문연구소의 이와 같은 활동과 그 연구 성과는 주시경 및 그의 제자들에게 계승되어 훗날「한글 맞춤법 통일안」(1933)을 배태하는 원동력이 되었다.

이능화, 사투리에 근거해 'ㅇ'의 폐지를 반대하다

이능화(李能和, 1869~1943)는 충북 괴산 출신의 역사학자이자 민속학자다. 그는 1889년에 영어(英語)학교, 1894년에 한어(漢語, 중국어)학교, 1897년에 법어(法語, 프랑스어)학교, 1906년에 일어(日語)학교를 졸업하였다. 그의 학력에서 드러나듯 이능화는 외국어 능력이 매우 뛰어난 인물로 당대에 명성이 자자했다. 그로 인해 훗날 그는 관립 한성법어학교 교장(1906~1908) 및 관립 한성외국어학교 교감(1909~1910) 등을 역임하게 된다.

이능화는 일제강점 이전에는 국문연구소의 위원직을 맡는 등 국어 연구에 상당한 노력을 기울였으나, 강점 이후에는 역사와 종교 및 민속 연구에 전념하였다.[13] 그러한 까닭에 그의 국어 연구에 관한 상세는 그가 국문연구소의 연구 보고서로 집필한 「국문 연구」(1909)를 통해 확인할 수밖에 없다. 이에 따르면 그는 문자 체계 및 표기 규범의 확립을 목적으로 방언에 관심을 가졌던 것으로 판단된다.

> 각지 사토리(辭吐俚) (…) 〈예〉 ox: 옥스=영국인 발음, 악스=미국인 발음 ∥ 馬: 몰=전라남도 발음, 말=서울 발음
> 국내 각처 방언(方言)에 대ᄒ야 'ᄋ'자곳치 그 쓰임이 적당ᄒ것이 무(無)ᄒ니. 〈예〉 서울말=허고, 사투리=하고. 각지 '방언'에 따라 호(呼)ᄒ나 기사(記寫)ᄒ 때에는 반드시 'ᄒ고'로 쓰니 'ᄋ'를 쓰는 법이 매우 적당타 홈이오.

'말'과 '몰', '하다'와 '허다'가 당시의 "사토리"에 모두 쓰이므로, '믈' 또는 'ᄒ다'와 같이 'ᄋ'를 사용해 적음으로써 표기의 통일을 가능하게 할 수 있다는 것이다. 이에 전적으로 의지하면 'ᄋ'자는 한글 표기를 통일하는 데 효율성을 제공하는 필수불가결한 문자가 된다. 이러한 생각을 바탕으로 그는, 국문연구소에서 'ᄋ'자 사용 여부를 논할 때 약간의 발음 차를 보이는 지역 사투리의 예를 판단의 근거로 들면서 'ᄋ'자 폐지가 불가하다는 의견을 내세우게 된다. 이와 같은 그의 논리 속에서 사투리에 대한 편견은 전혀 드러나지 않는다.

13 그는 조선총독부가 조직한 조선사편찬위원회(1922~1925) 및 조선사편수회(1925~1945)의 위원으로, 1922년부터 15년간 『조선사』(1938) 편찬에 종사하였다.

주시경, 어문 정리를 위해 사투리에 관심을 가지다

주시경(周時經, 1876~1914)은 황해도 봉산 출신의 국어 연구자다. 그는 어문의 정리와 연구를 통해 민족의 발전을 이루고자 한 어문 민족주의자로, 근대계몽기를 대표하는 어학자의 한 사람이다.

주시경은 서당에서 한문을 배우다가 신학문에 눈을 떠 1894년에 배재학당에 입학하였다(1900년에 졸업). 1896년 4월에는 배재학당 강사이자 『독립신문』(1896.4~1899.12)을 창간한 서재필(徐載弼, 1864~1951)에게 발탁되어 독립신문사의 회계 겸 교정 담당 직원이 되었다. 그는 순한글『독립신문』의 제작에 관여하면서 한글 표기의 통일을 위해 '국문동식회(國文同式會)'를 조직하는 등 국어에 대한 연구에 전력을 다하였다.

국문연구소 위원으로도 활동했던 주시경은 당대 최고의 국어 연구자였다. 그는 배재학당, 보성학교, 숙명여학교, 이화학당, 협성학교 등에서의 정규 강사 생활로 매우 바쁜 와중에도 상동청년학원에서 단기간의 국어 강습소(1907~1914)를 열어 국어 관련 집중 강의를 진행하였다. 그 결과 김두봉(金枓奉, 1889~1961), 신명균(申明均, 1889~1940), 이규영(李奎榮, 1890~1920), 권덕규(權悳奎, 1891~1949), 이병기(李秉岐, 1891~1968), 최현배(崔鉉培, 1894~1970), 정열모(鄭烈模, 1895~1967) 등 유수한 국어 연구자를 제자로 배출하였다.

그는 강의와 연구를 병행하면서도『대한국어문법』(1906), 원고본 문법서『말』(1906~1907),[14]『국어문전음학』(1908),「국문 연구」(1909),『국어문법』(1910),『말의 소리』(1914) 등 당시로서는 상당히 많은 국어 관련 업적을 남겼다. 이를 통해 주시경은 한글 표기법의 이론적 기초를 제공하였으

---

[14]『말』은 주시경이 직접 쓴 여러 개의 원고 뭉치(총 94장)를 하나로 묶은 미완성 문법서다.

며, 한자 폐지와 한자어의 순화 및 한글의 풀어쓰기 등 어문 생활을 개량하기 위한 효율적인 방안을 마련하는 데에 열과 성을 다 바쳤다.

이와 같이 주시경은 궁극적으로 통일된 한글 표기 규범을 마련하는 데에 목적을 두고 국어 연구를 진행하였다. 그 과정에서 간간이 일부 지역 사투리의 언어 현상에 관심을 보였다. 가령 주시경은 그의 저술 『말』에서 ㅂ불규칙 및 ㅅ불규칙용언이 경상도 말에서 규칙용언으로 대응되어 나타난다는 사실을 기술하고 이로부터 표기 방식의 통일 문제를 자세히 논하였다.

'ㅂ'으로 끝나는 동사나 형용사 어간은 명사를 꾸밀 때에 'ㅂ'을 발ᄒ는 것도 잇고 아니 발ᄒ는 것도 잇으니 (…) 이는 심히 번잡ᄒ고 무리ᄒ니 또 이러ᄒᆫ 불편으로 보면 영어(嶺語, 경상도 말)에서와 같이 'ㅂ'을 발ᄒ는 보통식(普通式)을 씀이 더욱 좋으니라. (50면)

더워: 이는 '덥어'의 'ㅂ'을 뺀 '더어'의 '어'를 '워'로 잘못 발ᄒ는 것이니 (…) 경상도 말대로 'ㅂ'을 빼지 말고 '덥어'라 ᄒᆷ이 심히 좋으니라. (64면)

지어: 이는 '짓어'에서 '짓'의 'ㅅ'을 빼고 발ᄒ는 것을 기(記)ᄒ는 것이니라. (…) 경상도 말에서는 '지어'라 안이ᄒ고 '짓어'라 ᄒᄂ니라. (76면)

위에서 보듯 '덥다'와 같은 ㅂ불규칙용언은 경상도 말에서 '덥다, 덥고, 덥어, 덥으니'와 같이 'ㅂ'을 항상 발음하는 규칙용언으로 실현된다.[15] 나

---

15 함경도 말도 이와 동일한 모습을 보인다.

아가 '짓다'와 같은 ㅅ불규칙용언 또한 경상도 말에서 '짓다, 짓어, 짓으니'와 같이 'ㅅ'을 항상 발음하는 규칙용언으로 실현된다.[16] 즉 'ㅂ'이나 'ㅅ'을 받침으로 하는 동사나 형용사의 활용 방식에서 경상도 말(ㅂ규칙활용 및 ㅅ규칙활용)과 서울말(ㅂ불규칙활용 및 ㅅ불규칙활용)이 차이를 드러내는 것이다.

이처럼 주시경이 이 지역 사투리의 언어 현상에 주목했던 것은 궁극적으로 통일된 한글 표기 방식을 정하기 위함이었다. 예를 들어 '덥다/더워/더운, 짓다/지어/지으니'(서울말)나 '덥다/덥어/덥은, 짓다/짓어/짓으니'(경상도 말) 중에 어느 쪽을 표준으로 하여 적는 게 좋을지에 대한 판단의 근거를 마련할 목적으로, 그가 방언 현상에 주의를 기울이게 되었다는 말이다.

여기서 흥미로운 것은 주시경이 경상도의 ㅂ규칙활용 또는 ㅅ규칙활용을 오히려 표준으로 인정하고 있다는 점이다. 즉 어떠한 지역 사투리라도 규칙적인 모습을 드러내면 표준어로 삼을 수 있다 한 것이다.

이로써 보면 주시경은 표준어의 설정 기준을 '수도(首都)의 지역성'이 아니라 '어문의 규칙성'에 두었음을 알 수 있다. 이러한 태도는 정치적 차원이 아니라 어문의 기능적 차원을 중시하는 그의 언어관에서 비롯된 것으로 보인다. 이와 같이 어문의 정리와 통일을 최종 목표로 하되 모든 지역 사투리를 편견 없이 동등하게 바라보려는 그의 시각은 오늘날의 관점에서도 크게 주목할 만하다.

---

16 전라도·제주도·함경도 말이 모두 그러하다.

왓니껑, 장 다 보앗니껑, 갓니껑

이 시기의 사투리와 관련하여, 1908년 11월에서 1911년 5월까지 간행 (통권 23호)된 잡지 『소년(少年)』도 눈여겨볼 필요가 있다. 『소년』은 육당 최남선(崔南善, 1890~1957)이 자비로 출간한, 민족계몽을 위한 종합잡지 이다.

최남선은 서울에서 출생한 계몽주의자이면서 시인이자 역사학자다. 그는 1919년 3·1만세운동 때 독립선언문을 기초하는 등 민족운동에 기여한 바 있으나, 훗날에는 조선총독부의 조선사편수회 위원(1928~1945) 및 만주 건국대학 교수(1939~1945) 그리고 일본의 침략전쟁을 선전하는 언론인으로 활동하는 등 지속적으로 친일 행위를 함으로써 광복 후 세인들로부터 무수한 비판을 받았다.

하지만 그는 일제강점 이전에는 전형적인 애국계몽주의자였다. 최남선은 18세가 되던 1907년에 출판기관인 신문관(新文館)을 창설하고 이곳에서 대중을 계몽하는 내용의 책을 출판하기 시작했다. 특히 그는 민족계몽을 위해 신문과 잡지의 역할이 매우 중요하다고 생각하였다. 아울러 민족자강을 달성하는 데는 장차 나라를 이끌어갈 청소년들을 깨우치는 일이 가장 우선하는 것이라 여기고 있었다. 그리하여 그는 자신이 세운 출판기관에서 『소년』을 창간·발행하며 이를 통해 청소년들을 계몽하고 그들에게 민족정신 및 민족자강의식을 고취하고자 하였다.

이처럼 『소년』이 목표한 바는 교육과 계몽을 통해 당시의 청소년들을 '신문명인'으로 이끄는 것이었다. 이를테면 최남선의 '소년(少年)'에는 신문명으로 무장한 신세대라는 의미가 함축되어 있었던 셈이다.

나아가 최남선은 이러한 '소년'들 사이에 서로 이해하고 소통할 수 있는 기회가 필요하다고 생각하였다. 그리하여 그는 『소년』지 말미에 '소년

사진 2 **소년 통신** (『소년』 2-1, 1909.1)

경상북도 안동군의 이삼십 리(里) 근방에 '-껑'이란 '방언(方言)'이 잇스니 서울말로 하면 '-슴니까'라는 뜻이라. 가령 '오섯슴니까'를 여기 사람들은 '왓니껑'이라 하고, '가십니까'를 '갓니껑'이라 하오.[17] 그러므로 이곳 속담에 '안동읍의 장(場)은 3껑이면 파한다' 하나니 '왓니껑, 장 다 보앗니껑, 갓니껑'을 두고 말함이오.

또 경상도에 공통적인 방언을 몇 개 더 통보하오리다. 숫가락=술, 소=쇠, 함지박=방통이[18], 아버지=아배, 어머니=어매. (경북 봉화의 강희목姜熙木 보고)

강원도 철원 근방에서는 서울말로 '-시오'를 '-교'라 하나니 가령 '오시오'는 '오교'라 하고, '가시오'는 '가교'라 하오. (강원도 철원의 강창희姜昌熙 보고)

통신(少年通信)'이라는 독자 투고란을 두고 각지 '소년'들에게, 자신이 사는 곳의 '명승, 고적, 풍습, 방언, 인물, 산물, 기이한 자연 현상, 학교 교훈,

---

17 지금은 '-니껑'이 아니라 '-니이꺼' 또는 '-니이껴'를 쓴다. 〈예〉 갔니이꺼? 또는 갔니이껴?(갔습니까?)

18 지금은 '방티이'라 한다. 이는 '방통이〉방퉁이〉방팅이〉방티이'의 변화를 겪은 것이다.

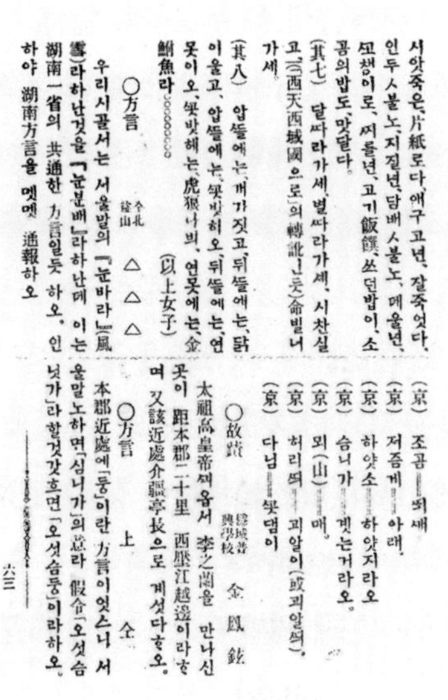
서얏죽은,片紙로다,애구고년,잘죽엇다,
인두ㅅ불노,지질년,담배ㅅ불노,메울년,
꼬챙이로,찌를년,고기飯饌,쓰던밥이,소
곰의밥도,맛달다。
(其七) 달따라가세,별따라가세,시찬실
고,(「西天西域國으로」의轉訛ㄴ듯)命빌너
가세
(其八) 압뜰에는,깨가짓고,뒤뜰에는,닭
이울고,압뜰에는,꽃밧헤오,뒤뜰에는,연
못이오,꽃밧헤는,虎狼나뷔,연못에는,金
鯽魚라 (以上女子)

○方言 全北 益山 △△△

우리시골서는 서울말의「눈바라」(風
雪)라하난것을「눈분배」라하난데 이는
湖南一省의 共通한 方言일듯 하오。인
하야 湖南方言을 몃몃 通報하오

(京) 조곰=쬐깨
(京) 저즘께=아래,
(京) 하얏소=하얏지라오
(京) 슴니가=겟는거라오。
(京) 뫼(山)=매。
(京) 허리띄=괴알이(或괴알띄)。
(京) 다님=꽃댐이

○故蹟 鏡城普興學校 金鳳鉉

太祖高皇帝께옵서 李之蘭을 만나신
곳이 距本郡二十里 西壓江越邊이라ᄒᆞ
며 又該近處介驪亭長으로 계섯다ᄒᆞ오。

○方言 上 仝

本郡近處에「둥」이란 方言이잇스니 서
울말노하면「심니가」의意라 假令「오섯슴
닛가」라할것갓ᄒᆞ면「오섯슴둥」이라하오。

六三

사진 3 소년 통신 (『소년』 2-4, 1909.4)

우리 시골서는 서울말의 '눈바라(風雪)'라 하는 것을 '눈분배'라 하는데 이는 호남지역에 공통적인 방언일 듯하오.[19]

또 호남 방언을 몇 개 더 통보하오. 조금=쬐깨, 저즘께[20]=아래, 하얏소=하얏지라오, -슴니까=-겟는거라오, 뫼(山)=매, 허리띠=괴알이(혹 '괴알띄')[21], 대님=꼿댐이. (전북 익산의 △△△ 보고)

우리 군 근처에 '-둥'이란 방언이 잇스니 서울말로 하면 '-심니까'라는 뜻이라. 가령 '오섯슴니까'는 '오섯슴둥'이라 하오. (함경도 온성 보통학교의 김봉현金鳳鉉 보고)

동요, 전설' 등을 적어 보내줄 것을 요청하였다. 특히 '소년 통신'은 '문례(文例)'를 통해 소통의 전제가 되는 글쓰기의 방식을 제시하고 있다는 점에서 주목된다.

19 '눈분배'는 현재 충남 일부 지역에서 사용되는 방언형이다.
20 이는 '접때'(오래지 아니한 과거의 어느 때)의 전라도 방언형이다.
21 지금은 '괠띠'가 쓰인다.

문례 1: 우리 시골에는 어느 때부터인지 "감 노아라 배 노아라 대초까지 겻드려 노아라." 하난 동요가 있난데 그 뜻은 (…) 한 말이리오. (『쇼년』1-1, 93면)

이 문례에서 보듯 『소년』은 독자 투고를 받으면서 그 뜻을 풀어 설명할 필요가 있을 경우에 서울말로 해주기를 요구했다. 말하자면 '소년'들 사이의 소통을 위한 매개 언어로 최남선은 '서울말'을 선택한 것이다. 앞쪽의 사진 2, 사진 3은 그러한 '소년 통신'의 예들이다.[22]

이들에서 보듯 각지 '소년'들은 주어진 '문례'에 맞추어 자신의 사투리를 보고하였다. 하지만 '소년 통신'은 이와 같은 '지역문화의 소개'에서 더 나아가 '서울말에 바탕을 둔 통일된 글쓰기 방식'을 전국 각지에 보급하려는 잡지사의 기획 의도에서 비롯된 것이었다. '서울말로 글 쓰는 법'의 확산을 통해 각 지역 '소년'들에 대한 계몽과 그들 사이의 소통을 도모하였다는 말이다.

그런데 『소년』에서 서울말이 계몽의 언어로 부각되었음에도 불구하고 '소년 통신'에는 사투리에 대한 배타적이거나 비하적인 태도가 거의 드러나 있지 않다. 아직은 우리나라에 강력한 표준어의 시대가 도래하지는 않았던 것이다. 그 이후, 표준어가 사회 전면에 나서는 가운데 사투리를 주변적인 요소로 밀어내기 시작한 것은 일제강점기에 들어서서의 일이었다.

---

22 두 글은 『소년』 2-1(1909.1)과 2-4(1909.4)에 실렸다(이 두 호의 '소년 통신'에만 각지 사투리가 보고되어 있다).

2 부

표준어의
대두

'표준어'는 19세기의 서양 근대화 과정에서 등장한 국가주의(또는 민족주의)의 소산이자 상징물이었다. 이 시기에는 국가나 민족 구성원에 대한 교육과 계몽을 통해 사회 발전을 이룰 수 있도록 어문의 통일이 추구되었고 이를 위해 한 국가 또는 민족의 공용어로서 표준어가 제정되었다. 이때의 표준어로는 대체로 일반 사람들이 쓰는 '구어(口語)' 그리고 정치·경제·문화·행정의 중심지인 '수도(首都)의 방언'이 선택되었다.

이와 같은 표준어는 의사소통 수단을 통일하여 민족적(또는 국가적) 역량을 결집할 목적으로 마련되었다. 그러기에 이 시기의 표준어는 해당 사회 구성원들을 결속하는 수단으로서, 타국에 대한 침탈을 도모(제국주의 국가의 경우)하거나 그러한 외세의 침탈에 대항(피식민 국가의 경우)하는 데 크게 기여하였다. 이로써 보면 표준어는 식민지를 개척하려는 제국주의 국가나 그러한 제국주의로부터 독립을 모색하려는 피식민 국가의 구성원 모두가 그 필요성을 인정한 서구적 근대화의 산물이었던 셈이다.

우리나라의 경우, '서울말'을 중심으로 한 표준어 개념은 조선총독부(1910~1945)에 의해 정책적으로 처음 도입되었다. 일제강점기 이전에도 서울말이 중앙어로서의 역할을 수행해온 바 있으나 국가적으로 공인을 받은 것은 아니었다. 하지만 일제강점 이후 공식적으로 서울말에 국가어로서의 자격이 주어짐에 따라 그것은 점차 모든 출판물에서 절대적 지위를 확보하게 된다.

이와 같은 과정을 거쳐 표준어가 성립하면서 이 땅의 방언(또는 사투리)은 언제나 표준어와의 대립관계 속에서 파악되었다. 시간의 흐름에 따라 표준어를 더욱 강조해가는 가운데 방언은 차츰 시골의 말이자 표준어가 아닌 것, 나아가 없어져야 할 말을 의미하게 되었다. 표준어의 대두가 결과적으로 방언의 위축을 초래하게 된 것이다.

이러한 상황에서 조선어학회의 주도로 표준어 사정(查定)이 이루어졌다. 그러한 작업의 최종 결과물로 1936년에 서울말 단어 하나하나에 표준어의 자격을 부여한 '조선어 표준말 모음집'이 간행된다. 『사정한 조선어 표준말 모음』(조선어학회 발행)이 바로 그 책이다(사진 1 참조).

사진 1 『사정한 조선어 표준말 모음』(1936)

　『사정한 조선어 표준말 모음』은 조선어학회의 '표준어 사정위원회'에서 정한 표준말을 모아놓은 책이다. 이 위원회에서는 표준말을 대체로 '현재 중류사회에서 쓰는 서울말'로 정의하고 여러 차례의 회의를 통해 결정한 표준 단어들을 모아 1936년 10월에 한 권의 책으로 간행하였다.

　이 책은 머리말 3면, 일러두기 2면, 차례 2면과 본문 116면 및 부록 6면으로 구성되어 있다. 이윤재(李允宰)의 「『사정한 조선어 표준말 모음』의 내용」(『한글』 4-11, 1936.12)에 따르면, 사정위원회에서 심사한 단어 수는 총 9,412개였으며 그 중 표준어로 선정된 단어는 모두 6,111개였다.

3장
조선총독부, 서울말을 표준어로 정하다

힘써 야비한 사투리를
쓰지 말지어다

1910년 8월 29일, 일본의 강제합병이 이루어진 후에 조선총독부는 식민지 한국을 효율적으로 통치할 목적으로 실무 위주의 교육정책을 시행하였다. 이를 위해 "충량(忠良)한 국민"(≒황국신민)의 양성에 필요한 기초 지식과 기능의 함양을 교육목표로 하는 제1차 조선교육령을 발표하였다(1911.8.22). 이에 따라 초등교육과정으로 4년제의 '보통학교' 그리고 중등교육과정으로 역시 4년제의 '고등보통학교'(이하 '고보')를 두어 교육 연한을 일본인의 경우보다 훨씬 짧게 하고 그 내용의 면에서도 상대적으로 저급한 실업교육이 주가 되는 교육과정을 구성하였다.

언어교육의 면에서는 '일본어'가 중심이었는데 이에 익숙하지 않은 식민지 한국인들을 대상으로 제한적이나마 '조선어' 교육을 실시하였다. 그리하여 총독부가 펴낸 10여 종, 수십 책의 보통학교용 교과서 중에 특정 교과의 교재(가령 『조선어·한문독본』)만 조선어로 서술되었다. 아울러 교과목으로서의 일본어는 일제강점 초기에 보통학교에서 주당 10시간이 할애되었으나 조선어는 한문과 통합하여 주당 6시간 정도 배정되었다. 물론 이마저도 일본 어문을 전면적으로 보급하기 전(前) 단계에서 실행된 임시방편적 교육정책에 불과했다.

그러한 차별적 교육정책을 추진하는 가운데 당시의 총독부는 한글의 통일된 철자 방식이 확립되어 있지 않음을 우려하였다. 철자 방식의 혼란은 곧 조선어 교육의 제한적 실시에도 방해가 되는 일이었다. 그러한 까닭에 조선총독부에서는 학무국 내에 철자법 위원회를 조직하고 그들로 하여금 '언문철자법' 규정을 새로이 마련하게 하였다.

조선총독부의 '언문철자법'과 표준어

총독부에서는 제1차 조선교육령을 공포하면서 보통학교 정규교육을 위한 교과서 편찬을 시급히 추진하였다. 그중 일부 교과서들은 조선어로 쓰였으므로 우선적으로 이들의 철자 방침을 결정·통일할 필요가 있었다. 그리하여 총독부 학무국에서는 교과서 편찬을 대비한 '조선어 조사회'를 서둘러 조직하고 다섯 차례의 회의를 거쳐 전통적 표기 방식을 위주로 한 '보통학교용 언문철자법'(1912)을 확정하였다(물론 조사회 석상에서 논의된 결과가 최종안에서 받아들여지지 않은 부분도 있었다).

이러한 언문철자법은 1912년에 처음 제정된 이래 1921년과 1930년 두 차례에 걸쳐 개정·공포되었다.[1] 그런데 1912년과 1921년의 언문철자법은 전통적 표기 관습을 중시하여 이를 규정화했다는 점에서 1930년의 그것과 큰 차이를 보였다. 양자 사이에 드러나는 중요한 차이를 표로 간략히 정리해 보이면 다음과 같다.

---

1 1912년과 1921년에는 그 공식 명칭이 '보통학교용 언문철자법'이었는데, 이는 보통학교 교과서를 대상으로 했기 때문이었다. 그러다가 1930년에 '언문철자법'으로 이름을 바꾸면서 모든 인쇄물을 대상으로 한 철자법 규정이 되었다.

표 1 **언문철자법 비교**

언문철자법 주요 규정	1912/1921년	1930년
기본 표기 원칙	고유어: 발음대로 표기 한자음: 전통적 관습대로 표기	고유어: 발음대로 표기 한자음: 발음대로 표기
받침 표기	7종성 및 ㄺ, ㄻ, ㄼ만 인정	7종성을 포함한 모든 자음(ㅈ, ㅊ, ㅌ, ㅍ, ㄲ, ㄶ, ㄺ, ㄾ, ㅄ 등)을 인정
경음 표기	된시옷(ㅅㄱ, ㅅㄷ, ㅅㅂ, ㅅㅈ)	쌍자음(ㄲ, ㄸ, ㅃ, ㅉ)

위 표에서 보듯 1930년의 언문철자법에서는 전통 한자음이 아니라 그 변화된 발음을 표준으로 인정해 적게 하였으며 7종성(ㄱ, ㄴ, ㄹ, ㅁ, ㅂ, ㅅ, ㅇ) 이외의 자음들도 받침 표기에 사용할 수 있게 하였다. 아울러 'ㄲ, ㄸ, ㅃ, ㅉ'의 경음에 대해 전통적으로 사용해온 된시옷 표기(ㅅㄱ, ㅅㄷ, ㅅㅂ, ㅅㅈ)를 포기하고 쌍자음 표기를 쓰게 한 것도 새로운 철자 원칙에 따른 조처의 하나였다.

예를 들어, 한자어 '天地'에 대해 앞서 두 차례의 언문철자법에서는 전통적 표기 관습을 따라 '텬디'로 적게 되어 있었으나 1930년의 언문철자법에서는 그것의 실제 발음을 따라 '천지'로 적도록 기본 원칙이 바뀌었다. 또 '밭[田]'의 경우, 이전의 철자법에서는 7종성만을 사용해 받침을 표기했으므로 이에 조사가 결합할 때 '밧, 밧도, 밧헤, 밧흘' 등으로 적었으나 1930년의 철자법에서는 이를 '밭, 밭도, 밭에, 밭을' 등으로 적을 수 있도록 하였다. 이로써 보면 언문철자법은 종전의 표기 관습을 따르던 규정(1912/1921)에서 주시경 및 조선어학회의 철자 원칙을 대부분 수용한 규정(1930)으로 전면 개정되는 변화를 겪은 셈이다.[2]

---

2 이에 관한 자세한 사항은 정승철(2007) 및 정승철(2015) 참조.

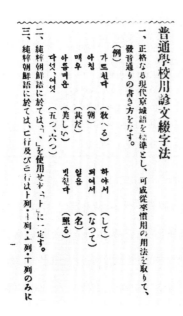

사진 2 '보통학교용 언문철자법' 기본 원칙(제1항)

이러한 표기 원칙의 변경에도 불구하고 교과서의 교육 언어로 채택된 '조선'의 '표준어'는 세 차례의 언문철자법에서 한결같이 유지되었다. '보통학교용 언문철자법'(1912)의 기본 원칙 제1항에 '현대 서울말을 표준으로 삼아(現代京城語を標準とし)'라고 명시한 이래 일제강점기 내내 이 원칙이 고수되었던 것이다(사진 2 참조). 이를 감안할 때 1912년에 이르러 서울말이 한국의 표준어로서 공식적 지위를 인정받았다 할 만하다.

조선총독부는 이러한 일련의 언문철자법을 통해 '조선'사회에 '서울말'을 중심으로 한 '표준어' 개념을 새로 도입하고 이를 통치 언어로서 널리 보급하고자 하였다. 그러한 까닭에 총독부는 언문철자법 위원회를 구성하는 데에 지역적 조건을 우선적으로 고려하게 된다. 가령 유길준(俞吉濬, 1856~1914), 현은(玄檃, 1860~1934), 어윤적(魚允迪, 1868~1935) 등 서울 출신의 인물들을 언문철자법(1912) 위원으로 대거 위촉했던 것이다.[3] 그 이

---

3 이로써 보면 국문연구소 위원으로 중추적 역할을 담당한 주시경(황해도 봉산 출신)과 이능화(충북 괴산 출신)가 '언문철자법'(1912) 위원으로 위촉받지 못한 이유가 어느 정도 이해된다. 한편 서울 출신의 지석영은 1910년 8월 일제의 국권 침탈에 항의해 '대한의원 교감'의 직책을 사임하였는데 동일한 이유로 언문철자법 위원회에도 참여하지 않았던 것으로 여겨진다(1921년의 언문철자법 위원으로는 활동함).

후 두 차례의 언문철자법을 제정할 때에도 임명된 한국인 위원 상당수는 서울 또는 그 인근 지역 출신의 인사들이었다.

물론 그 이전 시기에도 서울말은 오랜 기간 이 땅에서 중앙어로 기능해 왔다. 하지만 그 당시의 서울말은 공식적으로 국가 차원의 중앙어 자격을 부여받은 것은 아니었다. 따라서 '보통학교용 언문철자법'에서 비로소 서울말이 조선총독부에 의해 한국의 중앙어 또는 국가 표준어로 선포되었다고 할 수 있다.

표준어를 세우고 방언을 축출해야 하나니

조선총독부에서 서울말을 표준어로 정한 이래 여러 국어 연구자들이 표준어에 관한 자신의 견해를 발표하였다. 이때 표준어의 필요성을 누구보다도 강하게 주장한 인물이 바로 자산(自山) 안확(安廓, 1886~1946)이다.

안확은 서울 '웃대 마을'(현재의 종로구 누상동) 출신의 국학자로, 평생토록 언어·문학·역사·철학에서 정치·경제·종교·군사 및 음악·미술·무용·체육 등에 이르기까지 인문사회 및 예술의 거의 전 영역에 걸쳐 아주 방대한 업적을 남겼다. 『조선문법』(1917), 『조선문학사』(1922), 『조선무사영웅전』(1940)을 비롯한 총 8편의 저서와 1백수십여 편의 논문을 살펴보면 그가 구상한 국학의 전모가 드러난다.

'어문'에 관한 한 안확은 실용주의자이며 표준어의 철저한 신봉자였다. 그러하기에 그는 자신의 국어 연구의 궁극적인 목표를 표준어에 의한 언어의 통일과 그것을 바탕으로 한 언문일치의 실현에 두었다. 그의 어문 관련 논설을 모은 『조선어 원론』(1922)[4]에 그러한 생각이 명료하게 잘 정리

---

4 이는 『조선문학사』(1922)의 부록(176~240면)으로 실렸다.

되어 있다.

만일 이 방언의 발달을 자유롭게 빙임하면 한 민족의 말이 걸릴하여 사상 교류가 불능할지라. 고로 **표준어를 세우고 방언을 축하나니** 이는 언어를 자유롭지 않게 함이 아니라 한 나라의 언어를 통일하여 사상을 단합함으로써 국어를 보전하는 목적이니라. (…) 표준어 그것에 대하여 **자격상으로 말하면 경성어로 함이 타당**하니라. (186~187면) (강조는 인용자. 이하 동일)

'하노니, 진뎌, 건대, 호니' 등은 보통 구어에는 쓰지 않고 특히 문자를 쓰는 문장 중에만 행하는 것 (…) 글을 짓는 사람은 **언문일치의 도(道)를 구하기 위해 노력함**이 가하다 하노라. (193면)

위 진술에서 보듯 안확은 민족의 "단합"에 '통일된 언어의 성립'과 '언문일치의 구현'이 전제가 된다고 여기고 있었다. 그리하여 그는 "경성어"(서울말)를 표준으로 삼고[5] 그 이외의 사투리를 "축"(축출)하여 "언어를 통일"할 것을 역설하였다. 우리 민족의 원활한 의사소통을 위해 서울말 구어(口語)를 표준어로 하여 어문의 통일을 이룩해야 함을 아주 강한 어조로 이야기하고 있는 것이다. 이와 같은 주장의 밑바탕에는 당시 지식인들이 절대적으로 믿고 따르던 '사회진화론'이 자리하고 있었다.

미개인의 단어 수와 문명인의 단어 수를 비교 (…) 심식(식별력)이 발

---

5 안확은 모든 서울말이 다 표준어가 되는 건 아니라고 여기고 있었다. 가령 '뺙다귀'나 '늙다리'와 같은 비어(또는 속어)는 표준어에 포함될 수 없다고 하였다.

달치 못한 때에는 어수가 적다가 점차 발달될수록 그 어수가 점점 많아 지나니 (…) 언어는 항상 진화 (…) (176~178면)

사회뿐 아니라 인간의 언어도 "미개인"의 말에서 "문명인"의 말로 점차 진화해간다는 것이다. 이러한 논지에 따르면 표준어는 문명인의 말이고 사투리는 미개인의 말이어서 결국 사투리는 표준어에 비해 열등한 존재가 된다. 이로써 표준어로 국어를 대표하게 하고 그에서 벗어난 사투리를 국어에서 밀어낼 수 있는 이념적 근거가 마련된 것이다. 이와 같은 표준어 개념은 훗날 최현배에서 이론적으로 훨씬 더 정제되기에 이른다.

대중말(표준어)은 우월한 권위를 가지고 시골말(방언)을 다스려가는 말

최현배(崔鉉培, 1894~1970)는 경남 울산 출신의 국어학자로, 호는 '외솔'이다. 서울의 경성고보(현재의 경기고등학교)를 졸업(1910~1915)한 뒤, 일본에서 히로시마고등사범학교(1915~1919)와 교토제국대학(1922~ 1926) 철학과(교육학 전공)를 다녔다.

그 이후 연희전문학교 교수(1926~1938), 문교부(현재의 교육부) 편수국장(1946~1948, 1951~1954), 연세대학교 교수(1954~1961), 한글학회 이사장(1949~1970) 등을 역임하였다. 한글학회의 전신인 조선어학회 회원으로 1926년부터 활동하였는데 1942년에 조선어학회 사건[6]으로 피검, 광복 때까지 3년간 옥중 생활을 하였다.

최현배는 1910년에 '조선어강습원'에서 주시경에게 국어를 배운 이래

---

6 1942년 10월부터 일제가 조선어학회 회원 및 관련 인물을 검거해 재판에 회부한 사건. 함흥지방재판소에서 이루어진 재판의 결과, 조선어에 대한 연구와 교육이 민족정신을 함양하는 민족운동으로 간주됨으로써 이극로(6년), 최현배(4년), 이희승(2년 6개월), 정인승·정태진(2년) 등 상당히 많은 회원들에게 징역형이 선고되었다.

그의 제자로서 평생토록 국어 연구 및 교육에 종사했다. 특히 그는 한글학회에서 10년(1947~1957)에 걸쳐 펴낸『큰사전』(을유문화사)을 간행하는 데에 준추저인 여할을 수행하였다. 그외 대표적인 업적으로『우리말본』(1937),『한글갈』(1940),『글자의 혁명』(1947) 등이 있다.

표준어에 관한 그의 설명은 1934년에 발표한「중등 조선말본 길잡이: 대중말」(『한글』2-3)에 일목요연하게 정리되어 있다. 여기서의 '대중말'은 곧 표준어다.

그것으로 국민을 가르쳐서 그 민족의 통일을 굳게 하며 그 나라의 문화를 적극적으로 높이려고 한다. 이리하여 그 하나 만들어진 말은 다른 여러 가지의 시골말(방언)에 대하여 바른 대중(표준)이 되니, 이것이 곧 그 나라의 대중말(표준어)이란 것이 된다. (…) 이렇게 하여 성립한 **대중말은 다른 여러 가지의 시골말에 대하여 우월한 권위를 가지고 그 여러 가지의 시골말을 다스려가는 말**이 되는 것이다.

이에서 보듯 최현배는 민족의 통합을 위해 표준어가 필요하며 그것이 "우월한 권위"를 갖고 여러 "시골말"을 지배해나가야 민족문화의 발전을 이룰 수 있다고 생각하였다. 이처럼 그가 표준어에 우월한 권위를 부여했던 것은 언어가 진화한다는 인식에 바탕을 두고 있었기 때문이다.

온 나라 안의 **가장 유력한 한 시골말을 뽑아서, 그것을 갈고 닦고 바로잡아서 그것을 기초로 하여 대중말을 만드는 것이다.** (…) (대중말로 뽑힐 만한 말은) 자격을 갖춘 시골말이라야 능히 다른 모든 시골말보다 훌륭한 지위를 차지하여서 다른 시골말을 눌러버릴 수가 있을 것이다. 그런데 각

나라의 **서울의 말은 대개 이러한 자격을 갖춘 말**이다. (…) 대중말이란 것은 어느 시골말의 사실의 모둠은 아니요, 사실의 말을 이상적으로 갈고 닦고 깎고 깁고 하여 다듬은 것이다.

각 나라에서 가장 힘이 있는 방언을 "뽑아" 다듬어서 '진화'한 표준어를 만들어내야 다른 방언을 "눌러버릴" 수 있다는 것이다. 이에 따르면 표준어가 되지 못한 '미개'한 "시골말"은 결국 대부분 없어져야 할 대상이 된다.[7] 물론 그가 상정한 표준어는 서울말 그대로가 아니라, 다소 추상적이지만 서울말을 기준으로 하되 "이상적" 다듬질을 통해서만 만들어지는 것이었다.

힘써 야비한 사투리를 쓰지 말지어다

김창제(金昶濟, 1879~1947)는 충남 보령 출신의 교육자이면서 기독교 관련 웅변가로 유명했던 인물이다. 관립 한성사범학교(1899~1903)를 졸업한 뒤 함북 공립 경성보통학교와 함남 함흥의 영생중학교를 거쳐 개성의 송도고보와 호수돈여고보 교원 그리고 서울의 이화여고보 교원(1924~1939)을 역임했다. 그는 1903년에 창설된 황성 기독교청년회(훗날의 YMCA, 즉 기독교청년회)에 처음부터 참여하여 평생 활동하였다.

김창제는 오랫동안 교육자와 웅변가로 활동한 까닭에 언어를 통한 의

---

[7] 그러면서도 '시골말' 중에 '방언'과 '사토리'를 구별하고 그 척결의 대상을 사투리로만 한정하기도 하였다. "방언이란 것은 그 지방의 어떠한 남다른 말씨만을 가리킴은 아니요, 그 시골의 말씨 전체를 가리켜 이름 (…) 대중말에 맞지 아니하는 다른 말씨를 사토리라 함(방언이라 하지 않고)이 옳을 것이다." 하지만 이처럼 '사투리'(표준어가 아닌 말)와 '방언'(독립된 언어체계를 갖춘 지역 말)을 구별하고 그중 사투리만 없애자는 논리는 문제 해결에 그리 도움이 되지 못한다. 각 방언에 상당수의 사투리가 포함되어 있어 사투리의 척결은 결국 방언의 소멸로 귀착될 터이기 때문이다.

사전달 및 언어통일의 문제를 이른 시기부터 고민하고 있었다. 그리하여 그는 일찍이 「연설법 요령」(1917)[8]이란 글에서 연설을 할 때 사투리를 쓰지 않아야 한다는 점을 강조하였다. 니이기 서울말이라고 해서 다 표준어가 되는 건 아니므로 공개석상에서 이를 구별해서 사용해야 한다고 주장하였다.

다시 한마디 덧붙이면, 어전(語典)의 상식이란 게 있으니 **힘써 야비한 사투리를 쓰지 말지어다.** 모름지기 어떤 나라를 막론하고 표준어는 곧 그 나라 수도의 말로 정하나 서울말(경성어)이라고 반드시 다 완전한 것은 아니다. 그러니 가령 '짜장, -설랑은, -니깐두루' 등의 말은 제아무리 서울말이라도 공개적으로 연설할 때에는 사용하기에 적당치 않다고 할 것이다.

연설 말투에서는 서울말을 쓰는 게 일반적이지만 아무리 서울말이라도 "짜장, -설랑은, -니깐두루" 등은 "야비한" 사투리니[9] 공개적으로는 사용하지 말 것을 당부하고 있는 것이다. 연설할 때 주의해야 할 사항 중에 언어 사용의 문제를 지적하면서 모든 서울말이 다 표준어가 될 수는 없다는 사실을 더불어 이야기한 셈이다.

한편 그의 진술에 등장하는 '짜장'은 '과연 정말로'를 나타내는 부사이며, '-설랑은'은 '-고서'나 '-아서' 그리고 '-니깐두루'는 '-니까'를 나타내는 어미다. 이들은 모두 현재까지도 다음과 같이 서울(경기도 및 충청도 포

8 이는 『청춘(靑春)』지에 실렸다. 『청춘』은 최남선이 1914년 10월에 창간한 종합잡지로, 1918년 9월 폐간할 때까지 매월 또는 격월로 4년간 통권 15호가 발행되었다.
9 여기서의 '야비(野鄙)'는 '성질이나 행동이 야하고 천함'의 뜻이다. 지금은 이 단어가 주로 '비인간적이면서 음흉함'의 의미로 사용된다.

함)에서 사용되는 형태들이다(『표준국어대사전』등 참조).

- 기를 쓰고 가르쳐봤자 소귀에 경 읽기라는 말이 **짜장** 헛된 이야기만도 아니었다.
- 밥을 먹고**설랑은** 곧장 나가버렸다. / 빨리 집에 가**설랑은** 잠부터 자야겠다.
- 장가가**니깐두루** 라면을 못 먹게 하는 거야.

그럼에도 불구하고 김창제는 이들 표현을 공식적인 자리에서 사용하지 말라 하였다. 분명히 밝히고 있진 않지만 그는 아마도 이들을 "야비한" 비속어처럼 느꼈을 것으로 짐작된다. 하지만 흥미롭게도 지금은 '-니깐두루'를 제외하고 '짜장'이나 '-설랑은'은 표준어로 인정받고 있다. 이로써 보면 '비속어'의 판단 기준도 개인이나 시대에 따라 달라지는 것이니 그의 생각에도 방언에 대한 일종의 편견이 작용했다 할 만하다.

서울말이라고 다 표준어는 아니다

이희승(李熙昇, 1896~1989)은 경기도 광주(지금은 의왕시)에서 출생한 국어학자이자 수필가다(선대 고향은 경기도 개풍). 호는 일석(一石). 1918년에 중앙학교(현재의 중앙고등학교)를 졸업한 뒤, 1925년에 경성제국대학 예과 그리고 1927년에는 본과(조선어학·조선문학 전공)에 입학, 1930년에 졸업하였다. 그 이후 경성사범학교 교원(1930~1932), 이화여전 교수(1932~1942) 및 서울대 교수(1945~1961), 동아일보사 사장(1963~1965), 단국대 동양학연구소 소장(1971~1981) 등을 역임하였다.

그의 대표 저작으로는 『한글 맞춤법 통일안 강의』(1946), 『국어학 개설』

(1955), 『국어대사전』(1961, 민중서관)과 『벙어리 냉가슴』(1956)을 비롯한 여러 편의 수필집이 있다. 표준어에 관한 한 1936년에 발표한 「각 방언과 표준어: 다시 서울말과 방언」(『한글』4-11)에 자세하다.

이번 '조선어 표준어 사정회'에서 수년 동안을 두고 사정하여온 표준어의 어휘도 '대체로 현재 중류사회에서 쓰는 서울말'로 기준을 삼았으나, 그 사정한 **표준 어휘의 전부가 서울말은 아니며 서울말의 전부가 또한 표준어가 되는 것은 아니다.** 실례를 들어보면 서울 사람들은 '돈'을 '둔'으로, '공'을 '궁'으로, '몰라'를 '물라'로, '좋다'를 '죻다'로 발음하나 이 '둔, 궁, 물라, 죻다' 등을 표준어로 삼을 수는 없다. 이는 그 말들이 지니고 있는 품위나 어감이 고상하지 못한 까닭이다.

이 문제를 떠나서도 너무 서울이라는 좁은 판국에 한정되어 사용되는 어휘도 표준어 자격을 인정하기 어렵다. 서울말에서는 '식초(醋)'를 '단것', '푸주'를 '관'이라 한다. 하지만 그 분포 구역이 '서울'이라는 너무도 좁은 범위에 한정되어 근기(近畿) 기타 지방에서 전연 이해할 수 없는 말인 것이다.

여기서 그는 '조선어 표준어 사정회'의 경과를 알리면서 그 표준 어휘 사정의 '기준'을 밝히고, 나아가 서울말이라고 다 표준어가 될 수 없다는 사실을 실례를 들어 진술하였다. "현재 중류사회에서 쓰는 서울말"을 표준어로 정하였지만 그러한 서울말 중에서 "품위"나 "어감"이 좋지 못한 말('둔, 궁, 물라, 죻다' 등)이나, 달랑 서울 지역에서만 사용하는 말('단것, 관' 등)은 표준어로 삼을 수 없었다는 것이다. 이로써 이희승 또한 표준어에 관한 기본 인식에서 다른 연구자들과 그다지 큰 차이를 보이지는 않았음을 알 수 있다.

방언(또는 사투리)에 대한 편견

일제강점기에 표준어가 차츰 자리를 잡아가면서 사투리(나아가 지방문화)를 무시하는 경향이 사회 표면으로 부상하기 시작하였다. 그 결과 학교교육 현장에서조차 사투리를 '틀린 것'이거나 심지어 '야만적인 것'으로 받아들이는 편견이 툭 불거져 나오기도 했다.

당시 보통학교에서 조선어는 총독부에서 만든 『조선어독본』을 사용해 교수했다. 이 교과서는 1911년에 처음 간행된 이래 여러 차례의 개정 및 인쇄가 이루어졌는데 별도의 음성 교재로 1935년에 그 내용을 발췌한 원고를 낭독하여 녹음한 음반이 제작되었다(조선음성학회 주관).[10]

이 음반의 기획은 당시의 경성여자사범학교 교사 심의린(沈宜麟, 1894~1951), 낭독 및 음성 지도는 일본 와세다대 영문과를 졸업한 정인섭(鄭寅燮, 1905~1983)이 맡았다. 그 음반의 첫 부분에 음성 지도자 정인섭의 다음과 같은 설명이 나온다.

조선말에는 여러 가지 소리가 있어서 잘못하면 틀리기가 쉽습니다. 더구나 지방을 따라서는 사투리가 있으니까 서로 알아듣지 못허는 수가 많습니다. 그래서 표준말을 잘 배워야 하는 것입니다. 이제 내가 먼저 홍내[11]를 잘 내지 못하는 예를 들려주겠습니다. **아부지, 어무니, 핵고. 이래서야 쓰겠습니까?** 그레이면 이번에는 똑바른 소리를 들려드리겠습

---

10 이 음반의 구성 및 음반 속 언어의 특징에 관해서는 한성우(2005) 참조.
11 음성 지도를 담당한 정인섭은 경남 울산 출신인데 흥미롭게도 표준말 지도를 하면서 '잘못해면, 홍내(흥내)' 등의 사투리를 사용하고 있다.

니다. 아버지, 어머니, 학교. (한성우 2005, 33면)

수통을 위해 표준말을 배워야 한다며 "아부지, 어무니, 해고" 등의 사투리를 들려주곤 "이래서야 쓰겠습니까?"라고 반어적 질문을 하였다. 사투리 쓰는 걸 사실상 딱 잘라서 '틀렸다' 하고, 이에 대해 "똑바른" 말을 가르쳐 따라해 고치게끔 한 것이다. 당시의 어쩔 수 없는 사정은 이해한다손치더라도 사투리를 '잘못'으로 보는 교육자의 시각이 공개적으로 표면에 돌출됐다는 점은 문제가 된다. 여기서 더 나아가 당시의 학교에서 사투리를 야만적으로 보는 경우도 있었던 모양이다.

평북 정주에서 출생한 시인 모윤숙(毛允淑, 1910~1990)은 어려서 함남 원산으로 이사하여 1925년에 함흥 영생보통학교를 졸업하였다. 1927년에 이화여전에 입학, 1931년에 영문과를 졸업한 뒤 1932년부터 서울 배화여고보 교원 등으로 있으면서 시 창작활동을 하였다. 광복 후 1954년에는 국제펜클럽 한국본부 창립에 참여하였으며 그후 국제펜클럽 한국본부 위원장(1977) 및 국제펜클럽 부위원장(1980)을 역임하였다.

모윤숙은 함남 함흥에서 영생학교를 다니던 시절의 기억을 『동아일보』의 칼럼 「나의 수업 시대: 학교가 죽기보다 싫던 소녀 시대」(1937.8.10)에 남겼다. 특히 그녀가 당시의 '함흥 방언'과 '서울말'에 가졌던 인상은 사투리와 표준어(또는 서울말)에 대한 편견의 전형을 드러낸다.

아조 어려서 다른 도(道)에서 이사를 해왔지만 **함흥 방언의 사투리 심한 데에는 나는 야만적인 인상을 금할 수 없었다.** 나를 가르키든 선생은 모두가 함흥 선생이어서 먼저 그 방언에 호의를 표할 수 없었음이 학교에 가기 싫은 첫 조건이었다. (…) 내가 12세 되든 봄에 서울서 무슨 대학교 졸업한 이가 수신(修身) 선생으로 나려오신다고 동무들이 떠들었다. (…) 한문 선생이 나서면서 "이번에 두 분 선생이 샐루 오시게 된 거 다 아겠지만 이 선생들이느 다 서울서 영 첫 번을루 함흐으 네려왔슴이다." 이렇게 소개 말씀이 끝난 후 새 선생들은 간단히 인사를 하고 들어갔다. **그때 서울말을 많이 못 들어본 나는 웬일인지 모르게 그 말에 미(美)와 매력을 느끼고 그 선생들이 매우 높은 이같이 생각되었다.**

함흥 사투리(또는 그에 기반한 문화)를 "야만"으로 여기고, 자신이 접한 서울말에는 이유도 없이 "매력"을 느꼈다는 것이다.[12] 이러한 성향이 함흥 영생학교의 한 여학생에게서만 나타나는 일은 아니었을 터, 자신이 속한 지역의 사투리에 대한 비하적 부정 그리고 서울말(또는 표준어)에 대한 무작정한 동경은 일제강점기에 학교를 다니던 상당수 학생들의 인식 속에 자리하고 있었으리라 짐작된다. 이와 같은 지역 사투리에 대한 편견은 일제강점기 후반, 표준어의 사정 및 보급이 전국적으로 이루어지는 가운데 우리 사회 전반에서 점차 고조되기 시작하였다.

---

12 그녀는 훗날 공화당 국회의원(1971~1972)이 되었는데 강력한 표준어주의자로, 서울시교육위원회 감사 자리에서 "교사들의 얘기가 아동들에게 전달될 때 표준말이어야 하지 않겠느냐"면서 "시내 각 학교 교사 중에 사투리를 쓰는 교사들의 실태를 조사"해줄 것을 요청한다.(『경향신문』 1971.11.12)

4장
조선어학회, 표준어 단어를 정하다[1]

『표준말 모음』, 우리말을 바로 쓰는 데
없어서는 안 될 책

조선어학회는 우리말과 글을 연구할 목적으로 1921년에 조직되었다. 처음에는 휘문고보 교장 임경재(任璟宰, 1876~1955)를 비롯하여 장지영(張志暎), 신명균(申明均), 권덕규(權悳奎), 최두선(崔斗善)[2] 등이 휘문고보에 모여 '조선어연구회'란 이름으로 국어 연구 및 국어 운동을 위한 모임을 시작하였다. 몇 년 후에 일제 조선총독부의 지원을 받은 이완응(李完應, 1887~1949)[3]의 '조선어연구회'(1925년 창립)가 만들어지면서 1931년에 학회의 이름을 '조선어학회'로 변경하게 된다.

이 학회에서는 1927년부터 기관지『한글』을 발간하였으며 1929년에는 국어사전 편찬을 위한 '조선어사전 편찬회'를 결성하였다. 아울러 1930년

---

1 이에 관한 사항은『사정한 조선어 표준말 모음』의 '머리말'과 '일러두기'에 자세하다. 그런데 그 서술 내용이 초판(1936)에 비해 재판(1937)에서 훨씬 더 정제되어 있으므로 이번 '4장'은 주로 이 책(즉 재판)에 의지하기로 한다(표현을 직접 인용할 때에는 큰따옴표를 사용해 표시함).

2 이들은 모두 주시경의 직간접적인 영향을 받은 인물들이다. 그러기에 이 단체는 1908년에 주시경이 만든 '국어연구학회'(1913년에는 '한글모')에 연원을 둔다고 할 수 있다.

3 서울 출신의 이완응은 경성고보(현재의 경기고등학교) 교원이자 총독부의 '일본인을 위한 한국어 교육' 담당자였다. 그는 1905년에 관립 한성중학교를 졸업한 뒤 해당 학교(1911년에 '경성고보'로 교명 변경) 교원이 되었다. 그 당시 조선총독부에서는 경찰관, 관리 등 한국 거주 일본인에 대해 한국어 교육을 실시하였는데 이완응은 1925년부터 이 사업의 연구자 및 교육자로 활동하였다.

에 어문 규정의 확립을 결의한 뒤 여러 차례의 회의와 수정 작업을 거쳐 '한글 맞춤법 통일안'(1933), '표준어 모음집'(1936), '외래어 표기법 통일안'(1940)을 발표하였다. 1942년에는 '조선어학회 사건'으로 회원 상당수가 일제에 의해 검거·투옥되는 일을 겪기도 했다.

1945년, 광복으로 인해 회원들이 남과 북으로 갈리어 정착한 이후 오늘날까지 이들은 남북한의 언어정책 및 교육영역에서 중요한 역할을 담당하였다. 1947년에 『조선말 큰사전』(첫째 권)을 간행(1957년 총 6권으로 완간)한 것이 이 학회의 대표적 업적 중 하나라 할 수 있다.

표준어 사정위원회 구성

조선어학회에서는 한글 표기를 통일하기 위해 1933년에 '한글 맞춤법 통일안'을 제정·공포하였다. 그런데 이 시기의 맞춤법 통일안은 대체로 어떤 단어에 대해 둘 이상의 표기 방식이 있을 때 어느 것으로 적을지에 관한 일관된 원칙을 정한 것이었다. 예를 들어 설명하면 이 통일안에서는 '머거서'와 '먹어서' 중에, 어간('먹-')과 어미('-어서')를 분리해서 적은 후자를 기준으로 삼는다는 원칙 등을 결정해 규정화했다는 말이다.

그런데 한 나라 안에서 현재 쓰이고 있는 말은 지역이나 계층 등 여러 요소에 따라서도 다를 수 있으므로 이러한 말 중에 어느 하나를 가리어 표준으로 정해야 하는 문제가 제기되었다. 말하자면 공통어로 사용할 표준 단어를 사정(査定, 조사하여 그릇된 것을 바로잡음)하는 작업이 잇달아 요청되었던 것이다.

이에 따라 조선어학회에서는 1933년에 73명으로 구성된 '표준어 사정위원회'를 조직하였다. 이 위원회는 한국어학의 권위자 및 언론·출판인 그리고 여러 사회 각 분야의 전문가와 방언에 관심을 가진 각 지역 인사를 망라하여 구성되었다.

　그 과정에서 서울말을 중심으로 한 표준어의 객관성을 확보하기 위해 '어적(語籍)', 즉 '고향 방언'을 우선저으로 고려하였다. 그리히여 과빈수의 위원(37명)을 서울 및 경기도 출신으로 선임하고 그 외의 지방 위원 36명은 어느 정도 널리 쓰이는 '시골말'을 판별해낼 목적으로 각 도별 인구수에 비례하여 선출하였다.

　이와 같은 표준어 사정위원회의 명단은 1935년 9월에 발표한「표준어 사정 2독회: 모어 운동의 역사적 회의」(『한글』 3-7)에 수록되어 있다.[4] 이 위원 명단 및 따로 조사한 그들의 신상을 표로 정리해 보이면 다음과 같다.[5]

표 1 표준어 사정위원 명단 및 신상

이름	생몰년	출생지	직업	기타
공탁(孔濯)	1900~1972	경기 개성	언론인, 경제인	
구자옥(具滋玉)	1890~1950	서울	종교인, 정치가	
권덕규(權悳奎)	1890~1950	경기 김포	교육자	국어 연구자
김극배(金克培)	1880~?	경북	교육자	국어 연구자
김동환(金東煥)	1901~?	함북 경성	시인	
김두헌(金斗憲)	1903~1981	전남 장흥	교육자	
김병제(金炳濟)	1905~1991	경북 경주	교육자	국어 연구자
김양수(金良洙)	1896~1971	전남 순천	가사(家事)	
김윤경(金允經)	1894~1969	경기 광주	교육자	국어 연구자
김창제(金昶濟)	1879~1947	충남 보령	교육자	
김태원(金泰源)		충북	종교인	
김형기(金炯基)	1906~1990	전북 전주	교육자	국어 연구자

4 여기에는 해당 위원의 '어적'과 '현 소속'(또는 직업)이 밝혀져 있는데 그 어적과 출생지가 일치하지 않는 경우(김두헌, 백상규, 양주동, 윤일선, 이종린, 이헌구 위원)도 있었다. 가령 양주동은 경기도 '개성'에서 출생했지만 황해도 '장연'에서 주로 성장한 까닭에 '황해'를 어적으로 적었던 것이다.

5 아래 제시한 위원들 중 공탁은 '공진항(孔鎭恒)'으로, 신윤국은 '신현모(申鉉謨)'로 더 잘 알려져 있다.

이름	생몰년	출생지	직업	기타
김활란(金活蘭)	1899~1970	인천	교육자	
김희상(金熙祥)	1880~1940	서울	교육자	국어 연구자
류형기(柳瀅基)	1897~1989	평북 영변	종교인(목사)	
문세영(文世榮)	1895~1952?	서울	저술가	국어 연구자
박윤진(朴允進)	1905~?	서울	교육자, 종교인(승려)	
박현식(朴顯植)		평남	교육자	국어 연구자
방신영(方信榮)	1890~1977	서울	교육자	
방종현(方鍾鉉)	1905~1952	평북 정주	교육자	국어 연구자
백낙준(白樂濬)	1895~1985	평북 정주	교육자	
백상규(白象圭)	1883~1955	경기 장단	교육자(영문학)	
서항석(徐恒錫)	1900~1985	함남 홍원	언론인, 극작가	
신명균(申明均)	1889~1941	서울	출판인	국어 연구자
신윤국(申允局)	1894~1975	황해 연백	정치가	
신인식(申仁植)		서울	종교인	
안석주(安碩柱)	1901~1950	서울	영화인	
안재홍(安在鴻)	1891~1965	경기 평택	언론인	
양주동(梁柱東)	1903~1977	경기 개성	교육자(영문학)	
염상섭(廉想涉)	1897~1963	서울	소설가	
옥선진(玉璿珍)		전남 순천	교육자	
유진오(俞鎭午)	1906~1987	서울	교육자, 정치가	
윤복영(尹福榮)		서울	교육자	
윤일선(尹日善)	1896~1987	충남 아산	교육자(의학)	
이갑(李鉀)[6]		경기 양평	언론인	국어 연구자
이강래(李康來)	1891~1967	충북 충주	교육자	국어 연구자
이관구(李寬求)	1898~1991	서울	언론인	
이극로(李克魯)	1893~1978	경남 의령	사전 편찬인, 정치가	국어 연구자
이기윤(李基潤)		함남	교육자	
이만규(李萬珪)	1882~1978	강원 원주	교육자	국어 연구자
이명칠(李命七)		서울	교육자(수학)	
이병기(李秉岐)	1891~1968	전북 익산	교육자	국어 연구자
이상춘(李常春)	1882~?	경기 개성	교육자	국어 연구자
이세정(李世禎)		서울	교육자	국어 연구자

6 표준어 사정위원 이탁(李鐸, 1898~1967)의 동생이다.

이름	생몰년	출생지	직업	기타
이숙종(李淑鍾)	1904~1985	서울	교육자	
이운용(李沄鎔)	1899~1964	서울	교육자	
이원철(李源喆)	1896~1963	서울	교육자(천문학)	
이유응(李裕應)	1885~1950	서울	교육자	
이윤재(李允宰)	1888~1943	경남 김해	교육자	국어 연구자
이종린(李鍾麟)	1885~1950	충남 서산	언론인	
이중화(李重華)	1881~?	서울	교육자	국어 연구자
이탁(李鐸)	1898~1967	경기 양평	교육자	국어 연구자
이태준(李泰俊)	1904~?	강원 철원	소설가	
이헌구(李軒求)	1905~1982	함북 명천	교육자(불문학)	
이호성(李浩盛)		서울	교육자	
이희승(李熙昇)	1896~1989	경기 광주	교육자	국어 연구자
장지영(張志暎)	1887~1976	서울	교육자, 언론인	국어 연구자
장현식(張鉉植)	1896~?	전북 김제	가사	
전필순(全弼淳)	1897~1977	경기 용인	종교인(목사)	
정노식(鄭魯湜)		전남	가사	
정열모(鄭烈模)	1895~1968	충북 보은	교육자	국어 연구자
정인섭(鄭寅燮)	1905~1983	경남 울산	교육자(영문학)	국어 연구자
정인승(鄭寅承)	1897~1986	전북 장수	교육자	국어 연구자
조기간(趙基栞)	1892~1969	평북	종교인(천도교)	
조용만(趙容萬)	1909~1995	서울	교육자(영문학)	
조용훈(趙鏞薰)		경북	교육자	
조헌영(趙憲泳)	1900~1988	경북 영양	한의학자	
차상찬(車相瓚)	1887~1946	강원 춘천	교육자, 언론인	
최두선(崔斗善)	1894~1974	서울	교육자	
최현배(崔鉉培)	1894~1970	경남 울산	교육자	국어 연구자
한징(韓澄)	1887~1944	서울	언론인	국어 연구자
함대훈(咸大勳)	1906~1949	황해 송화	언론인, 소설가	
홍에스터(洪愛施德)	1892~1975	서울	교육자	

표준어 사정회의

표준어 사정위원회에서는 서울 지역에서 널리 쓰이는 9,400여 개의 단어를 심의 대상으로 정하고 표준 단어를 결정하기 위해 세 차례에 걸쳐 독회(讀會)를 개최하였다. 제1독회는 1935년 1월 2일에서 7일 사이에 충남 아산 온양온천에서, 제2독회는 같은 해 8월 5일에서 8월 9일 사이에 서울 우이동 봉황각에서 가졌고, 마지막 제3독회는 이듬해 7월 30일에서 8월 1일 사이에 인천시 창영동 제1공립보통학교(현재의 창영초등학교)에서 가졌다.

이 독회에서 표준어를 정할 때에는 일정한 방식이 있었다. 서울·경기 출신의 위원에게만 최종 결정권을 부여하고 다른 지방 출신 위원들에게는 재심을 청구할 권리만 주었던 것이다. 물론 재심의(再審議) 과정에서는 해당 말의 분포 지역을 조사하고 그 방언 분포를 바탕으로 토의한 뒤 모든 위원의 '전수(全數) 표결'로 결정하였다.

그 결과 '현재 중류사회에서 쓰는 서울말'을 표준말 사정의 기본 원칙으로 삼아 약 6,100여 개를 표준 단어로 확정하였고 그 이외의 단어들은 준말 또는 비표준어로 처리하였다. 아울러 전문어에 한해서는 조선박물학회 및 각 분야의 전문가에게 자문을 구하여 표준말을 정하는 데 참조하였다. 자문위원으로는 수산어(水産語) 영역의 정문기(鄭文基, 1898~1995), 곤충 영역의 조복성(趙福成, 1905~1971), 식물 영역의 이덕봉(李德鳳, 1898~?), 민속 영역의 송석하(宋錫夏, 1904~1948) 등이 참여하였다.

『사정한 조선어 표준말 모음』의 내용과 성격

이 책은 조선어학회의 표준어 사정위원회에서 여러 차례의 회의를 거쳐 사정한 표준어 6천여 개를 모아 1936년 10월에 간행되었다. 1937년 7월에 재판(再版)이 발행되었으며 그 이후 여러 번에 걸쳐 재인쇄가 이루어졌다. 초판과 비교하여 재판은 120개의 표준어가 추가되고 뒷부분에 '색인'이 마련되는 등 좀더 완결된 모습을 갖추고 있었다.

사진 1 표준말 발표식 거행
(『한글』 4-11, 1936.12)

표준말 발표식(겸 한글 반포 490회 기념식)

□ 일시: 1936년 10월 28일(수) 18:00~21:00

□ 장소: 종로구 인사동 천향원(天香園)[7]

□ 주최: 조선어학회(참석자: 130여 명)

□ 일정

• 개회: 이만규(李萬珪, 회장)

• 훈민정음 봉독(일동 기립): 이병기(李秉岐)

• 기념사: 최현배(崔鉉培)

• 경과보고: 이극로(李克魯)

• 『사정한 조선어 표준말 모음』 개관: 이윤재(李允宰)

• 축사: 안창호(安昌浩), 이종린(李鍾麟), 홍에스터(洪愛施德)

• 축전 및 축사 소개: 정인승(鄭寅承)

• 만세 삼창(일동 기립): 한글 만세!

• 폐회

□ 만찬

　

이 책(재판)은 머리말 3면, 일러두기 2면, 차례 2면과 본문 116면 및 부록 6면 그리고 사정한 단어들의 색인 117면으로 구성되었다. 이 책의 제일 앞면(내표지 뒷면)에 밝혀져 있듯이, 사정한 단어 수는 표준어 6,231개(초판에선 6,111개), 약어(준말) 134개, 비표준어 3,082개, 한자어 100개, 모두 해서 총 9,547개였다. 특히 이 책은 표준어 사정의 결과를 정리해놓은 본문 외에도, 해당 단어들을 가나다순으로 배열한 '색인'을 따로 두었는데 이로써 "소형의 간이 사전(철자 사전)"으로서의 역할을 수행할 수 있

---

7 천향원은 명월관·식도원·국일관과 더불어 일제강점기를 대표하는 요릿집의 하나였다. 이는 장안(서울)의 '1등 명기'로 불렸던 김옥교(金玉嬌)가 세운 것으로 알려져 있다.

사진 2 『조선어 표준말 모음』의 '같은 말' 사진 3 『조선어 표준말 모음』의 '비슷한 말'

도록 하였다.

　이 책의 본문은 크게 두 부분, 즉 "같은 말[同義語]"(1~70면)과 "비슷한 말[近似語]"(70~113면)로 나뉘어 있다. 우선, '같은 말'에서는 표준말 하나(진하고 큰 글자로 표기)에 동일한 뜻을 나타내는 사투리들(연하고 작은 글자로 표기)을 나열함으로써 여러 방언형 가운데에 어느 것이 표준어인지 쉬 알 수 있게 하였다(사진 2 참조). 다음으로, '비슷한 말'에서는 형태는 유사하지만 의미가 조금 다른 단어들을 나란히 배열하고 그들 사이의 구별 정보를 한자(극히 일부는 한글)로 명기함으로써 뜻의 차이를 알아볼 수 있게 하였다(사진 3 참조).

　'같은 말'은 다시 그 어원을 고려해 "소리가 가깝고 뜻이 꼭 같은 말"과

"소리가 아주 다르고 뜻이 꼭 같은 말"로 나누어 제시되었다. 구별 기준이 다소 불명확한 면이 없지 않으나 대체로 전자는 '**집다**, 찝다'(집다)나 '**상치**, 상추, 상취, 샌치, 샌취'(상추), '**꼬리**, 꼬랑이, 꼬랑지, 꽁댕이'(꼬리)처럼[8] 뜻이 같으면서 형태가 조금 다른 것, 그리고 후자는 '**깍두기**, 똑도기, 송송이'[9](깍두기)나 '**연가시**, 범아자비, 사마귀'(사마귀)처럼[10] 뜻이 같지만 형태가 아예 다른 것을 포괄하였다(당시의 표준어는 진한 글자로, 현재의 표준어는 괄호 속에 표시함).

이로써 보면 이 책 속의 '같은 말'은 표준어를 중심으로 한 '방언사전', 더 정확히는 '비표준어 사전'의 성격을 가지고 있었다. 즉 표준어를 표제어(크고 진한 글씨)로 하고 그 옆에 각 방언형들(작은 글씨)을 사용 지역의 표시 없이 나열하는 방식을 취함으로써 표준어와 비표준어를 선명히 구분할 수 있게 한 것이다. 표준어인지 아닌지 잘 모르는 단어는 '색인'을 참조하여 해당 형태를 찾아가 보면 그만이었다.

한편 '비슷한 말'에서는 '깍둑깍둑, 꺽둑꺽둑'이나 '작다, 적다'처럼 형태는 비슷하지만 뜻이 약간 다른 표준말 단어에 대하여 그 뜻을 한자로 각각 밝혀놓았다. 다음 예들을 보자.[11]

꼬리 尾(꼬리)

꽁지 鳥類尾(새의 꼬리)

---

8 『표준국어대사전』(1999)에 따르면 '꼬랑이(① '꼬리'를 낮잡아 이르는 말 ② 배추나 무 따위의 뿌리 끝부분)'나 '꼬랑지('꽁지'를 낮잡아 이르는 말)'는 '꼬리'와 뜻이 다르다.
9 『표준국어대사전』(1999)에 '송송이'는 '궁중에서 깍두기를 이르던 말'로 풀이되어 있다.
10 현재는 '버마재비'와 '사마귀'가 표준어고 오히려 '연가시'가 사투리다.
11 여기서는 이해하기 쉽도록 원문의 한자 표현에다가 한글 풀이를 붙였다.

부글부글 沸皃(끓는 모양)

보글보글 同小('부글부글'의 작은말)

서울나기 京出生人(서울에서 태어난 사람)

서울뜨기 同弄稱('서울나기'를 놀림조로 이르는 말)

경아리 同貶稱('서울나기'를 낮잡아 이르는 말)

이들 예에서 보듯 상위어('꼬리')와 하위어('꽁지'), 큰말('부글부글')과 작은말('보글보글'), 일상어('서울나기')와 비속어('서울뜨기, 경아리') 등을 나란히 배열하고 그들 사이에 드러나는 뜻의 차이를, 한자 표현을 사용해 구별·표시하였다. 이를테면 『사정한 조선어 표준말 모음』의 '비슷한 말'은 유의어들의 의미를 상호 비교하여 구별해놓은 '유의어 사전', 더 좁게는 '의미 변별 사전'으로서의 성격을 띠고 있었던 셈이다.

그 이외의 방언을 전부 말살시키려고 하나

표준어 사정위원회 제3독회(1936.7.30~8.1)가 끝난 후, 표준말 사정 작업의 경과 및 결과를 보고한 기사나 이에 관한 사설이 주요 신문에 잇달아 실렸다.

「조선어 표준어 사정 제3독회 개최」(『매일신보』 1936.8.1)

「사정된 표준어와 조선 민중」(『동아일보』 사설 1936.8.3)

「표준어 사정 종료」(『신한민보』 1936.9.10)

「한글 표준어 발표: 어문통일운동의 일보 전진」(『조선일보』 사설 1936.10.28)

「반석 우에 선 조선어: 표준어 사정 발표」(『조선일보』 1936.10.29)

특히 동아일보나 조선일보는 해당 기사에서 이 표준어 모음집 발간에 매우 큰 의의를 부여하고 있는데 이는 두 신문사가 일제강점기 내내 조선어학회의 활동에 우호적인 태도를 견지해온 것과 관련된다.

하지만 동아일보의 경우에는 정작 『사정한 조선어 표준말 모음』이 간행되었을 때 그에 관한 기사를 내보내지 않았다. 다름 아니라 이는 이른바 '손기정 일장기 말소 사건'(1936.8)으로 동아일보가 1936년 8월 29일에서 1937년 6월 2일까지 정간되었기 때문에 어쩔 수 없이 발생한 일이었다. 그러한 까닭에 동아일보는 그 이듬해 이 책의 재판이 간행된 1937년 7월에 이르러 이에 관한 기사를 게재한다.

「'표준말 모음' 발간: 어문 정리의 지남침」(『동아일보』 1937.7.14)[12]

그 제목이 시사하듯 이 기사에서는 조선어학회의 표준말 모음집 발간을 매우 "가치가 큰" 일로 평가하였다. 나아가 이 표준말 모음집이 "말과 글을 통일"하고 "우리말을 바로 쓰는 데" 없어서는 안 될 책이라 못 박기도 했다. 이 책이 목표로 하는 표준어의 정립을 완전히 긍정적인 시각에서 바라보고 있는 것이다.

그러나 당시의 모든 이들이 이와 같은 조선어학회의 표준어 사정 작업을 그저 바람직하게만 받아들이고 있던 것은 아니었다. 그중에 한 사람으로 당대의 유명한 저널리스트이자 국어 연구자 홍기문(洪起文, 1903~

---

12 이 기사는 같은 날짜의 『매일신보』(「조선어 표준말 모음: 조선어학회서 발간」)에도 실렸다.

1992)[13]은 표준어 제정을 서두르지 말자는 취지의 「표준어 제정에 대하여」란 글을 『조선일보』(1935.1.15~1.23)에 총 7회 연재·발표한다.

이 논설에서 홍기문은 서울 중심의 표준어론에서부터 표준어 제정 "불가능론" 그리고 표준어 "불필요론"에 이르기까지 각 종류의 표준어에 관한 이론을 소개하고 그 효용성을 검토했다. 나아가 그는 모든 지역 방언과 "계급어(階級語)의 융합"을 전제로 한 표준어 개념을 창출하였다.[14] 이는 특정 지역, 특정 사회집단의 말로 언어통일을 도모하는 표준어 정책의 폐해를 극복하기 위해 그가 구상하여 제시한 방안의 하나였다.

한 방언을 표준어로 선발해놓고 곧 그 이외의 방언을 전부 말살시키려고 하나 그것은 한 언어를 가지고 다른 한 언어를 말살하려는 것과 같이 어리석은 노릇이다.

표준어의 존재는 어쩔 수 없다손 치더라도 언어의 통일을 목적으로 표준어를 앞세워 사투리의 말살을 기도해서는 안 된다는 것이다. 비록 그의 표준어론이 상당 부분 이상론에 바탕을 둔 것으로 판단되지만, 표준어의

---

13 홍기문은 유수한 양반 가문의 후예로, 신교육을 따로 받지 못하였으나 청소년기에 언어학을 독학하였다(선대 거주지는 충북 괴산). 서울에서 출생·성장한 그는 20대에 들어 본격적인 공부를 위해 중국의 상해(1922~1924)와 일본의 도쿄(1924~1926)에 유학했지만 그곳에서 언어학보다는 사회주의 사상에 더 많은 관심을 기울였다. 귀국 후 사회운동을 하던 그는 1928년부터 월북(1948년 8월)할 때까지 조선일보 기자 등 언론인으로 활동하면서 『정음 발달사』(1946)를 비롯하여 어학·문학·역사학 관련 저술을 무수히 발표하였다. 북한에선 김일성대학 교수로 재직하며 『향가 해석』(1956) 등을 저술하고 '조선왕조실록' 번역 사업을 총괄한 것으로 알려져 있다. 그는 소설 『임꺽정』의 저자 홍명희(洪命憙, 1888~1968)의 아들로 유명하다(홍명희는 1948년 4월에 월북).

14 그러한 표준어의 사정에 앞서 그는 한국의 모든 지역 방언과 사회 방언에 대한 조사·연구가 반드시 선행되어야 한다고 주장했다. 이로써 보면 홍기문의 견해는 요즈음 일부 인사들이 주장하는 '공통어론'과 유사하다 하겠다.

존재 자체가 사투리의 소멸을 동반한다거나 방언의 소멸과 언어의 소멸을 평행하게 바라봐야 한다든가 하는 견해는 오늘날에도 크게 주목할 만하다.

3부

표준어와 방언의 대결

1933년 10월 31일(화) 오후 5시 반, 명월관 서린동 분점(옛 조흥은행 본점, 현 신한은행 광교영업부 위치)에서 한글 반포 487회 기념일[1]을 축하하는 모임을 가졌다. 이 자리에서 조선어학회는 그간 3년 동안 125차례의 회의를 거쳐 만든 '한글 마춤법 통일안'(1940년부터 '한글 맞춤법 통일안')을 발표하였다.[2] 이는 한글 표기의 통일을 위해 마련한 철자 규정으로, 이 땅에서 순전히 우리의 손으로 만들어 공표·시행한 첫 어문규범이었다.

이 통일안은 총 65개의 세부 조항으로 구성되었는데 여기에 명시된 가장 기본적인 원칙(총론)은 다음 세 가지였다(원문의 한자만 한글로 바꿈).

일, 한글 마춤법(철자법)은 표준말을 그 소리대로 적되, 어법에 맞도록
　　함으로써 원칙을 삼는다.
이, 표준말은 대체로 현재 중류사회에서 쓰는 서울말로 한다.
삼, 문장의 각 단어는 띄어 쓰되, 토는 그 웃말에 붙여 쓴다.

이중 세 번째 조항(띄어쓰기의 기본 원칙)을 제외한 나머지 두 조항이 '표준말'과 관련된다. 그만큼 조선어학회의 '한글 맞춤법 통일안'은 통일된 언어, 즉 표준어에 크게 의지하고 있었던 셈이다. 그러한 까닭에 이 통일안이 널리 보급되면 될수록 표준어는 점점 더 큰 세력을 형성하며 전국으로 퍼져 나갔다.

1　당시의 '한글날'은 10월 29일이었다. 수학자 이명칠(李命七)이 쓴 「한글 기념일 양 10월 29일」(『한글』 1-5, 1932.10)에 한글 반포일(1446년 9월 29일로 추정)의 양력 환산 과정이 자세히 서술돼 있다. 지금의 '한글날'(10월 9일)은 『훈민정음』(해례본)이 1940년에 발견된 후, 그 간기(刊記)의 기준 날짜(1446년 9월 10일)를 양력으로 환산한 것이다.

2　같은 해 11월 8일, 윤치호(尹致昊, 1865~1945), 최린(崔麟, 1878~1958), 한용운(韓龍雲, 1879~1944) 등 각 방면의 유지들은 명월관 돈의동 본점(현 돈화문로 CGV피카디리 극장 위치)에서 맞춤법 통일안을 완성하기 위해 애쓴 조선어학회 인사들에게 위로회를 베풀어주었다.

하지만 '한글 맞춤법 통일안'을 대동한 표준어의 보급이 마냥 순조롭기만 한 것은 아니었다. 우선 1936년에 처음 사정한 표준어 단어가 6천여 개 남짓에 불과했으며 그중에는 언어 변화를 겪어[3] 표준어로서의 지위가 흔들리는 것들도 있었다. 또 외부 유입 인구의 증가로 '서울말'의 경계가 모호해지고, 전쟁 등으로 방언 간의 교류가 활발해져 표준어보다 더 많이 알려진 사투리도 생겨났다. 표준어의 완전한 정립과 보급이 채 이루어지기도 전에 여러 측면에서 문제가 발생한 것이다.

이러한 사정은 전북 군산 출신의 소설가 채만식(蔡萬植, 1902~1950)이 1949년에 쓴 「한글 교정, 오식, 사투리」(『민성』 5-4)라는 글에 여실히 드러나 있다.

나는 방언을 많이 쓴다. 방언인 줄 알고 쓰는 것도 있고 방언인 줄 모르고 쓰는 것도 있고 표준어로는 몰라서 할 수 없이 방언을 그대로 쓰는 것도 있고 아무튼 많이 쓰기는 쓴다.

위의 인용문에서 보듯 그의 눈에 비친 표준어는 지위가 불안정하고("방언인 줄 알고" 쓴 것), 보급이 원활치 못했으며("방언인 줄 모르고" 쓴 것), 표현상의 공백과 결함이 있는 것("할 수 없이 방언을 그대로" 쓴 것)이었다. 그런 까닭에 채만식은 이 글에서 표준어의 완전한 정립을 위해 좋은 국어사전이 우선적으로 만들어져야 함을 주장하게 된다.

어찌되었든 이 글을 통해 보면 그 당시의 표준어는 거의 모든 단어를 포괄하지도 못하고 대중에게 절대적 지위를 인정받지도 못하는 상당히 불안

---

3 단어의 형태나 뜻이 변한 경우, 그리고 대상물이 사라지거나 바뀐 경우가 이에 해당한다.

사진 1 『조광』에 연재된 『천하태평춘』   **사진 2** 단행본으로 출판된 『태평천하』

채만식의 『태평천하』는 '천하태평춘'이란 제목으로 『조광』(1938년 1~9월호)에 연재되었다(총 9회). 그는 이를 1948년에 단행본으로 출판하면서 제목을 바꾸고 사투리를 상당 부분 수정했다(이태영 1997).

아랫묵으로 펴놓은 돗자리 우에 방안이 **왼통** 그들먹하게시리 발을 개키고 **앉어** 있는 윤장의 영감 앞에다가 올망졸망 사기 반상기가 그득 **백힌** 저녁상을 조심스러이 갖다놋는 게 (『천하태평춘』)

아랫묵으로 펴놓은 돗자리 우에, 방안이 **온통** 그들막하게시리 발을 개키고 **앉아** 있는 윤직원 영감 앞에다가, 올망졸망 사기 반상기가, 그득 **박힌** 저녁상을 조심스러히 가져다놓는 게 (『태평천하』)

위에서 보듯 '왼통 → 온통, 앉어 → 앉아, 백힌 → 박힌' 등 지문 속의 사투리가 표준어로 고쳐진 것이다(사진 1과 사진 2 참조). 마치 표준어와 방언의 대결에서 점차 밀려가는 사투리의 위상을 그대로 보여주는 듯하다.

정한 상태에 놓여 있었다. 거기에다 광복 후 일정 시기까지 표준어의 필요성에 대한 주장이 한국사회의 대중들을 완전히 납득시킬 만한 수준에 이르지도 못하였다.

그럼에도 불구하고 1930년대에 활발히 이루어진 문자보급운동의 물결을 타고 표준어는 전국 방방곡곡으로 전파되었다. 암울했던 일제강점의 시기에 이와 같은 표준어를 바탕으로 한 언어통일운동이 전국적으로 민족 구성원을 결집시켜 훗날 일제로부터의 독립에 일정 부분 기여하게 된 것도 부정할 수 없는 분명한 사실이다.

5장
근대 어문운동의 두 방향

문자보급 VS 방언채집

일제강점 초기 조선총독부의 어문정책은 주로 일본어의 전면적 보급(그에 동반한 한국어의 사용 억제)에 맞추어져 있었다. 하지만 3·1운동(1919) 이후 일본의 식민지정책 기조가 강압에 의한 '무단통치'에서 회유에 의한 이른바 '문화통치'로 선회하면서 총독부는 한국인들에게 어문운동을 벌일 수 있는 기회를 어느 정도 허용하기 시작하였다.

이에 따라 당시 식민지 조선의 지식인들은 민족계몽의 차원에서 우선적으로 전체 인구[1]의 80퍼센트를 훨씬 넘어서는 문맹자의 수를 줄이기 위해 문자보급운동을 활발히 전개하였다(이 운동은 광복 후 문맹퇴치가 어느 정도 이루어지는 1960년대까지 계속되었다). 이와는 다른 차원에서 표준어의 확장을 도모하거나 사투리의 소멸을 염려하는 사람들에 의해 방언채집운동이 여기저기서 여러 차례 벌어지기도 하였다.

1　김홍순(2011) 39면에서는 조선총독부의 통계 연보에 기초하여 조선인 전체의 인구를 1917년에 1,661만여 명, 1927년에 1,863만여 명으로 산정하였다.

1. 문자보급

문자보급운동이란 주로 1920·30년대에 문맹퇴치를 위해 벌인 애국계몽운동을 가리킨다. 이 시기에는 조선일보와 동아일보 두 언론사가 주축이 되어 문자보급운동을 활발히 전개하였다. 나아가 조선어학회의 주도 아래 전국 주요 도시에서 개최된 '조선어 강습회'도 이 운동의 일환으로 행해진 문맹퇴치활동의 하나였다고 할 수 있다.

이와는 별도로 1920년대 중반에서 1940년대 말까지 '시·군'(경우에 따라서는 '도')의 청년단체 또는 관 차원에서 문맹퇴치운동이 산발적으로 펼쳐지기도 하였다. 가령 경남 진주군 청년연맹의 청년야학운동(1925)을 비롯하여 전남 곡성군의 문맹퇴치운동(1931) 그리고 경기도(사회교육과)의 국문개학(國文皆學)운동(1947) 등 문맹자를 줄이기 위한 노력이 20여 년에 걸쳐 지속적으로 기울여졌다.

이러한 문자보급운동이 원활히 펼쳐지기 위해서는 어문의 통일이 전제되었다. 그러한 까닭에 이 운동에서 사용된 교재는 당시의 중앙어, 즉 서울말(나중에는 표준어)로 작성되었다. 결과적으로는 이 운동을 통해 서울말(또는 표준어)이 전국적으로 널리 보급되는 계기가 마련되었다.

브나로드운동

'브나로드'[2]라 불리던 한국의 계몽운동은 1920년대 초부터 서울의 청

---

2 브나로드(v narod)는 '민중 속으로'라는 뜻의 러시아말 구호. 제정(帝政) 러시아 말기에 지식인들이 민중계몽을 목표로 이 구호를 내세우고 브나로드운동을 전개하였다. 1873년에 시작된 이 운동에서 수많은 러시아 청년들이 농촌으로 들어가 계몽활동을 벌였다. 하지만 이를 불법으로 규정한 제정 러시아 정부에 의해 1876년까지 약 4,000명의 청년이 체포되면서 이 운동은 사실상 중단되었다.

년 지식인과 문화단체 그리고 도쿄 유학생들에 의해 시작되었다. 특히 이들이 방학 때 귀향하여 수행한 농촌계몽운동은 사회적으로 큰 주목을 받았다. 이에 호응하여 조선일보사와 동아일보사 등 당대의 유수한 언론사가 동참함으로써 이 운동은 전국적으로 급속히 확산되었다.

이 시기의 브나로드운동은 크게 두 방향으로 진행되었다. 하나는 농촌개발운동이었으며 다른 하나는 문맹퇴치운동이었다. 말하자면 이 운동은 당시 인구의 대다수를 차지하던 농민들에게 한글을 가르쳐 문맹을 타파하고 그들의 민족의식을 일깨우는 동시에, 낙후된 농촌을 개발하여 빈곤을 물리치고자 한 것이다. 그러한 가운데 심훈(沈熏, 1901~1936)의 농촌계몽소설 『상록수』(1935)가 인기를 끌면서 그 이름을 본떠 이 운동을 '상록수(常綠樹) 운동'이라 부르기도 하였다.

이러한 브나로드운동은 민중계몽과 민족자강을 통해 독립의 기반을 튼튼히 하는 데 궁극적인 목적을 두었다. 그리하여 이 운동을 전개한 당시의 많은 청년 지식인들은 한글을 가르치는 문맹퇴치활동뿐 아니라 생활 습관 및 환경을 바꾸는 계몽활동 그리고 음악·연극 등 문화운동을 겸하여 민족의식을 고취하는 민중운동을 주도하였다.

정리하자면 이 시기의 브나로드운동은 언론계와 조선어학회 그리고 청년 학생들이 힘을 합쳐 벌인 거국적 문화운동이자 민족자강운동, 나아가 실력양성론에 기초한 일종의 민족독립운동이었던 것이다. 그러한 까닭에 이 운동은 조선총독부의 끈질긴 방해로 그리 오래 지속되지는 못하고 1935년에 모두 중단되었다.

조선일보·동아일보의 '문자보급운동'

조선일보사는 브나로드운동의 일환으로 1929년 7월 14일부터 전국 규모의 '귀향 남녀학생 문자보급운동'을 시작하였다. 이 운동을 주관한 사람은 주시경의 제자로, 당시 조선일보사의 지방 부장이었던 장지영(張志暎, 1887~1976)이었다. 그는 신문 투고와 강연을 통해 문자보급운동의 필요성을 강력히 주장함으로써 이 운동의 확산에 크게 기여하였다.

한편 동아일보사에서는 '문맹퇴치'라는 시대적 요청에 따라 1931년부터 1934년까지 4회에 걸쳐 전국적인 문자보급운동을 전개하였다.[3] 이 운동의 주체는 셋으로 나뉘었는데 한글과 산술을 실제로 가르치는 '학생 계몽대'(고보 상급생)와 '학생 강연대'(전문학교 이상의 학생), 그리고 '고향 통신', '생활 수기' 등을 써서 신문사에 보내는 임무를 맡은 '학생 기자대'가 바로 그것이었다. 1932년부터는 그 주체가 '학생 계몽대'(고보 이상의 학생)와 '계몽 별동대'(일반인) 그리고 '학생 기자대'(고보 상급생 및 전문학교 이상의 학생)로 나뉘었다.

이 운동의 궁극적인 목적은 말 그대로 방학을 맞아 고향으로 돌아가는 학생들을 동원해 한글을 보급하고 이를 바탕으로 민족의 역량을 키우는 데 있었다. 1930년 당시 2천만 한국인의 문맹률은 80퍼센트에 이르렀는데 방학을 이용해 고향에 내려간 학생들로 하여금 대중들에게 한글을 가르쳐 문맹률을 줄이고 이를 통해 민족자강을 도모하고자 한 것이다.

이러한 문자보급운동에서는 각 신문사에서 따로 간행한 문자보급 교재가 사용되었다.[4] 이들 교재는 크게 국어와 산수 두 부분으로 나뉘었는데 국어 교습용 '한글 교재'는 '한글 자모 익히기, 단어 익히기(받침 없는 단어, 받침 있는 단어), 문장 익히기, 텍스트(옛날이야기, 역사·지리 등) 읽기'로, 산수

---

3 당대의 유명 소설가 이광수도 동아일보사에 근무(1923~1933)하면서 이 운동에 관여한 바 있다.

4 이러한 교재와 알림 포스터 제작비용은 해당 신문사에서 대고, 귀향 학생(이른바 '한글 선생')들의 활동 경비는 그 자신들이나 지역 유지 또는 실제의 수강자들이 부담하였다고 한다.

사진 3 『**한글원본**』 (조선일보사 1930) 사진 4 『**한글공부**』 (동아일보사 1932)

교습용 '산술 교재'는 '숫자 읽고 쓰기, 덧셈, 뺄셈, 곱셈, 나눗셈'으로 그
내용이 구성되었다. 이때 국어 교습용으로 주로 사용된 『한글원본』(조선일
보사)이나 『한글공부』(동아일보사)는 조선어학회의 맞춤법 규정을 충실히
따라 집필된 한글 교재였다(사진 3과 사진 4 참조).[5]

특히 동아일보사에서는 조선어학회 후원으로 한글 강습회를 열고 『신
철자편람』(1933.4)과 『한글마춤법통일안』(1933.10)을 따로 인쇄·배포해 교
재로 사용하기도 하였다. 문자보급운동을 통해 비로소 조선어학회의 한
글 맞춤법이 대중적으로 널리 알려지는 계기가 마련된 것이다. 그에 따라

---

5 조선일보사와 동아일보사는 그 이전부터 조선어학회의 맞춤법 원칙을 지지하고 이를 보급하
  는 데 동참해온 신문사였다.

서울말에 기반을 둔 표준어가 전국적으로 보급되는 부수적인 성과도 얻게 된다. 이 표준어 또한 조선어학회가 1929년부터 국어사전의 편찬 작업을 시작·진행하면서 차근차근 준비해온 것들이었다.

이와 같은 문자보급운동에 대해 당시 일반인의 호응은 굉장하였다. 그 실적이 비교적 명료하게 정리된 동아일보사의 사례(노영택 1979, 99면)를 예로 들어 보이면 다음과 같다.

표 1 **동아일보사 문자보급운동의 경과**

연도	1회(1931)	2회(1932)	3회(1933)	4회(1934)	합계
기간	62일 (7.21~9.20)	82일 (7.11~9.30)	81일 (7.12~9.30)	73일 (7.2~9.12)	298일
계몽대원 수	423명	2,724명	1,506명	1,094명	5,747명
수강자 수	9,492명 (여: 4,066명)	41,153명 (여: 18,829명)	27,352명 (여: 12,998명)	20,601명 (여: 8,278명)	98,598명 (여: 44,171명)
배부 교재 수	30만 부	60만 부	60만 부	60만 부	210만 부

이처럼 대중적 지지가 상당하던 문자보급운동을 총독부에서 그냥 두고 볼 리가 만무하였다. 그리하여 조선총독부는 1935년 여름방학을 기하여 두 신문사에 대해 이 운동의 중지령을 내렸다. 이로써 브나로드운동으로 촉발된 문자보급운동은 불과 5~6년 정도 지속된 후 전면 중단되었다. 그러한 까닭에 두 신문사의 문자보급운동은 조선인 전체의 문맹률을 낮추는 데에는 그리 크게 기여하지 못하였다.

하지만 사회적으로 이 운동을 주도한 인물 및 참여 학생들이 훗날 문학·언론 등 한국의 문화계 전반을 이끌어가는 계층을 형성하게 되었다는 사실은 주목할 필요가 있다. 아울러 이들에 의해 표준어가 계몽의 언어로 선택되고 문자보급운동 교재를 통해 그것이 보급되었다는 점도 매우 중요하다. 그리됨으로써 표준어의 지위가 한층 격상되고 대중들 사이에서 그런 표준어가 계몽의 상징으로, 나아가 수호되어야 할 대상으로 인식되었기 때문이다.

그에 따라 표준어가 상위어로 인정을 받게 되고 사투리(또는 방언)는 하위어로 밀려나게 된다. 사투리가 대중들에게 없어져야 할 품위 없는 말로 간주되기 시작했다는 뜻이다.

국가재건 국민운동본부의 '문맹퇴치운동'

1961년 5·16군사정변 직후 국가재건 최고회의에서는 직속 산하기관 중 하나로 '국가재건 국민운동본부'를 창설하였다. 이 국민운동본부에서는 민주의식 및 자립정신의 함양 그리고 생활개선 등을 목표로 국가가 주도하는 국민운동을 전개하였다(이 운동은 훗날 새마을운동의 모체가 되었다). 이의 일환으로 문맹퇴치운동이 벌어졌는데 이는 일제강점기의 '문자보급운동'(1929~1935)이나 6·25전쟁 이후의 '문맹퇴치 5개년 계획'(1954~1958)을 거의 그대로 잇는 것이었다.

광복 후 제1공화국(1948~1960) 정부는 학령기의 모든 아이들이 초등 수준의 의무교육을 받을 수 있도록 제도를 정비하고 이러한 혜택을 받지 못하는 국민들을 위해 보완적으로 문맹퇴치 정책을 폈다. 특히 휴전협정(1953.7.27) 직후 문교부 주관 하에 문맹퇴치 사업이 5개년에 걸쳐 실시되었는데 이 사업에서는 농민이나 군인을 주 대상으로 그리고 초등학교 2학년 수준의 읽기, 셈하기 등을 교육 내용으로 하여 매년 일정 기간(총 150시간)의 강습이 이루어졌다.[6]

---

6 당시의 문교부 보고서에 의하면, 문맹퇴치 5개년 계획이 완료된 1958년의 12세 이상 문맹률은 4.1퍼센트였다고 한다. 하지만 김종서(1964) 22면에서는 이를 "믿을 만한 수치"가 아니라

그럼에도 불구하고 문맹자가 여전히 상당수 남아 있게 되자, 국가재건 국민운동본부에서는 따로 문맹자 교육기간(1961.12~ 1962.4)을 두고[7] 집중적으로 문맹퇴치 교육을 시행하였다.

이때에는 귀향 대학생들을 중심으로 '문맹 교육 봉사단' 또는 '농어촌 학생 계몽대' 등을 조직하고 이들이 '한글 선생'이 되어, 농민과 군인 그리고 여성 등 전국의 문맹자 전원(360만 명)을 대상으로, 국어 50시간과 산수 30시간을 포함한 총 125시간의 강습을 진행하였다. 국어의 경우, 초등학교 1학년 교과서나 『한글공부』(1961)[8]를 교재로 사용했는데 이를 통해 한글맞춤법 및 표준어 교육이 자연스럽게 이루어졌다.

2. 방언채집

일반적으로 방언채집의 목적은 크게 다음 두 가지로 나뉜다. 하나는 언어에 대한 조사·연구를 수행하기 위한 것, 다른 하나는 점점 사라져가는 각 지방의 언어·문화를 보존하기 위한 것. 하지만 어문규범이 확립되어 있지 않은 시기에는 그것을 정립할 목적으로 방언채집이 이루어지기도 한다.

1930년대에 벌어진 방언채집운동은 표준어 사정을 위한 기초 어휘 자료의 수집에 그 일차적인 목표를 두었다. 표준어를 정하고자 하나 서울 지역의 말이 모두 표준어가 되는 것은 아니므로[9] 목록상의 공백이 생기고,

하고 여러 정황(신문 발행 부수 등)을 고려할 때 1959년 말의 문맹률은 적어도 21퍼센트를 넘어섰을 것으로 추정하였다.

7 이 운동은 1962년 5월 선거에서 모든 사람들이 투표용지에 이름을 직접 적는 방식의 기명 투표를 할 수 있게 하는 데 그 목표를 두었다고 한다.

8 이는 국민운동본부에서 따로 제작한 책으로, 일제강점기 때의 문자보급 교재와는 다른 것이었다.

9 서울말이더라도 지역적·사회적으로 특수한 것은 표준어에서 제외하는 게 보통이었다.

그러한 공백을 메우기 위해 전국 방언의 어휘 자료를 확보할 필요가 있었다. 나아가 사투리 교정 및 표준어 교육을 위해서도 전국 방언 자료를 확보하는 일은 매우 유용했다. 이로써 보면 이 시기에는 주로 표준어의 제정 및 보급 차원에서 방언채집이 이루어진 셈이다(정승철 2016).

그러나 사실 이 시기에 한국의 방언을 가장 체계적으로 많이 수집한 사람은 경성제국대학 조선어문학과의 일본인 교수 오구라 신페이(小倉進平, 1882~1944)였다. 그는 동경제국대학 대학원(언어학과)을 졸업하고 내한한 뒤, 조선총독부(1911~1926.3) 및 경성제국대학(1926.4~1943)에 근무하면서 한국의 각지 방언을 조사·정리하는 일에 평생을 바쳤다.[10] 두말할 필요 없이 그의 방언 연구는 한국인의 방언채집운동과는 무관하게 일본어와 한국어의 계통 관계를 밝히는 데 궁극적인 목적을 두고 진행되었다.

매일신보사의 '각지 사투리 모집'

1930년의 새로운 언문철자법이 시행될 무렵에 여러 가지 이유로 표준어 재사정 작업이 이루어졌다. 그 사업의 일환으로 방언채집운동이 벌어졌는데 이는 총독부의 기관지를 발행하던 매일신보사에서 주관하였다. 그리하여 이 무렵의 『매일신보』(1931.9.18)에는 다음과 같은 '각지 사투리 모집' 공고가 게재된다.

지방 '사투리'(방언)를 모아보고저 합니다. (…) 표준어라고 결코 모다 완전한 것은 아니니 각 지방 말을 모아 그 가운데서 가장 아름답고

---

[10] 그 결과물이 바로 『朝鮮語方言の研究(조선어 방언의 연구)』(1944)다. 오구라 신페이의 생애와 학문에 관해서는 정승철(2010) 참조.

공통적인 것은 표준어에 편입 (…) 한 지방의 독특한 말과 그 지방 사람의 독특한 악센트는 그 지방의 인정(人情), 풍속(風俗)과 전래하는 문화를 보여주는 데도 무엇보다 유력합니다. 그럼으로 각 지방의 '사투리'를 모으는 것은 결코 무용한 일이 아닙니다.

이에 따르면 매일신보사의 방언채집은 표준어로 편입할 사투리(또는 방언)를 수집·선별하고 전통적 언어·문화를 기록·보존하는 데 목적을 두었다. 하지만 실제로 이 운동은 아래에서 보듯 표준어의 정립과 보급에 그 주된 목적이 놓여 있었다. 다음은 각각 『매일신보』에 '각지 사투리 모집' 공고 및 '동무 소식'(1931.10.8)으로 실린 글이다.

표준어에 비초여보면 지방 '사투리'에는 이상스럽고 우스운 것이 퍽 많습니다. 같은 사물을 딴말로써 표현도 하려니와 같은 말에도 '악센트'가 틀리는 것이 많습니다. 물론 이 '사투리'는 교육의 보급을 따라 표준어로 통일이 될 것입니다. ('각지 사투리 모집')

제군께서도 지상(紙上)에서 종종 '사투리'를 보았으려니와 참 우스운 말이 많습니다. 이것이 절대 자랑할 만한 것은 아니며 아즉도 표준어가 통일되지 못한 소이 (…) ('동무 소식')

이 글들은 매일신보사의 방언채집운동이 사실상 표준어를 정하고 보급하는 데에 그 궁극적인 목적을 두고 있었음을 시사한다. 아울러 다음 〈사진 5〉에서 보듯 이 투고란의 '공지 사항'으로 표준어(또는 서울말) 병기 사실을 매회 명기하고 있는 것도 이러한 목적을 은연중에 드러냈다 할 만

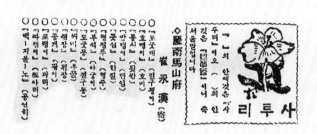

사진 5 '마산' 사투리 (『매일신보』 1931.11.5)

사투리: 『 』의 안에 것은 '사투리'이오, ( )의 안에 것은 '표준어'이니 즉 서울말입니다.

하다.

이와 같은 성격의 독자 투고 '사투리'는 1931년 9월 19일에서 11월 20일까지 『매일신보』에 총 37회 연재되었다(정승철 2016). 동일인의 중복 투고를 빼면 투고자는 모두 22명이었고 지역별로는 현재의 행정구역을 기준으로 아래 표와 같은 분포를 보였다(두 '도'의 자료가 함께 제시된 것이 3번).

표 2 매일신보사 방언채집운동의 현황(도별)

도	강원	경기	경남	경북	전남	전북	제주	충남	충북	평남	평북	함남	함북	황해	계
횟수		1	10	4	1	2					4	9	7	2	40

함경도가 16회고 경상도가 14회로 압도적인 반면, 강원도와 충청도 그리고 제주도는 전무해 지역적 편차가 매우 컸다. 이러한 편중은 단기간의 '독자 투고'에 전적으로 의지한 방언채집이 보여주는 어쩔 수 없는 한계였다 하겠다.

한편 이 자료에는 각지 사투리 단어에 대응 표준어가 항상 병기된 가운데 표제어로서의 사투리들은 매회 특별한 순서 없이 제시되어 있다.[11] 이러한 자료 배열 방식은 조사를 위한 질문지가 사전에 제공되지 않은 상태에서 독자들의 조사 및 정리·투고가 이루어졌음을 우회적으로 알려준다.

조선어학회의 '방언수집'

조선어학회에서는 기관지 『한글』을[12] 통해 방언채집운동을 전개하였다. 이를 위해 『한글』지는 1935년 10월(제27호)부터 1942년 5월(제93호)까지 투고란의 형식을 빌려 독자들로 하여금 각 지역의 사투리를 채록·보고케 하였다(사진 6 참조).

그 결과 투고자는 총 98명이었으며 지역적으로는 다음과 같은 분포를 보였다.

표 3 **조선어학회 방언채집운동의 현황**(도별)

도	강원	경기	경남	경북	전남	전북	제주	충남	충북	평남	평북	함남	함북	황해	계
횟수	5	3	7	15	3	7	2	2	3	9	18	14	18	3	109

이에서 보듯 방언수집이 전혀 이루어지지 않은 지역은 발견되지 않으나, '함경도(32회)/평안도(27회)/경상도(22회)'에 비해 '전라도(10회)'나 '강원도(5회)/충청도(5회)/경기도(3회)/황해도(3회)/제주도(2회)'는 수적으로 현저히 적었다('전국' 2회와 '북간도' 1회는 제외). 수집·보고할 인력 자체가 위

---

11 정승철(2016)의 '부록'에 전문 수록.
12 이 잡지는 1927년 2월에 동인지(同人誌)의 성격을 띠고 출간되었으나 여러 가지 어려움으로 이듬해 10월 폐간되었다(통권 9호). 그 이후 1932년 5월에 『한글』이 다시 발간되었지만 1942년 이른바 '조선어학회 사건'으로 회원 다수가 검거되면서 간행이 중단되었다. 일제강점기의 마지막 『한글』은 1942년 5월에 나온 통권 93호였다(광복 후 1946년 4월에 속간).

사진 6 **'벽동' 방언** (『한글』 1936.2)

낙 부족한 제주도를 제외할 때 이 통계는 대체로 자신의 방언에 대한 당시의 지역별 관심도를 비례적으로 나타내주는 자료로 여겨진다.

한편 조선어학회는 방언수집 공고(1935.10)에서 자신들의 방언수집이 사전 편찬 작업의 일환으로 이루어진다는 점을 명백히 하였다.

조선어학회에서는 각 지방 방언을 수집하기 위하여, 4·5년 전부터 부내(府內) 각 중등학교 이상 학생을 총동원하야, 하기방학 시 귀향하는 학생으로 하여금 방언을 수집하였던바, 이미 수집된 것이 만여 점에 이를지라, 이것을 장차 정리하여 사전 어휘로 수용할 예정입니다. 그런데 여기에 방언 조사란을 특설하였으니, 누구시든지 이 난을 많이 이용하여주시기를 바랍니다.

이와 같은 독자 투고를 통해 조선어학회는 근 7년간 전국적으로 1만 개 이상의 단어를 수집·보고하였다. 이들이 수집한 사투리는 '방언'(1937년 1월 제41호부터는 '시골말')이란 제목 아래 해당 기간 동안 거의 매회『한글』에 실렸다. 이에서는 '표준어-사투리'의 배열 순서를 대체로 유지한 가운데 가나다순으로 정렬된 표준어 밑에 해당 지역의 사투리를 열거하였다.

이들 자료는 선별 작업을 거친 후, 훗날 조선어학회에서 간행한『조선말 큰사전』(1947)에 '사투리(표준어 아닌 말)'로 수용되었다('큰사전'의 범례 참조). 해당 사전에서 이들 중 일부는 표준어로 편입되었지만 그 대부분은 올림말(사전의 표제어)에서 아예 제외되거나 교정의 대상으로 비표준 올림말이 되었다.

　　《 강내.강내이.강냉이.강내〔이〕(식)＝옥수수
　　《 칼치〔이〕(동)＝갈치

위의 예에서 보듯 '손톱표'(《)를 한 '강내, 강내이, 강냉이, 강내'와 '칼치' 등을 "표준말 아닌 어휘"로 규정하고 이들 대신에 표준어 '옥수수'와 '갈치' 등을 사용하도록 한 것이다. 결과적으로는 독자들이 수집·보고한 '시골말'이 대부분 '표준어 아닌 말', 심지어 '없어져야 할 말'로 격하되어 버린 셈이다.

이를 통해 볼 때『한글』을 통한 조선어학회의 방언채집운동은 표준어를 확장하기보다 그것을 보급하는 데에 더 큰 목표가 두어져 있었다. 물론 이 운동에 동참한 많은 조사원들도 이에 동조했던 것으로 여겨진다. 전남 함평 지역의 조사원 이강수(李康壽)의 다음 진술이 바로 그러한 사실을 잘 보여준다.[13]

서울말과 우리 지방 사투리와 뜻은 같으면서 말이 다른 것을 찾으며 모으며 하여오던바, 함평에 계신 분으로써 서울말을 이해치 못하시는 이가 있다 하면 혹 도움이 될까 하여 (…) (『한글』32, 1936.3)

하지만 방언수집의 목적을 언어 연구의 기초자료 제공이나 지방 언어 문화의 보존에 두었던 조사원도 상당수 있었던 모양이다.

채대원(蔡大源)의 '시골말'(평남 용강): 우리 지방의 사투리를 생각나는 대로 적어서 (…) 한글 연구하시는 여러분 앞에 소개하여서 다소간이라도 도움이 된다면 (…) (『한글』48, 1937.9)

양원화(楊元和)의 '시골말'(황해 송화·은율): 사투리 가운데에 가끔 우리의 감정이나 생각되는 바를 오히려 만족하게 그려낼 수 있는 묘하고 아름다운 말이 적지 않은 것은 우리가 실제로 체험하는 바이다. (『한글』44, 1937.4)

---

13 이처럼 일부 조사원들은 사투리 자료를 제시하기에 앞서 짧은 진술을 덧붙이기도 했다. 이러한 진술 속에 사투리의 수집 과정이나 목표 등 당시의 정황을 알려주는 중요한 정보가 담겨 있어 매우 흥미롭다.

이는 조선어학회의 방언채집운동을 체계적으로 지원하기 위해 최현배가 작성·간행한 『시골말 캐기 잡책』(1936)[14]의 「머리말」과도 부합하는 진술이다.

배달말의 연구에 뜻하는 이, 또 일반으로 한국을 알려는 사람은 누구든지 이것을 하여봄이 크게 소용될 줄로 믿는다. (…) 시골말 캐기(방언채집)는 다만 배달말 및 배달 문화의 전공자에게만 필요할 뿐 아니라 (…) 말씨 문화에 대한 자기 인식의 깊히기와 여물구기에 매우 유조할 줄로 믿는 바이다.

이에서 더 나아가 평북 벽동 지역의 '시골말'을 보고한 장지용(張芝用)은 사투리에 관한 한 남다른 관점을 드러내고 있어 매우 흥미롭다.

이 난을 서로서로 이용하여 독자 여러분의 지방 사투리를 좀 알려주시오. 조선 사람으로서 조선말을 모른다면, 이것은 틀림없이 자기의 성명까지 알지 못하게 된 정신병자(미치광이)와 같다. (『한글』39, 1936.11)

민족 구성원 사이의 원활한 소통을 위해 언어의 통일이 강력히 요청되던 시기에 독특하게도 그는 모든 사투리를 다 포괄해 "조선말"(한국어)로 규정하고 민족 소통의 전제로 사투리 정보를 공유하는 일이 필요함을 역설하고 있는 것이다. 특히 민족 정체성 확립의 차원에서 사투리의 가치를

---

14 이 책은 방언채집운동을 원활하게 수행하기 위해 만든 (질문문이 없는) 약식 조사 질문지다. 이는 '천문·지리, 동물·식물'에서 '음성편'과 '어법편'에 이르기까지 단어나 어구, 문장 등 1,000개가량의 항목으로 구성되어 있다.

강조한 점도 주목할 만하다. 그럼에도 아직까진 사투리의 소멸을 염려하는 단계에 이르지는 않았던 것으로 판단된다.

동아일보사의 '방언채집'

동아일보사에서는 1962년 여름부터 우리의 고유 문화재를 채집·발굴하여 소개하는 범국민운동을 펼쳤다. 『동아일보』(1962.7.16)에 다음과 같은 사고(社告)를 싣고, 민족 정체성을 확립하기 위한 차원에서 '문화재 도로 찾기 운동'을 벌인 것이다.

> 오래전부터 본사(本社)에서는 잃어버린 우리 고유 문화재의 '도로 찾기, 채집, 발굴' 운동을 구상 (…) 우리 고유문화의 전통과 그 유산을 올바르게 계승하므로 이 민족의 잃어버린 정서, 묻혀 있는 문화와 민속 및 예술을 도로 찾고 채집하고 발굴하여 널리 지상(紙上)을 통해 소개 (…) 독자 제현께서는 각기 우리의 주변에 흩어져 묻혀 있는 우리의 고유한 '문화재 도로 찾기 운동'의 선봉에 나서 '채집, 발굴'하여 많은 투고 있기를 바랍니다. (「범국민 '문화재 도로 찾기 운동' 전개」)

이 운동에서는 독자들로부터 '내방가사(영남지방 중심), 판소리(호남지방 중심), 민요, 신화·전설·민담, 민속 및 민간신앙, 방언·은어, 위트·유머, 고서 및 골동품(이상 전국)' 등에 관한 원고 또는 사진을 받아, 정해진 날의 『동아일보』에 전부 한데 모아 게재하였다. 말하자면 독자 투고의 형식을 빌려 사라져가는 우리 문화 또는 문화재에 대한 채집운동을 전국적으로 전개한 것이다.

그리하여 1962년 8월 6일에서 1963년 2월 27일까지 신문 지상(紙上)을

사진 7 '함남 이원' 방언
(『동아일보』 1962.9.17)

통해 총 15차례 그 결과가 실렸다. 그중 제3회(8.23), 제5회(9.10), 제8회
(10.2), 제11회(11.14), 제12회(11.21), 제15회(2.27)를 제외하고 모두 9회에
걸쳐 이 운동의 일환으로 방언채집이 이루어졌다. 이와 같이 독자 투고에
의해 채집된 방언은 가나다순으로 배열된 사투리 표제어 밑에 '대응 표준
어'(간혹 '뜻풀이')를 붙여 발표되었다(사진 7 참조).

동아일보사에서 전개한 '문화재 도로 찾기 운동'의 투고 현황을 표로
정리해 보이면 다음과 같다.[15] 복잡성을 피하기 위해 방언채집 관련 투고
가 없었던 때는 이에서 제외한다.

15 정승철(2016)의 '부록'에 전문 수록.

표 4 동아일보사 방언채집운동의 투고 현황

회차(날짜)	지역	투고자
제1회(8/6)	함남 단천 ①	김태수(金泰樹)
	은어	최영식(崔瑛植)
제2회(8/13)	함남 단천 ②	김태수(金泰樹)
제4회(9/3)	함남 단천 ③	김태수(金泰樹)
제6회(9/17)	함남 이원 ①	윤희성(尹熙聲)
제7회(9/24)	함남 이원 ②	윤희성(尹熙聲)
제9회(10/17)	함남 고원 ①	조창옥(趙創玉)
제10회(10/23)	함남 고원 ②	조창옥(趙創玉)
제13회(1/30)	경남 거제 ①	이주태(李柱泰)
제14회(2/11)	경남 거제 ②	이주태(李柱泰)

위 표에서 보듯 동아일보의 방언채집은 투고자(5명)도 매우 적고 지역도 극히 한정되어 있다. 물론 이는 동아일보의 '문화재 도로 찾기 운동'이 조기 종료된 데 따른 결과였다.[16]

그럼에도 불구하고 동아일보의 방언채집운동은, 이전의 경우와 달리 표준어에 의한 "방언의 말살"을 언급하고 있다는 점에서 특징적이다. 이 운동의 방향을 명시한 강윤호(康允浩) 교수(이화여대)의 「방언·은어 채집운동에 부쳐」란 글을 보자.

---

16 이 운동을 갑작스럽게 중단한 이유가 신문 지상에 밝혀져 있지 않다. 아마도 이는 1963년의 급박했던 정치적 상황과 관련되었을 것으로 판단된다. 민주공화당 창당(1월 18일), 박정희(朴正熙) 최고의장의 '민정 불참 선서식'(2월 27일) 그리고 쿠데타 음모 사건(3월 11일)에서부터 박정희 의장의 전역과 공화당 입당 및 대통령 후보 지명(8월 31일) 그리고 새 헌법에 의한 대통령 선거(10월 15일)에 이르기까지 대형 사건이 연이어 발생하면서 당시의 신문사들이 내적·외적으로 '방언채집'과 같은 문화운동을 벌일 여유가 없었으리라는 것이다.

우리들은 좁은 각 지역어 곧 방언의 통용 범위를 극복하고 온 국내에서 널리 통용할 수 있는 공통어(이른바 표준어)를 제정 (…) 그러나 공통어의 통용 범위가 증대된다고 해서 우리 주위에서 방언의 말살이 실현될 수 있다는 것을 뜻하는 것이 아니며 (…) 많은 독자를 대상으로 전국에 걸쳐 채집될 방언 어휘는 우리의 손으로 실현되어야 할 '방언사전' 또는 '방언집' 편찬을 갈망하고 있는 국어학계에 큰 보탬이 될 것 (…) (『동아일보』 1962.7.31)

표준어의 보급 및 통용이 방언의 위축을 불러올 수 있으므로 이를 대비하는 차원에서 방언사전의 간행이 시급하며 이를 위해 전국적인 방언채집이 필요하다는 것이다. 비로소 앞으로 닥쳐올 방언의 소멸 위기를 예상하고 이에 대한 대책을 강구하자는 주장이 출현했다 할 수 있으며 이 이외에도 사회 곳곳에서 이와 같은 의견이 종종 발표되었다. 하지만 제3공화국의 출범(1963.12) 이후, 국가 주도의 강력한 표준어 교육 및 보급 정책이 시행됨에 따라 이러한 의견들은 사장되고 사투리는 급격한 쇠락의 길로 들어서게 된다.

6장
근대문학 속의 방언

언어통일 VS 지방색

1920년대에 접어들면서 한국문학계는 '언문일치(言文一致)'를 실현하는 데 많은 노력을 기울였다. 이때의 언문일치란 '언(言)'에 '문(文)'을 일치시키는 것, 다시 말해 일상적인 말(言)을 사용해 글(文)을 쓰는 것으로, 이는 어문의 근대화에 필수불가결한 제1의 요소였다. 이로써 보면 당시의 문인들은 이전 시기의 국한문체[1]를 극복하고 일상어를 활용한 글쓰기 방식을 새로 정립하는 일에 상당한 문학적 역량을 집중한 셈이다.

그러한 가운데 방언의 문제가 표출되었다. 이 시기에는 근대국가 성립의 전제로 표준어에 의한 언어의 통일이 요구되었으므로 지역 방언은 애초부터 '언'(또는 '문')의 범주에 포함될 수 없었다. 결국 근대 시기의 방언은 글쓰기 언어를 표준어로 통일해가는 언문일치의 과정에서 어쩔 수 없이 배제되는 운명에 처해지게 된 것이다.

그럼에도 불구하고 당시의 일부 문인들에게 방언은 문학어, 나아가 글쓰기 언어로 정립할 만한 가치를 충분히 지니고 있었다. 그들이 보기에 방언은 지역 정서를 제대로 반영하여 지방색을 잘 드러내줄 뿐 아니라 서

---

1 이때의 '국한문체'는 조사나 어미를 제외한 문장 성분의 대부분이 한문투였던 문체를 가리킨다. 20세기 초까지 당대의 지식인들은 대체로 이와 같은 국한문체를 사용해 글을 썼다.

울말(또는 표준어)로 결코 대체될 수 없는 것이었다. 하지만 사실이 그러했더라도 문학을 포함한 사회·문화의 전 영역에서 그들의 주장은 언어의 통일이라는 근대적 지상 과제 앞에 덩그러니 놓인 소수 의견에 불과했다.

1. 언어통일 중시

표준어의 지위가 오늘날처럼 확고하지 않던 1920·30년대에도 서울말은 중앙어로서 문어(文語)의 중심에 서 있었다. 이 시기의 사람들 대부분은 말할 때는 자신들의 방언을 그대로 사용하면서도 글을 쓸 때는 서울말에 바탕을 둔 글쓰기 언어를 사용했다.[2] 이와 같은 중앙어에 기대어 국가 언어의 통일을 주장한 문인들은 문학창작의 영역에서 서울말(나중에는 표준어)의 사용을 강력히 요구하게 된다. 당대의 이러한 움직임을 주도한 대표적인 작가가 바로 소설가 염상섭이다.

경어(京語)와 서도(西道)의 방언을 혼용치 마시라

염상섭(廉想涉, 1897~1963)은 서울 출신의 소설가다. 그는 「표본실의 청개구리」(1921)를 통해 등단한 이래, 「만세전」(1924)과 『삼대』(1931) 등 유수한 작품들을 많이 발표하였다. 그는 자신의 소설에서 식민지 한국사회의 불합리한 현실을 그려냈다.

염상섭의 소설은 대개 서울을 배경으로 하였고 작품 속 언어는 언제나 서울말(경어)이었다.[3] 그가 문학어로 사용한 서울말은 참으로 풍부하고

---

2 이러한 사정을 감안하면 당시의 '언문일치'는 적어도 서울 사람들에게만 해당하는 일이었다고 할 수 있다. 물론 이러한 언문일치의 기반이 된 '일상어' 또한 서울 지역에서 일상적으로 쓰이는 구어(口語) 그대로는 아니었지만 말이다.

3 이 당시에는 서울말을 '경(京)아리 말씨'라 했다. 이때의 '경아리'는 서울 사람을 낮추어 부르

다채로웠는데 그의 소설에 쓰인 서울말 단어들은 나중에 상당수 표준어로 수용되었다. 이에 근거하여 염상섭은 오늘날 국어사전에 수록할 서울말 단어를 무수히 발굴한 서울말 채집가, 나아가 서울말을 가장 잘 구사한 소설가로 평가받는다. 또한 그는 표준어 사용의 문제를 문학인 공통의 과제로 부각시킨 작가이기도 했다.

작품에 경어를 씁니까? 지방어를 씁니까? 어떤 작품에는 지방어가 많아서 이해하기가 어려워요. (⋯) 반드시 표준어를 써야겠지요? (⋯) 먼저 언어의 통일부터 힘쓰는 것이 좋을 듯해요. (「제1회 조선문단 합평회」, 『조선문단』 6, 1925.3)

당시에는 잡지사 또는 신문사에서 주관하는 문학 월평(月評)과 신년평(新年評), 그리고 여러 문인들이 함께 작품을 검토하는 합평(合評) 등이 유행했다. 위 글에서 보듯 염상섭은 해당 자리에 참석해 문학작품을 반드시 표준어(또는 서울말)로 써야 하며 궁극적으로는 그것으로 문학어를 통일해야 한다고 강력히 주장하였다.

그런 태도를 가졌기에 그는 소설에서 평안도 사투리를 자주 구사한 김동인(金東仁, 1900~1951)에게도 일침을 가한다. 『개벽』(1924.3)에 실린 「신춘 창작평」을 보자.

최후로, 작자에게 사사로이 청할 것은 경어와 서도의 방언을 혼용치 마시라 함이다.

던 말이었다.

김동인의 단편소설 「거츠른 터」(1924)에 대한 신춘 창작평 속에서 "경어"(서울말)와 "서도의 방언"(평안도 사투리)을 섞어 쓰지 말라고 충고한 것이다. 이처럼 염상섭은 문학창작의 영역에서 표준어 사용의 중요성을 무척이나 강조하였는데 이와 같은 태도를 강하게 드러내 보인 당시의 문학인은 그 이외에도 여럿이 있었다.

서울 출신의 박태원(朴泰遠, 1910~1986)[4]도 그런 소설가 중의 한 사람이었다. 다음 글 「창작평: 지방어와 표준어의 문제」(『조선중앙일보』 1934.3.28)에서 보듯 그는 문학 지문(地文)에서 반드시 표준어가 사용되어야 한다고 하면서 사투리가 쓰인 글을 "문장의 미"가 손상된 것이라고까지 폄하했다.

읽어가면서 우선 느낀 것은 문장에 참으로 풍부하게 지방어가 섞이어 있는 것입니다. 그야 물론 우리는 작품에 지방어를 전연 거부하는 자가 아닙니다. 그러나 그것은 지방색을 나타내기 위하여 효과적으로 씌어 있는 경우만의 일입니다. 나는 이후로 작자가 그러한 경우 이외에는 반드시 표준어를 사용하여주시기를 빕니다. **부질없이 문장의 미를 손상하는 것**은 누구보다도 작자 자신에게 있어서 본의(本意)가 아닐 것.

한편 일제강점기 최고의 문장가로 명성이 자자하던 이태준(李泰俊, 1904~?)[5]은 문장론에 관한 자신의 주장을 담은 「문장강화(文章講話)」

---

4   박태원은 『조선문단』에 「누님」(1926)이란 시가 당선돼 등단했지만, 정작 그의 대표작은 「소설가 구보 씨의 일일」(1934)과 『천변풍경』(1936~1937) 등의 소설이다. 그는 6·25전쟁 중에 월북하였다.

5   강원도 철원 출신의 이태준은 단편소설 「오몽녀」(1925)를 발표하면서 작품활동을 시작하였다(1946년에 월북). 1930년대에 '시는 정지용(鄭芝溶, 1902~1950)이요, 산문은 이태준'이라

(1939)를 써 『문장』지에 연재하였다. 여기에서 그는 표준어를 품위 있는 말로 또 그러한 표준어가 사용된 글을 품위 있는 문장으로 규정하였다.

문장에서 방언을 쓸 것인가 표준어를 쓸 것인가는, 길게 생각할 것도 없이 첫째, 널리 읽히자니 어느 도 사람에게나 쉬운 말인 표준어로 써야겠고 둘째, 같은 값이면 품(品) 있는 문장을 써야겠으니 품 있는 말인 표준어로 써야겠고 셋째, 언문의 통일이란 큰 문화적 의의에서 표준어로 써야 할 의무가 문필인에게 있다 생각한다. (『문장』 2호)

위 글에서 보듯 이태준은 방언에 비해 표준어가 '가독성(可讀性), 세련미, 언문통일'의 면에서 우월(?)하며 그러하기에 대중의 글쓰기를 선도하는 문인들에게 표준어 사용 의무가 있다고 주장한 것이다. 비록 그가 사실성을 살리기 위해 문학작품 속의 '대화'에서만은 사투리의 사용을 허용했다 할지라도, 그가 평가의 기준으로 내세운 이 세 요소를 감안하면 그러한 '대화' 속에서도 방언의 입지는 극히 제한적일 수밖에 없었다.

'영남'은 문학작품에 집어넣을 만한 찬란한 '언어미'를 갖지 못한 곳

'문학과 방언'의 문제와 관련하여 일제강점기의 대중잡지 『삼천리』[6]는 흥미로운 특집을 마련했다. 1940년에 총 4회(12권 5~8호)에 걸쳐 '향토문화'에 관한 지상(紙上) 좌담회를 다음과 같이 개최하고 이에 참여한 문인들의 원고를 해당 잡지에 연속해 실은 것이다.

는 말이 있었을 정도로, 그는 당대의 빼어난 문장가였다.

6 「국경의 밤」의 시인 김동환(金東煥, 1901~?)이 발행한 대중잡지. 1929년 6월에서 1942년 1월까지 총 152호가 출간되었다.

표 1 향토문화에 관한 지상 좌담회

회차(월)	지역	참여 문인
제1회(5월)	평안·황해도	김억, 노자영, 백철, 이광수, 이석훈, 주요한, 함대훈
제2회(6월)	경기·전라·충청도	박영희, 박팔양, 방인근, 안회남, 유진오, 윤석중, 정인택, 채만식
제3회(7월)	강원·경상도	김동리, 엄흥섭, 이태준, 이효석, 장혁주, 정인섭
제4회(8월)	함경도 및 만주	김광섭, 김기림, 박계주, 이북명, 이용악, 이찬, 이헌구, 최정희, 한설야, 현경준

이 좌담회는 '어린 시절의 추억, 고향에 대한 감정, 해당 지역 문학작품
의 특징, 지역 문인과의 교우관계, 노후생활과 고향' 등에 관한 질문을 공
통적으로 주고 문인들이 이에 대답하는 형식으로 이루어졌다. 그러한 대
답 가운데에, 당시로서는 너무나 당연했을지도 모르지만 자신들의 고향
또는 고향 사투리에 관한 각 문인들의 부정적 인식 및 그러한 태도가 적
나라하게 드러나 있다.

'평양'은 문화적으로는 뒤떨어지는 곳 (…) 그러기 때문에 평양 출신
의 문화인이나 예술가는 평양을 무대로 하기보다 '경성'을 무대로 하고
활약해야 될 줄 압니다. (1회, 주요한)[7]

내 고향이라는 게 전라도하고도 매앤 운치 없는 '임피(臨陂)' 땅, 산도
보잘것없고 물도 보잘것없고 심히 평범한 곳입니다. (…) 호남 사투리
가 타지방, 가령 영남이나 관북이나 관서 등의 사투리에 비해서 그대지
구수하거나 아름다운 게 되질 못합니다. (2회, 채만식)

7 「불놀이」(1919)로 등단한 주요한(朱耀翰, 1900~1979)은 평양 출신의 시인이다.

'관북'은 (…) 기후가 차고 모든 것이 부드럽지 못한 탓인지 그래서 입을 벌리기 싫고 그렇지 않으면 입술이 탁하고 혓바닥이 두터워 그런지 음(音)이 불명(不明) (…) 그래서 문학은커녕 사교나 연애(戀愛)에도 불리할 것 같습니다. (4회, 김광섭)[8]

'간도(間島)'의 독특한 언어 (…) 언어미랄 것은 하나도 없고 모두 서울말에 비하면 해괴망칙할 뿐입니다. (4회, 박계주)[9]

서울 출신을 제외한 거의 대부분의 문인들이 자신들의 출신 지역이나 자기가 쓰는 말이 문학적 형상화에 별 도움이 되지 않는다고 공통적으로 지적한 것이다. 특히 엄흥섭(嚴興燮, 1906~?)은 "영남말"(경상도 사투리)에 관해 언급하면서 그것이 왜 문학어로 적절하지 않은지 구체적으로 세 가지 이유를 들어 진술하였다.[10]

내 고향 '영남'은 문학작품에 집어넣을 만한 찬란한 '언어미(言語美)'를 갖지 못한 곳입니다. 영남말이란 그저 무뚝뚝하고 소박하고 애교 없는 게 특징은 될지언정 현대인의 복잡한 생활 내용을 묘사하는, 그 문학 용어로서는 채용할 가치가 많지는 못하다고 생각합니다.

---

8 시집 『성북동 비둘기』(1969)의 작가 김광섭(金珖燮, 1905~1977)은 함북 경성 출신의 시인이자 문학 연구자(경희대 교수)였다.

9 박계주(朴啓周, 1913~1966)는 중국 연변 용정(龍井) 출신의 소설가다.

10 월북 작가 엄흥섭은 충남 논산에서 태어났지만 청소년기를 아버지 고향인 경남 진주에서 보냈다. 그러한 성장 배경 때문에 경상도 사투리에 대한 그의 인식이 경상도 화자들의 입장을 대변한다고 단정 지어 말하기는 어렵다.

첫째, 영남말은 어휘가 적습니다. (…) 사발이면 사발, 중발이면 중발, 접시면 접시, 이렇게 그 명사를 바로 지적하지 못하는 것이 영남말의 어휘 부족한 특색입니다.

둘째, 발음이 정확지 못합니다. 영남 사람은 십중팔구 '의' 발음을 '으'로, '교' 발음을 '고'로밖에 못합니다. '쌀'을 '살'이라 발음하고 (…) '팔(腕)'을 '폴'로, '팔매'를 '폴매'라고 하면서 '팔짜(八字)'만은 '팔짜'로, '팔십(八拾)'은 '팔십'으로 발음하는 것을 보면 우스우면서도 불쾌합니다.[11]

셋째, 영남말은 조선 풍속에 모순되는 점도 있습니다. 윗사람에게는 경어(敬語)를 사용하는 것이 조선말이 영어(英語) 아닌 특징이겠지만 영남말은 조선말 가운데에도 영어 특징을 가졌습니다. (3회, 엄흥섭)

서울말(또는 표준어) 중심의 편견[12]이 매우 강하게 드러나지만 당시의 문학인 상당수가 이와 유사한 인식, 즉 사투리 사용에 관한 부정적 태도를 지니고 있었을 것으로 판단된다. 그러한 태도에 반영돼 있는 서울 중심적 사고는 훗날 비록 소수지만 김남천(金南天, 1911~1953) 등의 작가에 의해 강력한 비판을 받게 된다. 문어 또는 문학어로 사용된 적이 거의 없는 지역 방언, 그에 대한 당시 문학인들의 불공정한 인식을 상징적으로 엿볼 수 있는 대목이다.

---

11 '팔자, 팔십'과 달리 '팔, 팔매'는 기원적으로 'ㆍ'를 가진 단어였기에 원순모음화를 겪어 '폴〉폴, 폴매〉폴매'로 변한 것이다. '영남말'이 잘못된 게 아니라 그저 'ㆍ'를 조금 더 오래 유지한 까닭에 조건에 맞는 음운변화를 따라 '폴, 폴매'로 바뀌었을 뿐이다. 그리 우습거나 불쾌해할 일은 아니다.

12 가령 '영남말'이 서울말에 비해 어휘 수가 적은 것은 특정 영역에 한해서다. 그럼에도 불구하고 마치 모든 영역에서 방언이 서울말보다 적은 수의 단어를 가지는 것처럼 이야기했다. 또 윗사람에게 '경어(敬語)' 아닌 '반말'을 쓰는 것을 한국어가 아니라 '영어'의 특징으로 몰아붙였다. 하지만 '반말'은 '영남말'은 물론 서울말에도 있는 어법이다.

2. 지방색 중시

문학창작에서 지역 방언을 부정적으로, 나아가 없어져야 할 대상으로 파악할 때 중대한 문제가 발생한다. 지방색을 드러낸 작품 속에서 표현이 아예 불가하거나 어감의 미묘한 차이를 살리지 못하는 사태에 흔히 부딪히게 되기 때문이다. 당시의 문인들 중에 이를 매우 심각하게 받아들인 작가도 여럿 있었던 모양이다. 그 대표적인 인물이 바로 소설가 김동인과 시인 김억이다.

토어(土語)를 모두 지면상에 부활시켜서 조선어를 풍부케 하기

평양 출신의 김동인(金東仁, 1900~1951)은 「약한 자의 슬픔」(1919)을 필두로, 15편 이상의 장편과 75편 이상의 단편을 발표한 다작(多作)의 소설가다. 그는 「배따라기」(1921)에서 처음으로 평양말을 작품에 재현한 이래, 「감자」(1925) 등 많은 작품 속에서 평안도 방언을 문학어로 구현했다.[13]

아울러 그는 아주 이른 시기에 활동한 한국문학 평론가이기도 했다. 그가 오랜 기간에 걸쳐 쓴 「춘원 연구」(1934~1939)는 한국문학사에서 흔히, 한 작가에 대한 최초의 본격 비평으로 평가받는다. 이는 춘원(春園) 이광수(李光洙, 1892~1950)에 관한 일종의 작가론 및 작품론인데 거기에서 김동인은 수시로 이광수에 견주어 자신의 문학관을 내보였다.

---

13 이처럼 이 시기에 방언을 적극적으로 활용해 작품활동을 한 문인은 오히려 시인 쪽에 많다. 이러한 차원에서 김소월(金素月, 1902~1934)과 백석(白石, 1912~1996)은 평안도, 김동환(金東煥, 1901~?)과 이용악(李庸岳, 1914~1971)은 함경도, 정지용(鄭芝溶, 1902~1950)은 충청도, 김영랑(金永郎, 1903~1950)은 전라도를 대표하는 시인이라 할 수 있다. 소설가이지만 김유정(金裕貞, 1908~1937)은 강원도의 대표적 작가다.

겁 많은 춘원이 감히 생각해내지 못한 지방 사투리 ─ 특히 평안도 사투리를 지문에 잡아넣으며 일변으로는 전인(前人)이 '점잖지 못하다' 고 일고도 하지 않던 토어들을 모두 지면상에 부활시켜서 조선어를 풍 부케 하기에 전력을 다하였다. (…) 토어를 무제한으로 문장화한다는 것은 '무지하다고 일컬을 만한 만용'이 없이는 하기 어려운 노릇이다.
(「춘원 연구 5」, 『삼천리』 7-3, 1935.3)

위 글에서 보듯 김동인은 이광수와 비교되는 자신의 문학적 공적을 "토 어"(사투리)를 문학어로 살려 쓴 데에 두었다. 대화뿐 아니라 지문(地文) 에서도 평안도 사투리를 사용함으로써 글쓰기 언어로서의 한국어 어휘를 확장하고자 했다는 말이다. "전인"(앞 세대 사람들)이 사투리를 "점잖지 못" 한 것으로 여겨왔다는 진술은, 서울말(또는 표준어) 중심의 편견과 사투리 에 대한 부정적 태도가 문학계에서는 이미 오래된 것이었음을 시사한다.

이와 같은 김동인과 더불어 문예지 『창조』의 동인[14]으로 함께 활동한 김억(金億, 1895~?)[15]은 방언의 문학적 활용에 관한 한 상당히 적극적인 지 지자 중의 한 사람이었다. 심지어 그는 문학계 및 일반 사회의 표준어 중 시 풍조에 전면적으로 대항하여 「사투리 옹호론」을 『매일신보』(1938.9.24) 에 게재하기도 했다.

좋건 나쁘건 사투리란 것이 곳곳마다 댕그랗게 남아서 그 지방 사람

---

14 『창조』는 1919년 2월에 김동인, 주요한 등이 도쿄에서 창간한 문예잡지다. 제7호까지는 도쿄 에서 간행하고 제8호는 평양에서 출간했는데 이때부터 김억은 『창조』 동인으로 참여하였다.

15 김억은 평북 곽산 출신으로, 시집 『해파리의 노래』(1923)로 많이 알려진 시인이다(6·25전쟁 때 납북). 그가 평북 정주의 오산학교에 근무할 때, 평북 구성 출신의 학생 김소월이 시인으로 등단하게 된다.

들의 혀끝에서 떨어지지를 아니할 뿐 아니라 그 사투리를 고대로 납실거려야[16] 비로소 내 잔에다 내 술을 부어서 마신 듯한 감을 주니 사투리라고 새삼스러이 떼어버릴 것이 아니외다. (…) 표준이라고 정해놓을 것이 없이, 어느 정도까지 알려진 말이면 아무리 그것이 사투리라 하더라도 사용하는 것이 좋을 줄 압니다. (…) 언어는 날마다 변화하면서 우리들의 사상과 감정을 고대로 대변해주랴고 하는 것을 무슨 필요로 표준이니 무어니 하면서 말의 수효(數爻)를 제한하랴는지 알 수 없는 일이외다.

여기에서 그는 지방색을 섬세히 드러내고 지역 정서를 절실히 느끼게 해주는 사투리의 고유 기능을 강조하면서 기왕의 표준어 정책이 한국어의 어휘 수를 오히려 줄이는 부작용을 낳게 된다고 주장하였다. 이를테면 김억은 언어통일의 문제보다 지역 방언의 수용을 통한 어휘 확장의 문제를 더 중시한 문학가였던 셈이다.

이러한 점에서 장편소설 『대하(大河)』(1939)의 작가 김남천(金南天, 1911~1953)도 주목할 만하다. 그는 『조선문학』(1939년 4월호)에 발표한 「절게, 막서리, 기타: '대하' 집필 일기에서」란 글에서 언어 사용에 "편파"적인 서울말 중심의 문학인들을 강력히 비판하였다.

지방어라고 지적되는 것 가운데는 어떻게 할 수도 없는 독특한 사회성을 띤 어휘가 많다 (…) '막서리'는 머슴인 이 '절게'와 어떻게 다른가. (…) '막서리'는 그러므로 장차 소작인이 될 수 있는 환상을 갖는 그러

---

16 '납실거리다'는 '입을 재빠르게 놀려 말하다' 정도의 뜻을 가진다.

한 정도로 매여 있는 신분의 사람이다. (…) 그것은 서울의 '행랑'과도 흡사하다. (…) 대체 '막서리'나 '절게' 같은 말을 어떻게 서울말로 고치라는 것일까. '절게'를 머슴이라고 고친다고 하는 것도 틀린 수작이지만 '막서리'나 '막간' 같은 말은 본시 딴 고장의 없는 제도를 표시하는 말이므로 '행랑살이'라고도 할 수 없고 (…) 도대체 언어의 정비 시기에 있어서 좋은 말을 지방어에서 문학어로 끌어올리는 것을 반대하는 편파한 경성 중심적 지방주의도 찬성키 곤란 (…)

김남천은 평남 성천 출신의 소설가 겸 평론가다(1947년에 월북). 그는 위 글에서 1930년대를 "언어의 정비" 시기로 파악하고, 지역 방언에 서울말 (또는 표준어)로 결코 대체할 수 없는 단어가 무수히 존재하므로 이들을 문학어로 수용하여 한국어 어휘를 풍부케 해야 한다고 역설하였다.

이와 같은 시대인식은 전북 출신의 소설가 채만식(蔡萬植, 1902~1950)에 게서도 발견된다. 다음은 「속여백록(續餘白錄)」(『박문』5, 1939.2) 속 그의 진술이다.

조선말 그것이 문학적으로 충분한 세련을 겪지 못한 것인데다가 내가 가진 '말'은 더욱이나 어설프고 사개가 잘 맞지 않는 것이 있었다. (…) 그러나 그 표준어화에 있어서 실제의 곤란을 더러 당하곤 한다. (…) 그렇다고 가령 김남천 씨의 주장대로 상관없이 지방어를 막 대구 쓰겠느냐 하면 그도 못할 일이고 (…)

문학어의 정립도, 표준어화도 아직 완전치 않은 시기, 그러한 시대에 사투리를 아예 포기할 수도 없고, 그렇다고 그냥 마구 쓸 수도 없고. 위의 글

속에는 지역 출신 문인의 고민이 잘 드러나 있다. 그럼에도 불구하고 채만식은 근본적으로 표준어 사용에 찬성한 문학인임에 틀림없다.

아무려나 이번에 퇴고를 하게 되면 되도록 용어의 불안정을 안정하게, 지방말을 중앙말로 고쳐놓으려고 벼르기는 한다. (…) 문장에 있어서 (지방어로 써야 할 회화의 경우 말고) 말의 중앙 표준어화는 물론 당연 이상의 당연한 것이다. (『속여백록』)

그는 1936년부터 전업 작가로 활동하며 『탁류』(1937~1938), 「치숙」(1938), 『태평천하』(1938) 등 주옥같은 작품을 남겼다. 이들 작품을 처음 썼을 때는 지문에도 사투리가 자주 사용되었으나 훗날 단행본으로 출간했을 때는 지문의 사투리 대부분이 표준어로 고쳐졌다. 이처럼 그가 문학작품의 표준어화에 동조한 것은 '가독성'을 중시했기 때문으로 여겨진다. 다만 대화에 쓰인 사투리만은 거의 바꾸지 않고 그대로 유지했는데 이로 인해 채만식은 오늘날 전북 방언(구체적으로는 군산말)을 풍부하면서도 효과적으로 구사한 대표적인 작가로 평가받게 된다.[17]

특히 그는 사투리를 '사실성'을 구현하는 문학적 장치로 생각한 까닭에 작품 속 등장인물들의 대화에 전국 각도 사투리를 종종 재현해놓게 된다(정승철 2017). 전라도뿐 아니라 경상도나 충청도 그리고 평안도와 함경도(아주 드물게는 제주도)에 이르기까지 각 지역의 사투리가 그의 소설 속에

---

17 1930년대 당시에도 이와 동일한 평가를 받았던 모양이다. 정내동(丁來東)의 「지방색이 농후한 채만식 단편집」(『동아일보』 1939.11.29)이란 기사에 그의 작품집이 "전부가 지방색이 농후한 작품들이다. (…) 지방 중에서도 필자가 어려서나 현금(現今)에도 고향에 가면 조석(朝夕)으로 듣는 사투리를 쓰는 지방임에 놀랐으며 그러한 사투리를 쓰는 목가적 정경이 눈앞에 나타나는 것"으로 소개되어 있다.

등장해 있다는 말이다. 이로써 보면 채만식은 분명히 표준어주의자이지만 철저한 사실주의 소설가로서 지역 방언에 대한 연구와 그것의 문학적 수용을 통해 작품활동을 한 대표적 문인의 한 사람이었다고 할 수 있다.

일반 독자에게 의사 전달이 가능할 정도로 여러모로 절충

일제강점기의 대중잡지 『삼천리』에 실린 '향토문화'에 관한 지상(紙上) 좌담회(1940)에서 일부 문인들은 사투리의 문학적 사용이 가져다주는 효과에 주목하였다.

문예품의 용어로서 사투리 같은 것을 나는 될 수 있으면 그대로 쓰랴 합니다. 무엇보다도 지방색을 내이랴고 하면 사투리 같은 것은 절대 필요한 하나외다. (1회, 김억)

호남 사투리 (…) 그러나저러나 회화에는 그 지방이요, 그 인물일 경우, 사투리를 쓰는 게 좋지만 어느 지방의 방언이고 지문(地文)에까지 방언을 쓰는 건 반대합니다. (2회, 채만식)

관북지방에서는 지방어를 사용하여 작품 내용을 빛낸다는 것은 곤란한 일입니다. (…) 그러나 이것을 분석하여 연구해본다면, 아주 자미(滋味) 있고 구수하고 효과적인 미묘한 언어가 발견됩니다. (…) 역시 최후의 안식처는 고향일까 생각합니다. (4회, 이북명)

사투리를 꼭 써야 할 장면에 이 악센트가 강하고 불명료한 말을 집어넣을 때 항상 느끼는 것은 한글의 부족성입니다. (…) 관북 사투리는 한글로 표현 못할 어음이 많습니다. 이런 것들을 정복하여버리고 완전한 표현을 하려면 반드시 우리 문필에 종사하는 자들이 지방 사투리와 한글에 대한 연구를 깊이 해야 할 줄 압니다. (4회, 현경준)[18]

지방색 및 지역 정서를 나타내는 데 사투리만 한 것은 없는데[19] 이를 효과적으로 표현하기 위해서는 해당 지역 방언에 대한 연구가 필요하다는 것이다. 결국 문학작품 속에 사투리를 사용하는 문제에서는 '가독성'을 확보하는 일이 관건이 된다. 그러기에 경북 경주 출신의 소설가 김동리(金東里, 1913~1995)[20]는 해당 좌담회에서 이에 관한 고충을 털어놓는다.

내 고향은 '경주' (…) 내 작품 중 영남 등지를 무대로 한 것은 「산화(山火)」, 「바위」, 「황토기(黃土記)」 등인데[21] 그 작품 중에 나오는 인물들의 대화는 물론 영남 말씨를 살려 쓴 셈입니다. 그렇다고 그 지방(영남)의 사투리를 그대로 적어놓았다간 의미 전달이 불가능할 판이라 그러할 경우엔 꽤 고심을 한 셈입니다.

가령 영남 특히 경주말엔 '가—가 와— 구캐쌋능기요' 하는 말이 있는데 영남 이외의 독자가 이 말뜻을 이해하겠습니까. 위에서 '가—가' 한 것은 '그 아이가'를 연(連)히 발음하는 데서 생긴 폐단입니다. 그래 이런

---

18 함남 함흥 출신의 이북명(李北鳴, 1908~1988)이나 함북 명천 출신의 현경준(玄卿駿, 1909~1951)은 북한에서 활동한 소설가다.

19 함북 경성 출신의 시인 이용악도 이에 동의하는 편이지만 해당 좌담회에서 그는 '가독성'을 위해 방언의 사용을 가급적 자제할 것을 이야기했다. "말에 따라선 시골서 씨여지는 말이 훨씬 맛나는 것이 있겠지만 그 아름답다고 생각하는 말의 효능이 그 말에 젖은 사람들에게만 한하는 수가 많지 않습니까. 그러므로 작품에선 되도록 방언을 피하고 싶습니다."(4회, 이용악)

20 그는 순수문학 및 민족주의 계열의 한국문학을 대표하는 문인이다.

21 이 세 작품 모두 1936년에 발표되었다.

건 작중에서 취급할 때엔 될 수 있는 대로 그 지방적 특색, 기분 등을 구원(救援)하는 일면, 일반 독자에게 의사 전달이 가능할 정도로 여러모로 절충을 해봅니다. 가령 '걔가 왜 그리쌌능교?'라든가 '그 아이가 와 그리쌌능교?'라든가 해두는 것입니다. 그래서 독자나 친구 중에선 '그 지방엔 그런 말씨가 없잖으냐?'고 질문을 하는 이가 있으나 그 점 나는 창작가이지 사진사가 아니란 둥 여러 가지로 변명을 하군 합니다. (3회, 김동리)

"지방적 특색, 기분" 등을 살리기 위해 "영남 말씨"를 사용했지만, 타 지역의 일반 독자를 겨냥해 해당 지역 사투리를 그대로 적지 않고 변형을 가해 "창작"했다는 것이다. 이와 같이 김동리는 전국의 모든 독자들이 읽을 수 있도록 문학작품 속에 사용되는 사투리와 표준어 사이에 절충이 필요하다는 태도를 보였다. 아니, 어쩌면 '가독성'을 고려하는 이러한 태도는 예나 지금이나 지역을 불문하고 모든 문학가가 동조하는 것일는지도 모른다. 물론 소설의 지문에서마저도 사투리를 쓰는 일부 지역 문인이 오늘날 실제로 활동하고 있기는 하지만 말이다.

7장
광복 후 대중문화계의 큰 별들

표준어파 VS 사투리파

광복 후 1960년대까지 한국의 대중문화는 주로 라디오와 영화를 통해 생산·유통되었다(부분적으로는 '악극'이나 신문·잡지 등의 '문자매체'가 그 역할을 분담하였다). 일제 말기 대중문화의 암흑기를 지나 1945년에 독립을 이루자 라디오나 영화는 대중들의 욕구를 충족할 수 있도록 새로이 활성화의 길을 모색하였다.

라디오의 경우, 1948년 8월 15일에 대한민국 정부가 수립되면서 공보처 산하에 중앙방송국(KBS) 및 지방방송국(공식적으로는 '공보처 ○○방송국')을 설립하고 방송을 시작하였다.[1] 6·25전쟁이 끝난 후 1954년 12월에 민영방송으로 기독교방송(CBS)이 처음 개국하고 이어서 극동방송(1956.12), 부산문화방송(1959.4), 한국문화방송(1961.12), 동아방송(1963.4) 등이 연속해 출현하였다.

텔레비전방송은 1956년에 처음 출범하였으나 여러 가지 사정으로 지속되지 못하고, 국영 라디오방송 KBS가 1961년 12월에 그 규모를 확대하

---

1 우리나라 최초의 방송은 1927년 2월 16일에 개국한 경성방송국(라디오)에서 시작했다. 이는 주로 일제 식민지정책의 효율적 수행을 위한 수단으로 활용되었는데 중일전쟁(1937) 및 태평양전쟁(1941)을 겪으면서 그 정도가 더욱 심화되었다. 그러한 까닭에 경성방송국은 광복 이후 곧 문을 닫게 된다.

여 텔레비전방송국이 되었다(1966년에 전국 방송망 확충). 1964년 12월에 민영 동양방송(TBC)이 개국하고, 1969년 8월에 라디오방송국이었던 한국문화방송(MBC)이 민영 텔레비전방송국으로 확장·개국하였다. 하지만 1970년까지 한국사회의 텔레비전 보급률은 10퍼센트에도 미치지 못하였는바(박기성 2014, 401면) 1960년대에 텔레비전방송이 대중들에게 미친 영향은 매우 제한적이었다고 할 수 있다.

영화의 경우, 일제 말기와 광복 및 6·25전쟁 등을 거치면서 영화인들의 납북, 기자재와 필름의 파손 등 열악한 조건으로 인한 암흑기[2]가 오랜 기간 지속되었다. 그러한 까닭에 최인규 감독의 「수업료」(1940)에서 홍성기 감독의 「여성일기」(1949), 그리고 신상옥 감독의 데뷔작 「악야(惡夜)」(1952) 등에 이르기까지 이 시기에 제작된 대중영화는 그 이전·이후 시기와 비교해 상당히 적었다.

그러나 휴전 후 영화산업의 부흥을 위해 1955년 정부에서 방화(邦畫)에 대한 입장세(관람료의 60퍼센트) 면세 조치를 전격적으로 단행하자 영화제작 붐이 일어 한국 영화계가 중흥을 맞이하였다. 그 결과 1964년에 연간 영화 관객 1억 명을 돌파한 뒤, 1969년에는 관객수 1억 7,300만 명을 넘어섬으로써 그 정점을 찍게 된다. 영화정보센터(영화진흥위원회)의 '박스오피스 테마 통계'(연도별 총 관객수)를 참조할 때 2012년에 이르러서야 비로소 관객수(방화+외화) 1억 9,489만 명(역대 최고는 2015년의 2억 1,730만 명)으로, 1969년의 기록을 경신했으니 1960년대의 영화 붐이 어떠했는지 가히 헤아려볼 수 있다.[3]

---

2 우리나라 최초의 발성영화는 이명우 감독의 「춘향전」(1935)이었다. 하지만 곧이어 벌어진 중일전쟁과 태평양전쟁 등으로 일제의 통제가 강화되면서 한국의 영화계는 거의 국책 홍보영화만 제작되는 암흑기에 빠져들었다.
3 한국 영화로만 한정하면 2012년에 관객수 1억 1,461만 명(2015년에는 1억 1,294만 명) 그리

방언과 관련하여 흥미로운 것은 이 시기의 라디오 드라마나 영화에서 오늘날에 못지않게(저자의 느낌으로는 훨씬 더!) 사투리를 흔히 들을 수 있다는 점이다. 특히 이때의 영화계에서는 성우에 의한 후시녹음(이른바 '더빙')이 일반적이었는데도 주연·조연 가릴 것 없이 생각보다 많은 배우가 자신의 목소리로 사투리 연기를 했다. 물론 이들도 자신이 출연한 모든 영화에서 항상 사투리를 사용한 것은 아니었지만 말이다.

이로써 보면 이 시기에 공공언어로서의 사투리 사용을 제한하는 규정은 그리 강력한 영향력을 행사하지는 못했던 셈이다. 아니, 어쩌면 당시에는 표준어 사용에 대한 사회적 압력이 대중문화를 꼼꼼히 제어할 만한 정도에 이르지 않았던 것일는지도 모른다.

1. 표준어파

광복 직후의 방송에 관한 규정은 체제 수호와 치안 유지에 관련된 것을 제외하면 대체로 방송 환경이나 조직 및 운영에 대한 사항이 주를 이루었다. 그러나 방송매체가 점차 일상화되면서 방송 윤리 및 표현의 문제가 사회적 차원에서 제기되기 시작하였다. 그리하여 1958년 1월 25일, 대통령 공보실에서 '방송의 일반적 기준에 대한 내규'를 제정·발표하게 된다. 그중의 제12항이 표준어에 관한 사항이었다.

방송은 항상 표준말을 쓰되 알기 쉽게 바르게 써야 한다. 오락 방송에 있어서는 사투리를 쓸 수 있으나 그 지방 사람의 반감을 사는 것이어서

고 2013년에는 역대 최고인 1억 2,729만 명(외화 관객 포함 2억 1,335만 명)을 기록하였다('박스오피스 테마 통계' 참조).

는 안 된다.[4]

이는 한국방송사에서 사실상 처음으로 표준어 사용의 문제를 방송 규정 속에 성문화하여 집어넣은 것이라 할 수 있다. 하지만 이 규정에 부여된 강제력은 그다지 크지 않았는데 이로 보아 당시에는 방송 속의 사투리를 어느 정도 긍정적으로 바라보는 사회 분위기가 형성되어 있었던 것으로 판단된다.[5] 그렇더라도 직업적 방송인, 특히 아나운서들은 이전 시기부터 이어져온 관례에 따라 방송에서 표준어를 사용하는 것이 불문율이었다.

아나운서의 전성시대

1960년대 방송계는 라디오 아나운서들의 전성시대였다. 이 시기에는 이광재(1932~2012), 임택근(1932~현재), 전영우(1934~현재), 박종세(1935~현재), 임국희(1938~현재) 등 유명 아나운서들이 드라마나 코미디를 제외한 거의 모든 영역에서 공개방송이나 중계방송 프로그램을 도맡아 진행하였다('뉴스·보도' 부문은 신문이 주로 담당).

당시의 아나운서들은 대부분 KBS를 통해 입문하였는데 1960년대 중반부터 이들은 여러 방송사로 나뉘어 해당 방송국의 대표 아나운서로 자리매김하게 된다. KBS의 이광재, MBC의 임택근·임국희, 동아방송의 전영우, 동양방송의 박종세가 바로 그들이었다.

그중 이광재·임택근은 전국체전이나 올림픽 등의 스포츠 중계로 명성

---

4 이처럼 방송에서 사투리를 사용할 때 해당 지역민의 감정을 상하게 해서는 안 된다고 명시한 것은, 사투리 사용자에 대한 배려 차원에서 오늘날까지 음미해보아야 할 진술이다.
5 가령 1960년대 초반에는 신문에서 방송 속 사투리에 대해 대체로 "긍정적인 평가"(오새내 2015, 66면)를 내리고 있었다.

이 자자했으며, 전영우·임국희는 각각 동아방송의 「유쾌한 응접실」 (1963~1980)과 MBC의 「한밤의 음악편지」(1964~1972) 등과 같은 오락·음악 프로그램 진행으로 유명했다. 그리고 「대한뉴스/국방뉴스/배달의 기수」(1958~1996)는 아나운서 박종세를 대표하는 프로그램이었다. 특히 외국에서 벌어지는 올림픽이나 권투 등을 중계할 때마다 그 서두에 항상 등장하던 "고국에 계신 동포 여러분"은 그때의 아나운서들이 즐겨 쓰던 유명한 도입 문구의 하나였다. 이들은 훗날 표준어를 대중들에게 전파하는 데 지대한 공헌을 했다.

고은정(1936~현재)

1960·70년대를 대표하는 성우의 한 사람. 서울 출신의 KBS 공채 성우 1기로, 라디오 드라마 「청실홍실」(1956)로 데뷔한 뒤 1961년에 「장희빈」 (1~3월, 36회)의 주연을 맡아 라디오 청취자들의 주목을 크게 받았다. 그 이후 평생토록 녹음한 드라마나 영화가 무려 2,000편(라디오 1,000편, 영화 1,000편)에 다다른다고 하니[6] 그녀가 이 시기의 대중문화계에 얼마나 많은 영향을 미쳤는지 가히 짐작할 수 있다.

특히 영화의 영역에서 그녀가 차지하는 위치는 아주 독보적이었다. 1960·70년대에 제작된 영화의 여자 주인공 태반이 그녀의 목소리로 후시녹음되었기 때문이다(1980년대에도 상당수의 영화가 그러했다). 엄앵란(1936~현재), 윤정희(1944~현재), 문희(1947~현재) 등과 같은 주연 여배우들의 발성 연기는 대부분 그녀가 전담하였다. 지금까지 대중들이 많이 기억하는 이장호 감독의 「별들의 고향」(1974)에 나오는 여주인공 '경아'

---

6 2014년 6월에 방영된 C채널의 「힐링토크 회복: 고은정 성우」편 참조.

(안인숙)의 유명한 대사("추워요. 꼭 껴안아주세요.") 또한 그녀의 목소리를 빌려 녹음된 것이었다.[7]

그 당시에도 동시녹음 기술이 전혀 없었던 것은 아니나 1980년대까지 한국 영화계는 후시녹음이 관례였다. 녹음기술 및 영화제작 시스템의 후진성, 유명 배우들의 몹시 바쁜 촬영 일정[8], 배우들의 사투리나 거친 음성에 대한 사회적 편견 그리고 육성 연기의 미숙 등 여러 가지 이유로 이때에는 통상적으로 성우가 배우(대개는 주연배우)를 대신하여 후시녹음을 했다.

그 결과로 당대 최고의 남녀 배우들이 맡은 배역의 발성은 대부분 전문 성우들의 목소리를 통해 획일화되고 표준화되었다. 이 시기의 라디오 드라마 또한 모두 성우들의 몫이었으니, 1960·70년대는 아나운서뿐 아니라 가히 성우의 전성시대였다 할 만하다.

신성일 (1937~현재)

경북 대구 출신의 영화배우로, 본명은 강신영(현재는 강신성일)이다. 1960년에 「로맨스 빠빠」(신상옥 감독)로 데뷔한 이래, 김기덕 감독[9]의 「맨발의 청춘」(1964)으로 영화계의 주목을 받았으며 그 이후 500여 편의 영화에 거의 주연으로 출연하였다. 「별들의 고향」(1974)에 나오는 그의 유명한 대사("경아, 오랜만에 같이 누워보는군.")는 이 영화를 봤든 안 봤든 오늘날

---

7 남자 주인공 '문호(신성일)'의 목소리 연기도 이창환(1933~1986) 성우가 대신하였으니 이로써 보면 이 영화의 남녀 주인공 모두 배우의 제 목소리가 아니었던 셈이다.

8 신성일, 윤정희 같은 배우는 전성기 때 주연으로만 1년에 40~50편을 촬영했다고 한다(하루에 두세 편을 촬영하는 일도 예사).

9 서울 출신의 김기덕(金基悳, 1934~2017) 감독은 훗날 서울예술대학 영화과 교수(1979~1998)를 역임한 인물이다.

까지 기억하는 사람들이 많다.

하지만 1970년대까지 그가 출연한 영화의 발성은 대부분 성우의 목소리를 빌린 것이었다.[10] 다만 최인현 감독의 「이상의 날개」(1968)에서 그는 처음 육성으로 주인공 '이상(李箱, 1910~1937)'을 연기했다. 물론 대사의 상당량을 내레이터에 의존하여 실제 육성 대화는 그리 많지 않았으나 이 영화로 그는 대종상 남우주연상(1968)을 받게 된다. 그 명성에 비해 신성일은 대종상 수상이 늦은 편이었는데 이는 대종상 심사에서 본인의 목소리 연기 및 녹음을 중시한 때문이었다.

그는 1980년대 중반부터 본격적으로 영화에서 자신의 육성을 드러내기 시작했다. 그리하여 이 시기에 그가 주연으로 출연한 「길소뜸」(1986), 「코리안 커넥션」(1990), 「야관문」(2013) 등에서 그의 실제 목소리를 쉬 들을 수 있게 되었다. 그렇지만 「이상의 날개」에서 「야관문」에 이르기까지 이들 영화에서 그가 사용한 연기어는 경상도 사투리가 아니었다. 그의 대사 속에 약간의 경상도 억양과 음색이 섞여 있기는 해도, 그의 영화 속 연기어는 분명히 '표준어' 또는 그것의 변종이었다.

윤정희(1944~현재)

전남 광주 출신의 영화배우(출생지는 경남 부산). 주연 여배우 공모를 통해 강대진 감독의 「청춘극장」(1967)으로 데뷔한 후 7년 동안 「독짓는 늙은이」(1969)를 비롯해 280여 편의 영화에 주연으로 출연하였다. 프랑스 유학(1974) 이후 프랑스와 한국을 오가며 「위기의 여자」(1987), 「시」(2010) 등

---

10 그때까지 신성일이 출연한 영화 거의 대부분에서 그의 목소리는 이창환 성우가 대신하였다 (그가 캐나다로 이민 간 이후에는 이강식 성우가 대신). 그러한 까닭에 1980년대의 TV에서 진한 경상도 억양이 드러난 그의 육성을 처음 접한 대중들은 놀라움을 금치 못하였다.

20여 편의 영화에 더 출연하였다(1976년에 피아니스트 백건우와 결혼). 프랑스 유학 이전에 촬영한 상당수의 영화에서 그녀의 목소리는 성우(대표적으로 고은정)가 대신하였다.

그녀는 유현목 감독의 「분례기」(1971)로 대종상 여우주연상을 받았다. 한국영상자료원의 「잊혀진 고전의 귀환, 중국어 더빙으로 돌아온 한국 영화들」(시네마테크KOFA 1주년 기획전 시리즈 3, 2009.5)에 따르면 이 영화는 현재 중국어로 더빙된 것만 전해져 "남아 있는 한글 대본을 바탕으로 번역된 한글 자막"을 제공하였는데 이 자막에는 여주인공 '분례'가 충청도 사투리를 쓰는 것으로 되어 있다. 대종상 심사 기준을 고려할 때 아마도 그녀는 이 영화에서 육성 연기를 선보였을 테지만, 현전하는 필름이 '중국어 더빙'판뿐이라 그녀가 실제로 사투리를 얼마나 어떻게 사용했는지 확인하는 건 불가능하다.

그로부터 한 20여 년쯤 뒤, 그녀는 엄종선 감독의 「만무방」(1994)[11]에서 전라도 사투리 연기를 선보였다. 이는 '빨치산'과 '토벌대'의 공방이 계속되는 가운데, 산속 한 오두막에 모여 살게 된 '여인(윤정희)', '노인(장동휘)', '사내(김형일)', '색시(신영진)' 등 네 인물 사이에서 벌어지는 사건을 영화화한 것이다. 이 영화에서 윤정희를 포함한 네 명의 주연배우는 모두 걸쭉한 전라도 사투리를 사용하였다. 하지만 그 이외의 영화 또는 자신이 출연한 대부분의 방송 프로그램에서 윤정희는 거의 언제나 표준어를 구사하였다.

---

11 이 영화의 원작은 전남 출신의 작가 오유권(吳有權, 1928~1999)이 쓴 중편소설 「이역의 산장」(1961)이다. 그러므로 이 영화는 김유정(金裕貞, 1908~1937)의 단편소설 「만무방」(1935)과 내용이 전혀 다르다.

2. 사투리파

1940·50년대의 한국 대중문화를 언급할 때 빼놓을 수 없는 것이 '악극(樂劇)'이다. 이때의 악극이란 음악(가요·민요), 뮤지컬, 만담 등이 결합된 종합 예능 쇼를 가리킨다. 1960년대 들어 영화 등에 밀려나 쇠퇴할 때까지 악극은 당대 한국인들을 사로잡은 대표적 대중 공연예술의 하나였다.

이 시기에는 배우나 가수들이 이합집산을 해가며 '라미라 악극단, 자유가극단' 등 여러 악극단을 조직하고 전국 방방곡곡을 순회하면서 공연하였다. 광복 직후 방송이나 영화 등에서 활동한 유명 배우나 가수(작곡·작사가 포함)들은 거의 대부분 이러한 악극단 출신이었다. 이들 인물 중에 '사투리'와 관련해서는 만담가 김윤심과 희극배우 윤부길이 주목된다.

악극과 사투리

김윤심(金允心, 1914~1998)은 황해도 수안 출신으로, 1940·50년대를 대표하는 여성 코미디언이었다. 그녀는 일제 말기 최고의 만담가로 불리는 신불출(申不出, 1905~?)의 제자였는데 신불출이 월북(1947)할 때까지 대체로 같이 순회공연하며 만담으로 청중을 웃겼다. 현재 남아 있는 자료로, 그녀가 쓴 만담 원고 「날이 새면 언제나」(반재식 2004, 395~404면)를 참조할 때 그녀는 자신의 독만담(혼자 하는 만담)에서 사투리를 섞어 쓰기도 했던 것으로 보인다.

갑돌: 옛날이야길 무락고 하노?

윤심: 아니, 내사 가만 못 있겠다. 복술 해야지.

갑돌: 정말 이러기가? 그러지 마라. (401면)

특히 오늘날까지 인터넷(http://dbs.donga.com)으로 전해지는 동아방송의 라디오 프로그램「추억의 스타 앨범: 김윤심 편」(1971.7.11)은 그녀의 사투리 만담이 어떠했는지 직접 확인 가능하게 해준다. 해당 프로그램에서 그녀의 굴곡진 생애와 만담「화류 팔면상」의 한 토막을 직접 들을 수 있다.

> 서울 이제 그 요릿집 한복판에 떡 들어가 앉아 (…) "너희 좋은 노래 한 곡조 불러주면 내 좋은 선물 하리러 왔다." 했더니 언제든지 그 평안도 사람들이란 성질이 좀 급해서 평양에서 온 색시가 훌랑 일어나면서 "아이고, 아주버니, 내 한마디 하갔시외다. 난 피안도 피양서 왔시요." (…) 함경도 색시가 톡 튀어나오면서 하는 말이 "이 나그네, 날 좀 봅세." (…) 아 이래 가면서 한 곡조 부르니까 전라도 색시 나오면서 하는 말이 (…) "내 전라도 전주군전 대추나뭇골에서 왔어라우." (이하 줄임)

이에서 보듯 그녀는 한 지역이 아니라 전국 팔도의 사투리를 유머의 제재로 삼아 만담 공연을 진행했던 것이다. "〔내레이터〕 그때 김윤심의 나이 19세. (…) 〔김윤심〕 팔도 사투리, 그때는 아무도 못했습니다. 해방이 되고 나서, 이제 6·25동란이 나고 나서 정말 사투리 하는 분들이 많았는데 그때는 사투리 하는 사람은 저 하나뿐이었어요."라는 증언을 참조할 때 광복 전에는 그녀뿐이었지만 1950년대에는 사투리 쓰는 만담가 또는 악극인[12]이 그녀를 필두로 여럿 출현했음을 알 수 있다.

12 충남 보령 출신의 악극 및 영화 배우 복혜숙(1904~1982)이 그 대표적인 인물이라 할 수 있다 (반재식 2004, 228~233면).

한편 윤부길(尹富吉, 1915~1959)은 충남 보령 출신의 악극배우로, 라미라 악극단의 「견우직녀」에서 '소' 역할로 데뷔하였다. 그는 데뷔 초부터 코미디언으로서의 소질을 여실히 드러냈는데 훗날 자신의 이름을 딴 「부길부길쇼」에서 "창안해가지고 나오는 소품이나 가장 첨단을 가는 의상 그리고 모던나이스한 판토마임"에다가 "번득이는 재치, 유머 감각, 풍부하면서도 아슬아슬한 사회 풍자적 야유에 가까운 개그 쇼"를 선보여 "원맨쇼의 선구자"로 평가받는다(황문평 1991). 그의 공연 실황을 직접 보진 못했으나, 윤부길은 타고난 입담과 기발한 소품 그리고 복화술(腹話術)과 사투리를 활용한 원맨쇼[13]로 좌중을 웃겼다고 한다. 오늘날의 그는 가수 윤항기·윤복희 남매의 아버지 정도로만 알려져 있다.

도금봉(1930~2009)

인천 출신의 영화배우로, 본명은 '정옥순'이다. 처음에는 악극배우로 활동하다가(예명 지일화) 조긍하 감독의 「황진이」(1957)로 영화계에 데뷔하였다(예명 도금봉). 그녀가 자신의 이름을 대중들에게 널리 알린 것은 이봉래 감독의 「새댁」(1962)을 통해서였는데 이 영화로 그녀는 제2회 대종상 여우주연상(1963)을 수상하게 된다(제1회 수상자는 최은희). 『동아일보』의 기사 「최다·최장 기록으로 본 스타 20」(1997.8.18)에 따르면 그녀는 평생토록 주연·조연 가릴 것 없이 "1,500여 편"에 출연하여 연예계에서는 최다 작품 출연 영화배우로 일컬어지고 있다.

그처럼 수많은 영화 속에 출연한 그녀가 거의 공통적으로 보여주는 이미지는 '억척스럽고 요염한' 여성이었다. 「새댁」의 당차고 성실한 충청도

---

13 사투리 원맨쇼의 계보는 그후 남보원(1936~현재)과 백남봉(1939~2010)으로 이어졌다.

촌색시(막내며느리) '섭섭이' 그리고 「또순이」(1963)에서 자수성가한 함경도 차주(車主)의 막내딸 '또순이'는 모두 타고난 '억척스러움'으로 집안을 건사하고 남편(이대엽)을 성공으로 이끄는 인물이었다.

하지만 이보다도 김수용 감독의 「산불」(1967)에 구현되어 있는 그녀의 모습이 훨씬 더 전형적이다. 「산불」(차범석 원작)은 전라도의 한 산골 마을에 숨어들어온 빨치산 도망병 '규복(신영균)'에게 은신처를 제공하면서 그를 성적으로 공유하게 되는 동네 과부 '사월이(도금봉)'와 '점례(주증녀)'의 이야기를 영화화한 것이다. 여기서 그녀는 "정욕의 화신"으로 '사월이' 역을 맡아 억척스럽고 농염한 연기를 펼쳤다(오승욱 2012).

이렇게 도금봉은 악극 무대에서 쌓은 실력을 바탕으로 데뷔 초부터 자신의 목소리로 연기하였다. 나아가 그녀는 일부 영화에서 사투리 연기를 시도했는데 그것이 한 지역 방언에 국한되지 않은 점은 매우 특징적이라 할 수 있다.

즉 배역의 성격에 맞추어 「새댁」에서는 충청도 사투리를 썼고, 「또순이」에서는 함경도 사투리, 그리고 「부산댁」(1962)과 「왈순아지매」(1963)에서는 경상도 사투리를 사용했으며, 「산불」에서의 '사월이'는 전라도 사투리를 썼던 것이다. 이로 보아 당시의 그녀는 아마도 '억척스럽고 요염한 여성'의 이미지에다가, 사투리 쓰는 배우라는 명성을 함께 가지고 있었던 것으로 여겨진다.

물론 영화 속 그녀의 사투리 대사야 원작 시나리오를 따랐을 테지만, 그 영화 자체는 그녀를 주연으로 겨냥해 제작됐을 가능성이 농후하다. 이들 영화의 주연배우 선정 및 시나리오 작성에 '사투리 연기자'라는 그녀의 명성이 일정 부분 영향을 미쳤으리라는 말이다. 『동아일보』(1962.11.26)의 「부산댁」 광고 문구(경상도 사투리의 열연, 도금봉의 '부산댁')에 '사투리'라는

말이 직접 노출·강조되어 있
는 것도 그러한 명성을 고려
한 처사임에 틀림없다(사진 1
참조).

비록 조연이었지만 이성구
감독의 「메밀꽃 필 무렵」
(1967)[14]에서 그녀가 맡은 '조
선달'의 아내 역이나 그녀의
생애 마지막 출연작 「삼인조」
(1997)의 전당포 노파 역에서
도 그녀는 사투리, 특히 충청도
사투리를 썼다. 여기에다 「밤
마다 꿈마다」(1959)와 그녀의
출세작 「새댁」까지 포함하면

사진 1 **영화 「부산댁」**(1962) **포스터**

도금봉은 아무래도 충청도 사투리를 주로 구사한 배우였다고 할 만하다.

박노식(1930~1995)

전남 순천·여수 출신의 영화배우(7세 때 순천에서 여수로 이주). 악극단 '청
춘무대'에 입단(1951)하여 활동하다가 이강천 감독의 「격퇴」(1956)로 영

---

14 이 영화에는 이효석(李孝石, 1907~1942)의 원작 소설(1936)과 몇 가지 다른 점이 있다. '조선
달'의 '아내(도금봉)'와 약장수 '윤봉운(허장강)'이 작중인물로 등장했다든지, 주인공 '허생원
(박노식)'의 친구 '조선달'이 함경도 사투리를 썼다든지 하는 점이 그것이다. 이 영화에서는 함
남 장진 출신의 김희갑(金喜甲, 1923~1993)이 '조선달' 역을 맡아 사투리로 연기하였다. 「팔
도강산」(1967)의 주연으로 크게 알려진 김희갑은 당대에 함경도 사투리를 쓰는 배우로 명성
이 자자했다.

화계에 데뷔하였다.

그 이후 약 40년간 500여 편의 영화에 출연하였는데 그는 「팔도 사나이」(1969)에서 박력 넘치는 '광주 용팔이' 역을 맡은 이래 「돌아온 팔도 사나이」(1969)나 「운전수 용팔이」(1971) 등으로 1970년대를 대표하는 액션배우가 되었다. 감독으로서도 그는 「인간 사표를 써라」(1971)에서 「돌아온 용팔이」(1983)에 이르기까지 총 14편의 영화를 제작하였다(거의 대부분의 영화에서 자신이 주연을 맡아 액션 연기를 하였다).

박노식은 액션 이외의 장르에서도 카리스마 넘치는 연기를 선보였다. 가령 그가 주연한 김수용 감독의 「고발」(1967)은 '이수근 사건'[15]을 다룬 것인데 그는 이 영화에서 이수근 역을 맡아 강렬하면서도 장중한 연기로 대종상 남우주연상을 수상하였다.

또한 그는 익살스러운 연기에도 일가견이 있었다. 특히 전라도 사투리는 그의 코믹 연기를 지탱하는 기반이 되었다. 그가 영화에서 처음으로 사투리를 사용한 것은 김기덕 감독의 「5인의 해병」(1961)에서였다. 1950년대 후반에 조연으로 영화를 촬영할 때 사투리 쓴다고 번번이 녹음이 거부된 경험을 한 까닭에, 그는 자신이 주연한 이 영화에서 전라도 사투리 사용을 "자청"했다고 한다(박노식 1995, 63면 참조).

이 영화의 성공으로 그는 그 이후 상당히 많은 영화에서 사투리를 연기어로 적극 활용하게 된다. 그 결과 박노식은 전라도 사투리를 가장 잘 구사한 액션배우로 오늘날까지 대중들 사이에 널리 회자되고 있다.

---

15 이수근(李穗根, 1924~1969)은 북한의 조선중앙통신사 부사장으로 활동하다가 판문점을 통해 귀순·망명(1967)한 인물이다. 그는 귀순 후 오래지 않아 중앙정보부의 '위장 귀순 간첩' 조작 사건에 연루되어 체포, 1969년에 사형으로 생을 마감했다.

라디오 드라마와 사투리

1960년대에 라디오 드라마는 선풍적인 인기를 누렸다. 하지만 당시의 방송 자료가 거의 남아 있지 않아 각 드라마의 세부 내용과 그 언어를 확인하는 건 그리 쉬운 일이 아니다. 드물게나마 드라마 대본이 전해지는 경우를 제외하면 대부분은 그저 신문기사를 통해 그 내용을 짐작해볼 수밖에 없다.

그런데 관련 신문기사들을 참조해보면 이 시기에도 라디오 드라마 주인공의 언어로 사투리가 제법 선택되었던 것을 알 수 있다. 『동아일보』의 다음 기사 「사투리와 스타」(1962.12.21)가 바로 그러한 사정을 잘 말해준다.

> 최근에는 방송극에서도 '사투리'로 청취자의 인기를 모은 예가 있다. 「현해탄은 알고 있다」에서 '아로운'의 전우인 '리노이에'가 구수한 경상도 사투리로 한몫 보더니 금년도 '히트'작인 김희창(金熙昌) 작 「행복의 탄생」에서 애교 있는 함경도 사투리로 '또순이'가 장안의 '라디오' 가격을 올렸다는 소문이 떠돌 만큼 대인기. '또순이'와 쌍벽으로 금년도 방송극의 '톱 히터'인 「새댁」에서는 구수하고 유창한 충청도 사투리의 '새댁'이 청취자를 들끓게 하였다. 여기 영화에는 도금봉 양이 사투리로 향기를 풍긴다.

한운사 원작의 「현해탄은 알고 있다」는 1960년과 1961년, 2년에 걸쳐 KBS 라디오 일요 연속극으로 방송된 드라마다(1961년에 김기영 감독이 영화화). 이에서는 한국인 강제징용 학도병 '아로운(이창환)'과 일본 여인 '히데코(정은숙)'의 운명적인 사랑 이야기를 그렸는데 작중인물 '리노이에'가 경상도 사투리 붐을 일으킨 것이다. 경기도 안성 출신의 성우 남성우

(1934~2012)가 이 역을 맡아 연기하였다.

한편 김영수 원작·연출의 「새댁」은 1962년 후반기에 방송된 KBS 라디오의 홈드라마로, 성우 고은정이 '새댁' 역을 맡아 충청도 사투리 연기를 했다(1962년에 이봉래 감독이 도금봉을 주연으로 영화화). 그리고 1962년과 1963년에 방송(KBS)된 「행복의 탄생」(문수경 연출)은 '또순이'로 더 유명했던 드라마인데 성우 장서일(1933~현재)과 주상현(1933~현재)이 각각 '또순이'와 그 아버지 역으로 함경도 사투리를 썼다(1963년에 도금봉을 주연으로 한 박상호 감독의 「또순이」 개봉).

이로써 보면 1960년대에는 상당한 라디오방송극에 여러 지역의 사투리가 등장했던 셈이다.[16] 다만 각각의 드라마에서 해당 지역 출신이 아닌 성우들이 사투리를 쓴 까닭에, 어색한 그들의 사투리가 오히려 드라마의 인기를 저해하는 요소가 되기도 하였다. 가령 '또순이'의 장서일은 함경도 출신의 월남민이어서 사투리가 크게 문제 되지는 않았으나 주상현은 서울 출신의 성우여서 해당 작품 속에서 사투리를 구사하는 데에 상당한 어려움을 겪었던 것으로 알려진다.

이를 극복하기 위해서는 여러 지역 출신의 성우나 배우를 골고루 뽑아야 할 필요가 있었다. 나아가 그러한 사투리가 연기어로 자리 잡을 때까지 어느 정도 긴 시간이 필요하기도 했다. 하지만 곧이어 불어닥친 산업 근대화를 동반한 '표준어 열풍'으로 사투리는 연기어로서 정립할 기회를 전혀 잡지 못하였다. 그러한 암흑기를 지나 사투리가 연기어로 다시 부활하게 된 것은 그로부터 20여 년이 지난 1990년대 후반의 일이었다.

---

16 1962년 후반기에 방송된 KBS 라디오 드라마 「당산 방죽에 물이 넘친다」(주태익 원작)에서는 전라도 사투리가 쓰였다고 한다.

4 부

표준어의 석권,
방언의 눈물

5·16군사정변(1961)을 통해 박정희(朴正熙) 정부가 수립된 후, 제3공화국(1963~1972)과 제4공화국(1972~1981)으로 근 20년간 정권이 유지되었다. 이 시기에 이 정부의 일관된 특징 중의 하나는 강력한 중앙집권제를 바탕으로 정부 주도의 국가정책을 펼쳤다는 데 있다. 4차에 걸친 경제개발5개년계획(1962~1981)이나 새마을운동(1970~1981) 등과 같은 국가 근대화 작업은 바로 그러한 정책적 특징을 드러내는 대표적 사례였다.

특히 '10월유신'(1972년 10월 17일의 '비상계엄령' 선포)에 따른 제4공화국의 '유신헌법'은 궁극적으로 전체 사회를 통제하고 개인의 기본권을 제한할 수 있는 권한을 국가에 부여한 초헌법적 조치였다. 그들이 표방한 유신 이념은 '총화와 단결' 그리고 '능률의 극대화'였고 이를 통한 '한국적 민주주의'의 토착화가 그들이 상정한 최종 목표였다. 그 당시 각종 회의 및 기념식 석상에서 여러 차례 발표된 대통령 어록(語錄)에 그러한 이념들이 잘 반영돼 나타난다.

그 방향은 당파가 아니라 총화이며 분열이 아니라 단결이다. (「3·1절 기념식」1973.3.1)

10월유신의 국민적 결단을 내리면서 민주주의를 빙자한 낭비와 파쟁 그리고 비능률이 다시는 우리 주변에서 횡포를 부리지 못하도록 하자. (「'통일주체국민회의'의 지역 회의」1973.3.7)

그 요지는 우리 사회에서 '파쟁'과 '비능률'을 제거하고 국민 모두가 단결하여 경제적 근대화를 이룩해나가자는 것이었다. 이를 위해 그들은 국가 지배의 이데올로기로 '한국적 민주주의'를 표방하였다. 그것은 사회의 모

사투리 잡는 TV 나온다

출연자 사용때 자막수정
대우 특허출원 심사마쳐

방송중 출연자들이 사용한 사투리를 표준말로 바로 잡아주는 TV가 나온다.

3일 특허청에 따르면 대우전자는 97년 11월 「지역 언어를 표준으로 변화하는 기능을 가진 TV」에 대한 특허를 출원, 최근 최종 심사를 마쳤다.

이 TV는 수상기 내부에 방송국 송출 문자신호를 검출, 표준어와 비교해 수정하는 기능이 들어있어 방송국에서 교양이나 오락 프로그램 제작시 출연자들이 사용한 사투리, 고어, 속어 등을 그대로 송신하더라도 이를 표준어로 바꿔 화면에 자막으로 내보낼 수 있다. 그러나 아직까지는 국내 방송국들이 드라마나 오락프로그램 등에서 음성문자 방송을 실시하지 않고 있어 곧바로 상품화는 되지 않을 전망이다.

대우전자 관계자는 「이 기술은 국내 방송의 전면 음성문자 송신시대를 대비해 개발한 것」이라고 설명했다. 김화균기자 khk@kyunghyang.com

사진 1 **사투리 자동 수정 TV** (『경향신문』 1999.12.4)

1990년대에 이르러서도 우리 사회는 여러 영역에서 표준어 사용을 무척 강조했다. 심지어 이 시기에 이른바 "사투리 잡는 TV"까지 나왔던 모양이다(슬프게도 '사투리'가 '모기'나 '파리'처럼 '잡히는' 신세가 돼버렸다).

"특허청에 따르면 대우전자는 97년 11월 '지역 언어를 표준어로 변환하는 기능을 가진 TV'에 대한 특허를 출원, 최근 최종 심사를 마쳤다." (『경향신문』 1999.12.4)

'자막 방송'(TV 출연자의 음성을 문자로 적어 보여주는 방송)의 실시를 앞두고, 모 전자회사에서 TV의 자막을 통해 출연자의 사투리를 표준어로 자동 수정하는 기술을 개발하고 특허 출원을 내게 된 것이다(자막 방송은 1999년 2월, MBC에서 처음 시작했다).

물론 해당 전자회사의 사정으로[1] 이 TV가 실제로 제작되었는지는 알 수 없다. 하지만 이 사건은 우리 사회에서 방송 속의 사투리 규제에 대한 일반인들의 인식이 얼마나 강하게 자리하고 있었는지를 상징적으로 보여준다. 요즈음의 TV방송에서는 대개 '디지털 영상 속기사'(일명 '자막 방송 속기사')가 전문적으로 자막을 작성하며 이들이 출연자의 언어를 수정하는 작업을 담당한다.

---

1 1999년에 대우그룹이 해체된 후 '대우전자'는 동부그룹에 인수되었다. 그 결과 해당 회사가 '동부대우전자'로 사명이 바뀌었다.

든 역량을 산업 근대화에 집중할 수 있도록 개인의 자유보다 전체의 질서가 우선하며 국론의 분열을 결코 용납하지 않고 통일을 추구하는 정치체제를 의미했다.

이와 같이 '전체'와 '통일'이 무작정 강조되던 시기에 부당하게 희생되는 것들이 있었다. 언어의 면으로 한정하면 '사투리'가 바로 그러했다. 의사소통의 범위를 국가 '전체'로만 규정할 때 사투리는 분열과 비능률의 상징으로, 국민 총화를 방해하는 요소가 되었다. 특정한 경우에 그것은 지역감정을 부추기는 '파쟁'의 제1요소로 간주되기도 하였다.

그러한 가운데 전국의 지방 사투리는 전근대적이며 국가 분열을 조장하는 말, 나아가 국어를 오염시키는 바르지 않은 말로 여겨졌고, 결국 표준어로 고쳐져야 하는 말이 되었다. 국가 주도의 산업화가 무엇보다 우선시되는 편파적 경쟁 선상에서 우세한 표준어를 마주해 열세의 사투리가 서 있게 된 것이다. 이러한 사정은 1990년대 중반까지 크게 달라지지 않았다.

8장
근대화의 희생양, '사투리'

언어에 섞인 '잡스러운 것'을 떼어버리고

6·25전쟁이 끝나고 한국사회가 국가 재건과 근대화를 추진하는 과정에서 오랜 기간 동안 사투리는 상당히 많은 사람들에게 전근대적 요소로 받아들여졌다. 그 단적인 모습이 경향신문의 기획 시리즈 '나의 젊음, 나의 사랑: 새 박사 윤무부 교수 편'(1996년 2월, 총 7회)에 그대로 드러나 있다. 그 제2회 「처음 본 육지, 꿈같은 서울 유학」(2월 8일자)에 사투리와 관련된 아픈 추억이 소개된 것이다.

"도대체 뭐라고 말하는 거야? 똑똑히 좀 읽어봐." 시골 사투리를 잘 알아듣지 못하던 선생님이 혼을 냈다. 입술이 바짝 말랐다. 사투리를 쓴다는 이유만으로 두들겨 맞았다. 좌절감이 더했다.

경남 거제도 출신의 윤무부 교수(경희대)는 1950년대 말에 고향을 떠나 서울의 한 중고등학교로 편입해 다녔다. 당시는 전쟁 후의 복구 작업이 한창이던 시절. '사투리'를 비롯해 시골스러운 것은 모두 국가 재건 및 근대화에 전혀 도움이 안 된다고 여기는 사람들이 적지 않았다. 그러한 시대에 사투리 쓴다고 선생님에게 야단을 맞은 것이다.

당시에 사투리를 쓰던 사람들은 이 사례에서처럼 "두들겨 맞"지는 않았더라도 누구나 어느 정도의 농도 차를 보이면서 알게 모르게 일종의 박해를 받고 있었다. 국가 재건을 지상 목표로 삼은 사람들에게 사투리는 근대화에 역행하는 요소로 간주되었기 때문이다. 이처럼 지방 사투리를 전근대적으로 보는 태도는 1960년대와 70년대를 거치면서 훨씬 더 강력해지고 일반화된다.

고운말 쓰기 운동

1960년대 전국의 여러 벽지 마을 국민학교(초등학교)에서 '고운말 쓰기 운동'이 벌어졌다. 다음 기사는 제목 그 자체가 「'고운말' 쓰기 운동」(『경향신문』 1962.4.9)이다(사진 2 참조).

'고운말'을 골라 써서 메마른 세태를 순화시켜보자는 색다른 언어순화운동이 전북 금산군[1] 벽촌 어느 조그마한 국민학교 어린이들에 의해 전개되고 있다. (…) 욕설이나 사투리를 쓸 때마다 들은 사람이 지적, 성적표에 기입해서 지적된 사람은 매일 방과 후에 교장 선생과 함께 교정의 풀 뽑기 작업을 했다는 것이다.

아이들이 욕설뿐 아니라 사투리도 '곱지 않은 말'로 간주하고 이의 사용을 억제하는 운동을 펼쳤다는 것이다. 이 기사에는 해당 학교 교장 선생님의 아들이 자신의 아버지(교장 선생님)를 담임선생님에게 사투리 썼다고 "일러바치는" 사건마저 우스개처럼 자랑스럽게 서술되어 있다. 그때 이

---

1 금산군은 1963년 전라북도에서 충청남도로 편입되었다.

사진 2 **고운말 쓰기 운동**
(『경향신문』 1962.4.9)

운동이 전 학교 차원에서 얼마나 진지하게 실천되었는지를 알려주는 대
목이다.

그런데 욕설은 그렇다 치고, 이 운동의 궁극적인 교정 대상이 사투리라
는 점은 이 당시에 사투리를 바라보는 시각이 어땠는지를 시사한다. 이 기
사의 말미에 전통 사투리를 '고운말'(표준어)로 "말끔히" 대치하는 성과
(?)를 거둔 단어들이 쭉 열거되어 있다.

이 언어순화운동으로 다음과 같은 욕설과 사투리들이 말끔히 씻어져
가고 있다.[2] 어메(어머니), 성(형), 싸게 와(빨리 와), 나락(벼), 호맹이

2 일부 욕설은 이 '인용문'에서 제외했다.

○…천안 남산국민학교는 「사투리 쓰지않는 운동」을 이달에 고쳐야 할 일로 정했읍니다. 천안 어린이들이 잘 쓰는 사투리로는 열대 (열쇠), 애덜 (아이들), 증말 (정말), 남구(나무), 학상(학생), 놀판 (놀), 그랬수 (그랬읍니까) 등이라고 합니다. 말이 고우면 얼굴도 예뻐보여요.
(남산어린이)

사진 3 독자 투고: '우리가 만든 신문'

(『경향신문』1963.6.28)

(호미), 짜구(가위), 두름박(두레박), 자정고(자전거), 샴(샘), 하랍시 (할아버지), 큰압시(큰아버지), 도치(도끼) (…)

이러한 경향은 다른 학교의 '고운말 쓰기 운동'에서도 거의 대부분 마찬가지였던 것으로 보인다. 사진 3의 독자 투고 기사(『경향신문』1963.6.28)에서는 그 운동의 명칭마저 아예 '사투리 쓰지 않는 운동'이다.

이 기사에서 보듯 충남 '천안'의 초등학생들이 사투리를 표준어로 고치는 '고운말 쓰기 운동'을 자발적으로 벌인 것이다. 구체적으로 '열대(열쇠), 애딜(아이들), 증말(정말), 그랬수(그랬습니까)' 등을 아이들이 잘 쓰는 사투리로 규정하고 그런 단어의 교정을 이달의 "고쳐야 일"로 정해 생활 속에서 실천하고자 했다.

당시에는 '사투리'가 전근대적이고 국어를 혼탁하게 하는 타락한 말 정도로 여겨졌을 테니 이들 어린 학생들의 자발적인 노력을 오늘날의 관점에서 그저 부정적으로만 바라볼 수는 없을 성싶다. 하지만 이와 같은 국지적·자발적 차원이 아니라 범사회적·강압적 차원에서 이 운동이 이루어졌을 때에는 문제가 좀 달라진다.

고속도로 시대와 표준어의 보급

한국의 1970년대는 근대화의 시대였다. 이 시기 국가의 모든 역량은 오로지 근대화, 특히 산업 근대화에 집중되었다. 이를 위한 산업화의 기초 작업은 고속도로 건설에서 시작되었다.

> 모든 길은 '근대화'로 통한다. 우리나라 최초의 하이웨이 '강변 고속 1호 도로'는 한강변의 기적을 꿈꾸면서 서남방으로 내리뻗었다. (「고속 도로 제1호」, 『경향신문』 1968.1.1)

'한강 개발 1호'로 기획된 '강변 1로'(한강대교~영등포입구)는 1967년 9월 23일에 개통되었다. 이 유료 도로(오토바이 10원, 소형차 20원, 대형차 30원)는 그후로 연장·확장되어 오늘날의 '올림픽대로'가 되었지만 개통 당시에는 '고속도로 제1호'로 불렸던 모양이다. 비로소 대한민국에 '고속도로 시대'가 열린 것이다.

1960년대 중반 당시의 건설부와 경제기획원에서는 1976년까지 총 8개 고속도로를 신설하는 '고속도로 건설 종합계획'을 세웠다.[3] 이에 따라

---

3 이 8개 중에 동해안고속도로(속초~부산)만 건설되지 않았다.

1968년 12월에 경인고속도로(서울~인천), 1970년 7월에 경부고속도로(서울~부산), 1973년 11월에 호남고속도로(대전~순천)와 남해고속도로(순천~부산), 1975년 10월에 영동고속도로(수원~강릉)와 동해고속도로(강릉~묵호), 좀 늦어졌지만 1977년 12월에 구마고속도로(대구~마산)가 완공되었다.

이 시기 고속도로 건설의 최종 목표는 전국을 일일생활권으로 만드는 데에 두어져 있었다. 일일생활권의 조성은 과거에는 상상도 못했던 규모의 수송비 절감과 그로 인한 생산비 인하를 가능케 하는 일이었다.[4] 그러기에 이와 같은 고속도로망을 구축하는 일은 당시에는 근대화를 이룩하는 제1의 지름길로 여겨졌다. 그러한 가운데 고속도로 시대의 서막을 여는 1970년대를 앞두고 사람들은 미래에 펼쳐질 지역문화의 변화상을 다음과 같이 예측하기도 했다.

앞으로 사투리는 어떻게 될까? 신라 때부터, 백제 때부터, 그리고 고구려 때부터 흘러내려온 각 고장의 기습(奇習)은 어떻게 될까? 그 잔재는 몇천 년 되는 동안에도 명맥을 유지했지만 국토의 조형(造形), 공간의 단축, 하나의 1일생활권 속에 통일된 하나의 습성으로 순화될 것(…) (「70년대로 뻗는 시속 70마일」, 『경향신문』 1968.1.1)

고속도로를 따라 중앙의 언어·문화가 전국방방곡곡으로 전파되면 각 지역 간의 격차가 사라지고 결국에는 전국이 하나의 통일된 모습을 보이게 되리라는 것이다. 사람들 사이의 접촉이 잦아지면 잦아질수록 언어·문

---

4 이와 같은 유통의 효율화는 생산의 효율화(대량생산과 품질 향상)와 더불어 산업 근대화의 큰 축을 이루는 매우 중요한 요소다.

화의 상호 유사성이 커진다는 사실을 감안할 때 그러한 미래는 충분히 예상하고도 남는 일이었다.

특히 한국의 '대동맥'으로 불리는 경부고속도로는 고속도로 시대의 개막 및 일일생활권 형성의 상징물이었다. 그러하기에 경부고속도로가 개통된 1973년에는 '조국 근대화'가 머지않아 도래할 것이라는 기대감에 정말로 많은 국민들이 각종 언론매체를 매개로 장밋빛 미래를 꿈꾸었다. 그럼에도 일부 의식 있는 사람들은 '서울' 중심의 근대화 작업에 결부된 지역문화의 소외 현상에 대해 심각한 우려를 표하기도 했다.

강 하나를 사이에 두고 서로 사투리가 다르던 시대는 고속도로 시대의 개막과 더불어 자취를 감추기 시작했다. (…) 그러나 고속도로 시대는 이른바 근대화 바람만 가져오지는 않은 것 같다. (…) '서울은 멋진 곳, 시골은 시시한 곳' 아마 이렇게 도시 지향적 심리를 부채질할는지도 모른다. (「횡설수설」, 『동아일보』 1973.7.10)

고속도로 시대가 산업 근대화의 '바람'을 불러일으켰으나 부정적으로는 '서울'과 '시골'(또는 '중앙'과 '지방')의 이분법을 강화해 지방에 대한 홀대와 차별을 조장하는 계기를 제공하리라 예견한 것이다. 실제로 1970년대의 고속도로 건설은 서울 집중 현상을 초래해 지역 간 불균형을 해소하는 게 아니라 오히려 그러한 불균형을 심화하는 경향을 낳게 된다.

언어의 면에서도 산업 근대화의 바람은 '서울말'(또는 '표준어') 중심의 인식을 더 견고히 하는 결과를 가져왔다. 국민들 사이에는 '서울화'와 '근대화'를 동일시하여 '서울말=근대, 사투리=전근대'라는 편견이 널리 퍼지기 시작하였다. 게다가 고속도로망의 구축으로 전국 각 지역 주민들 간의 이동과 접촉이 활발해지면서 언어통일의 필요성은 더더욱 증대되었다.

그로 인해 "강 하나를 사이에 두고 서로 사투리가 다르던 시대"는 종막을 고하고 표준어(또는 서울말)가 국민통합의 중심 요소로서 고속도로를 따라 세력을 점차 확장하였다. 반면에 사투리는 그저 지방문화의 한 주변적 요소로 전락하게 된다.

새마을운동과 고운말 쓰기 운동

도시화 및 공업화 중심의 경제개발5개년계획(제1차: 1962~1966, 제2차: 1967~1971)이 순차적으로 진행되는 가운데 1970년부터 농어촌 중심의 새마을운동이 시작되었다. 이는 낙후된 농어촌을 개발할 목적으로 당시의 박정희 정부가 강력히 추진한 국가 주도의 초대형 사업 가운데 하나였다. 거대한 국책사업을 빌미로 도농의 구분 없이 전국을 정부의 관할권 안에 들어오게 한 것이다. 이로써 보면 새마을운동은 정부의 물질적 지원과 이념적 통제 아래, 중앙 및 지방 공무원 그리고 각 지역의 새마을 지도자들이 앞장서서 벌인 주민의 소득증진운동이자 정신개조운동이었던 셈이다.

이 운동에서는 각 읍·면·동의 소속 부락(전국 35,000여 개)을 그 소득수준에 따라 '기초마을, 자조(自助)마을, 자립마을'로 나누고, 개발 의지를 가진 마을이라면 최종 단계의 '자립마을'에 도달할 수 있도록 정부가 전폭적인 지원을 제공하였다.

내무부는 73년에 35,100개 부락을 자립마을 2,100개, 자조마을 14,500개, 기초마을 18,500개 부락으로 각각 분류, 전국적으로 새마을운동을 전개하기로 돼 있다. (「전 국토를 연중 작업장화」, 『동아일보』 1972.11.4)

아울러 각 부락에서 새마을운동을 이끌어갈 대표자를 정하고 각종 연수를 통해[5] 이들을 새마을 지도자로 육성, 이 운동을 주도할 수 있게 하였다. 이 운동의 지도이념(새마을 정신)은 '근면, 자조(자립을 위해 스스로 노력함), 협동', 그 최종 목표는 소득수준의 향상에 두어져 있었다.

이와 같은 농어촌 새마을운동은 유신체제가 본격화한 1973년부터 그 영역을 도시로 확장하였다.[6] 그리하여 이 시기에는 새마을운동이 농촌형과 도시형으로 분화, 그 목표와 방법을 조금씩 달리하면서 지속적인 국가사업으로 전개되었다. 농촌 새마을운동이 농어촌의 환경 개선(지붕 개량, 도로 정비 등)이나 영농 기반의 조성 등 물질적 측면에 중점이 놓였다면 도시 새마을운동은 소비절약의 실천, 시민의식과 준법정신의 함양 등 정신적 측면에 중점이 놓여 있었다.

> 도시 새마을운동은 곧 시민의 정신계발운동이요, 이른바 정신혁명이다. (「특집: 도시 새마을운동과 도정 방향」(도 총무국장 강경주), 『제주도』 56, 1972.9)

특히 도시 새마을운동(공장·직장 및 학교 새마을운동 포함)은 도시민들의 의식을 개혁하자는 차원에서 '미풍양속 및 전통예절 교육'을 필수화하였다. 당시의 문교부(오늘날에는 교육부)에서 펴낸 『새마을운동』(1976)의 '개

---

5 새마을지도자연수원이나 중앙교육연구원에서 각 지역의 새마을 지도자 및 교원, 공무원, 대학생 등을 대상으로 새마을 교육 연수(대체로 6박 7일)를 진행하였다. 아울러 각 부락의 주민들을 대상으로는 기존의 각급 학교에 '새마을 학교'를 설치하고 방학 기간 동안 표준화된 새마을 교육을 실시하였다.

6 도시 새마을운동은 1972년 초에 박정희 대통령이 부산시를 순시하는 과정에서 촉발되었다. 박 대통령은 부산시가 새마을운동을 벌이기로 했다는 시정 보고를 듣고 "새마을운동은 지방뿐만 아니라 모든 도시에서도 이를 실천하라"고 지시했다. (「박 대통령, 경남도·부산시 순시」, 『동아일보』 1972.2.5) 그해 3월, 박 대통령은 지방장관 회의에서 '범국민적' 새마을운동을 제창하면서 도시 새마을운동의 체계화를 주문한다.

인 사례'를 보자.

83명의 전 교직원과 3,000여 명의 전 단원들이 운동장에 모여서 선서식에 이어 애향단 발단식을 가졌다. (…) 최 교사는 애향단 활동을 다음과 같이 이끌어갔다. (…) 사치 방지와 퇴폐풍조의 근절을 위한 운동의 전개와, **만화 안 보기 운동과 고운말 쓰기**, 거리질서 확립을 위한 가두 계몽과 표어 붙이기 등 각종 활동을 펴나갔다. (「도시 새마을운동의 개가: 서울 돈암국민학교 교사 최관용」, 143~158면)

언어생활도 문제였다. 대부분의 주민들이 함경도의 독특한 언어를 쓰고 있는 데다가 생활에 시달리다보니 언성이 높았고 욕지거리가 심하였다. (「모래밭에 핀 기적: 속초시 청호국민학교 교장 조이현」, 267~282면)

위 사례에서 보듯 당시에 그러한 예절 교육의 한 축을 이루었던 것이 바로 '고운말 쓰기 운동'이었다. 나아가 이 운동은 단순히 '욕지거리'의 순화를 넘어 언어생활의 표준화 및 사투리의 순화를 목표로 하는 것이기도 하였다. 말하자면 새마을운동으로 근대화를 이루고자 한 사람들에게 '고운말 쓰기 운동'은 일종의 언어 근대화 작업으로 인식되었던 셈이다.

국어순화운동 및 '바른말 고운말'의 역설

도시 새마을운동이 한창이던 1973년 가을, 경향신문사에서 신문 지상을 통한 '고운말 쓰기 운동'을 전면적으로 전개하였다.

지난 10월 9일의 '한글날'을 계기로 경향신문이 제창한 '고운말 쓰기 운동'은 예상외의 호응을 불러일으켜 전국적인 국어순화운동으로 번져가고 있다. (「사설: 팽배한 국어순화운동의 체계화를 바란다」, 『경향신문』 1973.10.31)

다음 진술에서 보듯 이 운동은 처음에는 외래어를 순우리말로 대체하는 수준에서 출발했지만 점차 언어의 개량 및 표준화를 지향하는 국어순화운동이 되었다.

우리 고유의 언어가 전통적 토양성을 잃고 외래어에 침식되어가거나 변형되어가고 있다. 뿐만 아니라 혼탁한 사회상의 반영으로 거칠고 상스러우며 된소리가 어린이 사회까지 만연되고 맞춤법, 발음, **방언 등에 대한 경각심**이 일반적으로 부족한 실태다. (「국어순화: 혼탁한 대중화 벗고 자랑스런 우리말로」, 『경향신문』 1973.10.10)

이전 시기에도 이러한 움직임이 없었던 것은 아니나[7] 그다지 "큰 성과를 거두지 못하고" 산발적으로 지속되다가(한국교열기자회 편 1982, 62면) 1973년에 언론매체가 적극적으로 관여하면서 이 운동은 대중의 호응을 얻고 전국화하는 경향을 보이기 시작하였다. 특히 1976년 4월의 '대통령 지시'는 사회정화 차원에서의 국어순화운동을 문교부 주도 아래 조직화하는 데 크게 기여하였다.

문교부는 19일, 박정희 대통령의 특별 지시에 따라 (…) 범사회적인

---

7 주시경 이래 한자어나 일어·영어 등의 차용어를 고유어로 순화하자는 주장이 여러 차례 제기된 바 있다.

국어순화운동을 전개키로 하고 곧 관계부처 실무자 회의를 소집, 다각적인 국어정화 실천 방안을 마련할 계획이다. (「정부서 국어순화 지도」, 『매일경제』 1976.4.19)

그 결과 각계 관련 인사로 구성된 '국어순화운동협의회'가 출범(1976.8)하여 이 운동을 조직적으로 펼칠 수 있는 기반이 조성되었다.[8] 아울러 이러한 국어순화운동의 이론적 바탕을 마련하기 위해 '한국국어교육연구회'에서 대한교육연합회(당시의 유일한 교원 단체)의 지원을 받아 『국어순화의 방안과 실천자료』(1976)를 간행하였다. 이 책에서는 다음과 같이 국어순화의 정의와 범위를 명확히 하였는바 마침내 공식적으로 사투리가 순화의 대상이 되었다.

언어의 순화란 언어에 섞인 **'잡스러운 것'을 떼어버리고 체계 있고 순수한 것으로 만드는 것**을 의미한다. (…) 국어순화의 대상은 음운, 어휘, 통사, 의미, 언어활동 및 정서법 (…) 어휘 면에서는 은어, 비어, 속어, 욕설, 외래어 및 외국어와 **방언이 그 대상이 된다**. (…) 사투리는 의도적인 경우가 아니면 표준어로 바꾸어 사용되어야 한다. (11~12면)

사투리를 은어나 비어, 욕설 등과 마찬가지로 "떼어"버려야 할 "잡스러운 것" 그리고 "체계"가 없고 "순수"하지 않은 것으로 규정해버린 것이다. 말하자면 사투리를 이른바 '언어 오염'의 공범으로 지목한 셈이다.

---

8 이 무렵 각계 관련 인사들이 문교부 직속의 국어연구소를 설치할 것을 강력히 촉구하여 정부의 동의를 얻어냈으나 예산 문제로 실제 설치에까지 이르지는 못하였다. 이로부터 근 10년이 지나 1984년 5월 10일에 문교부 학술원 산하의 연구기관으로 국어연구소가 설립된다.

이에서 더 나아가 1970년대 초부터 정규화되기 시작한 「바른말 고운말」 등의 방송 프로그램은 그러한 인식을 사회적으로 고착화하는 데 크게 기여하였다. 이 프로그램에서 '사투리'가 고쳐야 할 단어로 자주 거론되면서[9] 역설적으로 사투리는 국어를 오염시키는 '바르지 않은 말, 곱지 않은 말'이 되었다. KBS 라디오의 「바른말 고운말」(1972년 10월 신설, 월~토 06:56~58)과 KBS TV의 「바른말 고운말」(1978년 11월 신설, 월~목 20:50~21:00)은 고정 프로그램으로, 요일 및 시간상의 변경을 겪으면서도 기본적인 시각의 큰 변화 없이 지금까지 40여 년 이상 계속 방송되고 있다(KBS TV의 '바른말 고운말'이 2015년 종영된 이후 '우리말 겨루기'가 그 역할을 대신함).

이처럼 사투리를 잘못된 것으로 보는 시각은 '국어'를 '표준어'와 동일시하는 인식에서 비롯했다. 한국의 모든 사투리(또는 방언)가 다 동등한 '국어'인데, '표준어'(또는 서울말이나 경기도 말)만 국어로 인정하여 거기에서 벗어나는 사투리를 잡스럽고 비체계적이며 곱지 않은 것으로 여기게 되었다는 말이다. 물론 이러한 관점은 '표준어=근대, 사투리=전근대'의 도식화를 바탕으로, 표준어에 비해 사투리가 열등하다고 생각하는 근거 없는 편견에 기반을 둔 것이었다.[10]

하지만 근대화는 그렇다손 치더라도 굳이 의도적으로 사투리 및 그것을 구사하는 사람들에게 '열등함'의 모욕적인 꼬리표까지 달아줄 필요는

---

9 가령 이 프로그램에서는 '효꽈→효과, 대답/데답→대:답, 으사→의사' 등과 같은 발음 교정의 문제나 '오얏→자두, 얼레리꼴레리→알나리깔나리, 헬쑥하다→핼쑥하다, 흐리멍텅하다→흐리멍덩하다, 가열차다→가열하다(늑격렬하다), 먹냐→먹느냐' 등과 같은 단어/표현 수정의 문제가 자주 출제되었다. 이들은 모두 특정 사투리와 관련된 것들이다.

10 그럼에도 불구하고 여전히 사투리(잘못된 것)나 표준어(옳은 것)를 고르는 문제가 학교 및 각종 공무원 시험, 그리고 일반 회사의 입사 시험(심지어 대학 입학시험) 등에 출제되고 있다.

없었다. '국어순화'를 내세워 사투리를 축출하고자 했던 일이 많은 이들에게 씻을 수 없는 상처를 안겨주었던 것이다. 이와 같은 상황은 광복 이후에 우리와 마찬가지로 말다듬기 운동(국어순화운동)을 거국적·전면적으로 벌인 북한에서도 별반 다르지 않았다.

북한의 말다듬기 운동과 문화어 운동

1970년대를 넘어서서 국어순화운동이 활발히 펼쳐진 우리의 경우와 달리, 북한은 1960년대 중반부터 국가 차원에서 '말다듬기 운동'을 매우 강력히 추진하였다. 이와 같은 북한의 말다듬기 운동은 사투리를 그 재료로 활용했다는 점(곽충구 2001a, 9~14면)에서 우리의 국어순화운동과 중요한 차이를 드러내기도 한다.

가령 표준어 '거위'를 '게사니'로, 또 '장모, 장인'을 '가시어머니, 가시아버지'로 바꾸는 등 일부 평안도 사투리(약간은 함경도 사투리)를 반영해 말다듬기를 시도한 것이다. 그러한 작업의 결과물은 국가 규범어로서의 '문화어'에 편입되었다.

북한의 문화어는 1966년의 김일성(金日成) 교시에 따라 기존의 '표준어'를 전격적으로 대체하며 등장하였다. 북한 체제에서는 서울말 중심의 표준어를 그대로 받아들이기는 어려웠으므로 평양말 중심의 규범어를 새로 정립할 필요가 있었다.[11] 이를 위해 평양말과 고유어를 기준으로 말다듬기 작업을 수행하고 그 결과에 기초하여 "문화어"를 "건설"하고자 한 것이다. 이러한 진술에 전적으로 의지하면 북한의 문화어는 '평양말'이거나 적어도 '평양말을 바탕으로 한 것'이 된다.

---

11 북한의 경우, 공식적으로는 1972년에 개정한 신헌법(제149조)에서 비로소 그 수도를 '서울'에서 '평양'으로 바꾸었다(남성우·정재영 1990, 262면).

그런데 그 실상을 면밀히 들여다보면 문화어는 평양말보다 오히려 서울말에 훨씬 더 가까운 것으로 판단된다(곽충구 2001a, 23~25면). 억양이나 두음법칙 등 일부의 문법적 특징 및 '게사니(거위), 가시어머니(장모)' 등 소수의 평안도 방언 어휘를 제외할 때 문화어의 대부분은 우리의 "표준어와 큰 차이가 없기" 때문이다.

특히 평양말을 수용했다고 일컬어지는 '가시어머니(장모)'와 같은 '다듬은 말'은, 문화어의 성립에 서울 중심의 표준어가 그 기반을 제공했다는 사실을 단적으로 보여준다. 평양에서는 '어머니'를 '오마니'라 함에도 불구하고 문화어로는 '가시오마니'가 아니라 '가시어머니'를 선택한 것이다. 이는 표준어('어머니')에다가 평양말('가시')[12]을 덧붙인 형태이므로 문화어의 토대가 사실상 표준어였음을 방증한다.

어찌되었든 문화어는 북한의 공식적 규범어이며 "모든 사투리 우에서"서 "불완전한" 체계를 가진 사투리를 대체해야 하는 것이었다. 이와 같은 논리에 충실하자면, 말다듬기 운동을 통해 "손질한 말"로 사투리를 "밀어내는"(한영순 1967, 7~43면) 작업이 필수적으로 요청된다. '획일화'를 추구한 북한 공산주의의 이념을 감안할 때 북한에서는 문화어 운동과 사투리 없애기 운동이 동시에 그리고 강력히 전개될 수밖에 없었다는 말이다. 북한의 말다듬기 운동과 문화어 운동 그리고 남한의 국어순화운동과 표준어 보급 운동이 경쟁적으로 추진되는 가운데 한국 전역의 사투리는 그리 큰 저항 없이 소멸의 길로 접어들게 된다.

---

12 『표준국어대사전』의 '가시('아내'라는 뜻을 더하는 접두사)'는 속담에서만 제한적으로 쓰이는 형태다.

9장

심판대에 선 방언

사투리 강한 인사, 사회 못 맡아

1971년 4월 27일에 치러진 제7대 대통령 선거는 공화당(여당)의 박정희(朴正熙, 1917~1979, 경북 구미 출신)와 신민당(야당)의 김대중(金大中, 1924~2009, 전남 신안 출신), 두 후보 간의 대결 구도로 진행되었다. 선거 초반에는 여당의 압도적 승리가 예상되었으나 나중에는 예측 불허의 치열한 접전이 펼쳐졌다. 최종 개표 결과 박정희 후보가 100만 표 이내(53.2퍼센트 : 45.2퍼센트)의 표차로 당선되었다.

그런데 선거운동 과정에서 지역감정의 문제가 크게 불거졌다. 사태가 급박해지면서 정책 대결보다 경상도와 전라도 사이의 지역 대결로 선거 분위기를 몰아갔기 때문이다. 그리하여 투·개표가 끝난 뒤 동아일보에서는 해당 선거로 빚어진 문제를 진단하고 그 상처를 치유할 목적으로 「'4·27' 격류의 상처: 환부 검진과 처방」(1971.4.30)이란 특집 기사를 기획·보도했다.

후보 외의 찬조 연사들은 은근히 지역감정을 북돋우기도 했는데 공화당의 경우, 이 같은 경향은 더욱 심한 듯했다. (…) 어느 공화당 찬조 연사는 "경상도 사람치고 박 대통령 안 뽑을 사람 있느냐"고 반문, 노골적으로 지역 의식을 강조하기도 했으며 (…) 신민당은 호남지방에서 '경상도 정권 하에서의 전라도 푸대접 의식'을 강조, 이를 부채질하면서 이 감정을 득표로 연결시키고자 했다.

선거가 과열되면서 양측이 지역감정을 오히려 정략적으로 이용했다는 말이다. 그리하여 이 특집에서는 지역감정의 해소 방안으로 '선거 절차의 민주화, 공영방송의 공정 보도'와 '공무원의 정치적 중립, 지방자치제 실시' 등을 제안하였다. 하지만 이와 같은 분석과 해법 제시에도 불구하고 경상도와 전라도 간의 왜곡된 지역감정은 줄어들기는커녕 그 이후로도 정치권에 의해 계속 과장·악용·확장되었다.

이러한 지역감정과 연관된 사건 하나. 경남 울주군 출신의 소설가 오영수(吳永壽, 1914~1979)는 지역감정과 관련한 필화 사건의 주인공이다. 그는 1979년에 각 지방 사람들의 기질(주로 경상도와 전라도)을 문학으로 형상화한 「특질고(特質考)」(『문학사상』 1월호)를 발표했는데 작품 속의 전라도민 비하 발언이 문제가 됐다. 이 글의 결론은 사실상 '각지 방언을 잘 지키자'였다.

지방의 특유한 풍습 또는 생활 전통 언어(방언) 특색도 뜨물에 막걸리 탄 것처럼 본적(本籍) 불분명이 되고 말았다. 언어학 연구 또는 정책가들의 층에서 본다면 큰 성과라고 할는지 모르겠으나, 나로서는 한 작가로서 동조는커녕 되레 적지 않은 저항을 마지않는다. (…) 명맥(命脈)이 생생한 방언을 획일, 즉 언어 통조림을 만들겠다는 사고나 정책은 내 상식으로서는 이해하기 곤란하다. (…) 이 말을 하고파서 이렇게 장광설을 늘어논 거다. 다시 거듭하거니와 나는 앞으로도 방언을 사수할 작

정이다.(끝)

하지만 그의 의도와 달리 해당 발언 내용은 사회적으로 커다란 파문을 일으켜 출판사는 사과문을 내고 석 달 동안 자진 휴간하였고 그 자신도 절 필을 한 데에다가 정신적 충격에 그리 오래 버티지 못하고 그해 5월, 숨을 거두었다. 그 잘잘못이야 차치하고 정치인들이 조장한 지역감정의 극단 적 대립 구도 속에서 '방언 사수'를 외친 한 작가의 죽음이 그저 안타까울 뿐이다.

표준말 쓰기 운동

지역감정과 관련해 언어적으로 문제가 되는 것은 이 당시에 사투리를 지역감정 및 대립의 원천으로 규정했다는 사실이다. 다음은 『한겨레』 (1989.10.29)에 실린 「표준말과 지역감정」이란 글이다.

이런 편협한 애향심에 근거한 각 지역의 주장이 극단으로 치닫는다 면 이 나라는 어떻게 될까? 각 지방방송에서 서로 다른 사투리가 들리 게 되면 나라 꼴은 어떻게 될까?[1] (…) 언어의 분열은 곧 민족의 분열이 다. (…) 표준말 하나도 제대로 못하는 지도자가 어찌 국론을 통일할 수 있겠는가?

---

1 서울·지방 가릴 것 없이 1970·80년대의 방송국 아나운서들 사이에는 이와 같은 인식이 매우 강하게 자리하고 있었다. 『제주신문』의 기사 「아나운서 발음에 대하여」(1979.8.24)의 "언어 표 현의 지방적 장애를 벗어나지 못하고 있는 일부 아나운서가 건재(?)하고 있다는 것은 안타까 운 일이다. (…) (그들이) 겁도 없이 마이크를 잡고 있는 것을 들으면 아주 귀 거슬릴 때가 있 다."라는 진술에서 그런 애국적 사명감과 서울 중심의 정통 의식을 읽을 수 있다.

'방언'이 민족 및 국론의 분열을 초래하여 결국 나라를 흔들리게 하리라는 것이다. 이는 일제강점기의 표준어 논리 그대로지만, 당시까지도 이러한 사고는 사회 지도층 인사 및 일부 국민들 사이에 무작정한 호응을 얻고 있었다(아직도 우리 사회에는 그런 생각을 가진 사람들이 꽤 많다). 그리하여 노태우(盧泰愚) 정부(1988~1993)에 이르러서는 지역감정 극복을 위해 '표준어 사용 및 공직사회의 경어 쓰기 운동'을 추진하게 된다.

이 운동은 새 정부 출범을 위한 인수위원회(민주화합추진위원회)의 「민주발전과 국민화합을 위한 건의서」(1988.2.16)를 통해 지역감정을 해소하는 방안의 하나로 제안되었다. 그 결과 이 건의서에서는 이의 실천을 위해 방송 및 교육 영역에서 표준어를 사용할 것을 거듭 강조하였다. 이와 관련된 사항을 구체적으로 드러내 아래에 인용하면 다음과 같다.

• 방송 종사자 중 아나운서, 프로듀서, 기자를 채용하거나 선발할 때 반드시 표준어를 사용하는 사람만을 쓰도록 하고 드라마와 코미디 프로 등에서도 가급적 표준어만을 사용하게 해야 함.
• 문교부는 장차 2세 교육을 담당할 교육대학 재학생들에게 표준어를 반드시 쓰도록 하며 국민학교부터 표준어를 제대로 사용하도록 교육시키는 방안을 강구해야 함.

노태우 정부는 '표준말 쓰기 운동'을 통하여 방송 및 교육의 영역에서 사투리를 배격하고 표준어에 의한 언어통일을 추구해 지역감정을 해소코자 한 것이다.

그리하여 방송 영역에서 사투리 규제를 강화한 심의 규정이나, 교육 영역에서 표준어 보급을 위한 교사용 지침서(『표준어 지도 자료집』) 등을 잇달아 만들어내게 된다. 그러나 조금만 깊이 생각해보면 왜곡된 지역감정의 극복은 정치적 의식 개혁이나 사회적 분위기 전환에서 그 해법을 찾아야지 사투리 사용 제한이나 표준어 규범 강화에서 찾을 일은 아니었다.

사실, 대중문화 속의 사투리에 대한 법적 차원의 규제는 '만화'에서 시작되었다. 만화 영역에서 이루어진 이른바 '사투리 검열'의 역사를 간단히 정리하면 다음과 같다.

- 「아동만화윤리 준칙」(1962)의 저촉 사항: 야비하고 저열하거나 포악한 말씨 또는 **지나친 사투리.**
- 「만화윤리 실천요강」(1974): 만화는 표준어를 사용하는 것을 원칙으로 하며 **방언을 피하고** 고운 말과 바른 문장, 바른 맞춤법에 유의하여 좋은 문법책이 될 수 있도록 하여야 하며, 유행어·은어·속어 등 저속하고 품위 잃은 대사를 사용하여서는 안 된다.
- 간행물윤리위원회의 「만화 심의 기준」(1980)의 저촉 사항: **과도한 방언의 활용.**

그런데 만화 검열의 역사 속에서 '사투리'의 문제는 매우 사소하다 할 만하다. 1961년에 박정희 정부가 들어선 후, 만화를 '6대 사회악'의 하나로 지목하고 소재는 물론 대사의 어문규범에서 분량, 심지어 글자 색깔과 크기에 이르기까지 사전 심의를 받아야 했기 때문이다(「아동만화는 좋아지려나」, 『서울신문』 1962.5.9). 이로 인해 그 이후 꽤 오랜 기간 동안 만화계는 '명랑만화'와 '스포츠 만화'만 제작되는 암흑기를 경험하게 된다.

방송심의규정

1981년 5월 16일자 『경향신문』에는 당시의 아동과 청소년들에게 선풍적 인기를 끌었던 어린이 드라마 「호랑이 선생님」(1981~1986)에 대한 「안방 시청기」가 실렸다.

보다 좋은 프로가 되기 위해서는 몇 가지 문제들을 이겨나가야 할 것 같다. (…) 교육적 효과라는 차원에서 보면 장승포에서 전학 온 '준철'의 사투리는 이제는 사라져야 할 것 같다. 지방 학생의 특이한 사항이나 적응 과정을 그릴 때만큼은 사투리가 필요하겠지만 극중 준철은 오랜 시일이 흘러 **학급을 주도할 정도의 인물이 된 지금 사투리가 얼마나 더 필요하겠는가.**

지방에서 전학 온 학생의 사투리를 문제 삼은 것이다. 특히 "학급을 주도할 정도의 인물"이 사투리를 쓰면 안 된다고 한 진술이 우리의 주목을 끈다. 지금이라면 홈페이지가 마비될 정도로 비난 댓글이 달렸겠지만 당시에는 이를 어느 정도 수긍해 받아들였던 모양이다. 1980년대 우리 사회의 사투리에 대한 인식이 어떠했는지 단적으로 알려준다.

이와 같이 방송에서 사투리의 사용을 규제하는 '방송심의규정'은 1958년 1월 25일, 대통령 공보실에서 제정·발표한 「방송의 일반적 기준에 대한 내규」의 제12항에 연원을 둔다.

방송은 항상 표준말을 쓰되 알기 쉽게 바르게 써야 한다. 오락 방송에 있어서는 사투리를 쓸 수 있으나 그 지방 사람의 반감을 사는 것이어서는 안 된다.

이에서 더 나아간 '방송법'은 1964년에 처음 제정·시행되었는데 해당 법령에서의 사투리 규제는 여러 차례의 개정 절차를 통해 점차 강화되었다. 그러다가 1980년대에 들어서면서 '사전심의제도'를 통한 강압적인 통제장치가 정부 주도로 갖추어지는데 그것이 바로 한국방송광고공사 산하 방송위원회에서 정한 '방송 심의에 관한 규정'(1988.10.18)이다.

이 심의 규정과 관련하여 1992년도에 이루어진 전면 개정안은 사투리 규제를 강화하고 표준어 사용을 더욱 강조했다는 점에서 주목할 만하다. 이 개정안의 제3장(방송순서기준) 제63조(언어생활)에 그러한 내용이 포함되어 있다.[2]

- 방송은 바른 국어생활을 해치는 억양·어조 및 비속어·은어·유행어·조어(신조어) 등을 사용하여서는 아니 되며 사투리나 외국어 또는 외래어를 사용할 때에는 국어순화의 차원에서 신중하여야 한다.
- 방송 언어는 원칙적으로 표준어를 사용하고 특히 고정 진행자는 표준어를 사용하여야 하며 사투리를 사용하는 인물의 고정 유형을 조성하여서는 아니 된다.

이로써 (방송)법적으로 지방 사투리를 쓰는 사람은 모든 방송 프로그램에서 고정 진행을 맡을 수 없게 된다. 『동아일보』의 「새 '방송심의규정' 오늘 시행: 사투리 강한 인사, 사회 못 맡아」(1992.7.1)란 기사의 제목은 그러한 사정을 압축해 보여준다.

---

2 사투리에 관한 한, 현재의 방송법에서는 제1장(총칙) 제6조(방송의 공정성과 공익성) ⑧항에 "방송은 **표준말의 보급에 이바지**하여야 하며 언어순화에 힘써야 한다."라고만 되어 있다.

하지만 실제로 이 법의 집행은 규정대로 엄격하게 이루어지지는 않았다. 이미 공권력이 문화의 영역을 강력히 통제하던 시대가 서서히 저물어가고 있었던 것이다.

표준어 교육 및 『표준어 지도 자료집』

초·중등 교사들에게 표준어 사용을 강제한 것은 제5공화국(1981~1988) 때부터 있어왔던 모양이다.

> 전두환 대통령은 29일 오후 대구직할시를 순시, 정채진 시장과 주무 국장들로부터 올해 업무계획을 보고받는 자리에서 어문 교육의 중요성을 강조하면서 '일선 교사들이 교육과정에서 표준어를 쓰도록 하라'고 당부했다. (『동아일보』 1982.3.30)

전두환(全斗煥, 1931~현재)은 경남 합천 출신으로, 대구공고를 졸업했다. 그러한 까닭에 그는 평소에 경상도 사투리를 구사했다. 그럼에도 대구의 업무계획 보고회 자리에서 일부 국장이 사투리를 사용하자 이를 지적하면서, 어문 교육에 있어서의 교사들의 역할을 강조하고 아울러 '일선 교사들의 표준어 사용'을 당부(?)한 것이다.

더구나 일부 지역의 교육청에서는 애초에 해당 교사를 채용할 때부터 사투리 사용 여부를 심사에 반영해 논란이 되기도 했다.

> 경기도교육청이 92년도 신규 교사 공개채용 계획을 발표하면서 경기도 출신자를 우대하기 위해 가산점을 주기로 결정 (…) 이에 대해 도교육청의 관계자는 "지역 출신 교사를 확보함으로써 애향심을 밑바탕

으로 한 교육을 실현하기 위한 것"이라며 "다른 지역 교사를 채용하면 연고지를 찾아가는 사례가 잦고 심한 사투리를 써 수업에 지장을 주기도 한다"고 해명했다.[3] (『한겨레』 1991.10.27)

이뿐만 아니라 교육과정에서도 '국어과'는 표준어 교육에 상당한 시간을 할애하였다. 아울러 해당 시간에 권장되는 구체적 수업 방식에서도 '방언'은 무시되고 표준어 위주의 수업을 진행하도록 되어 있었다. 그 단적인 예로 제5차 교육과정(1987.6~1992.5)의 경우를 보자.

우선, 당시의 문교부(교육부)에서 간행한 『국어과 교육과정 해설』(1987)에 근거하여 표준어 관련 교육 내용을 표로 정리해 보이면 다음과 같다.

표 1 제5차 교육과정의 표준어 관련 내용

구분	영역	교육 내용
국민학교[4]	3학년 언어	표준어와 방언을 비교해보고, 표준어의 필요성에 관하여 이야기한다.
중학교	1학년 말하기	표준말로 어법에 맞게 말한다.
고등학교	말하기 언어	표준어와 표준 발음으로 말한다. 표준어에 대하여 바르게 이해한다.

이에서 보듯 방언의 가치에 관한 언급은 전혀 없이 표준어에 대한 이해만 강조되어 있는 것이다. 특히 초등학교의 『교육과정 해설』(1987)에서는

---

3 이처럼 사투리가 교육에 방해된다는 인식은 요즘까지도 그리 드물게 나타나는 것은 아니다. 단적인 예로, 『조선일보』의 기사 「혁신도시 부모들 '급구, 서울말 쓰는 선생님'」(2015.3.20)에서는 혁신도시(공공기관의 이전에 따라 개발된 미래형 도시)로 이주한 부모들이 자식 교육을 위해 "서울말 쓰는 선생님"을 백방으로 구하려 애쓰는 세태를 취재·보도하였다.
4 1996년에 '국민학교'에서 '초등학교'로 명칭이 바뀌었다.

'표준어와 방언'(3학년 언어 영역)의 권장 수업 방식으로, 표준어의 필요성만 부각된 교육 내용 및 방식을 제시하였다.[5]

> 의사소통이 전혀 불가능할 정도로 표준어와 다른 방언을 들려주고 무슨 뜻의 말인지 말해보게 한다. 이 경우 교사는 방언을 칠판에 쓰고 어절 단위로 무슨 뜻인지 질문하여 그 반응을 칠판에 쓴다. 어린이들의 반응이 어느 정도 다양해지면 방언과 대응되는 표준어를 칠판에 쓴다. 마지막으로, 사는 지역이 서로 다른 사람이 한자리에 모여 이야기를 주고받을 때 표준어를 사용하지 않고 각기 자신의 지역 방언을 사용하면 어떻게 되겠는지 말해보게 한다. (260면)

이 진술은 방언보다 표준어를 우위에 놓고 교과를 운영하게 되어 있었음을 시사한다. 만일 해당 시간에 "표준어를 사용하지 않고 각기 자신의 지역 방언을 사용하면 어떻게 되겠는지" 말해보라고 했을 때, '재미있다'거나 '친근하다' 또는 '정이 넘친다' 등의 긍정적인 대답이 나왔다면 어떻게 했을지 무척 궁금하다.

어찌되었든 이와 같이 표준어 교육을 위해 방언을 들려주는 수업 방식에는 사투리 자료집의 존재가 필수적이다. 그러한 까닭에 문교부에서 『표준어 지도 자료집』(1988)을 펴내게 된다(사진 1 참조).

그 목차에서 보듯 14개 시도 교육청의 교육위원회에서 각기 자료를 모아 단권(총 157면)의 교사용 지침서로 출간한 것이다.

---

5 이를 단순히 현재의 교육과정, 즉 제7차 개정 교육과정(2007.2~현재) 초등학교 국어과(2009) '3·4학년군 문법 영역'의 내용 요소 "표준어와 방언의 가치를 알고 상황에 따라 효과적으로 사용한다."와 비교해보는 것만으로도 그 차이가 확연해진다.

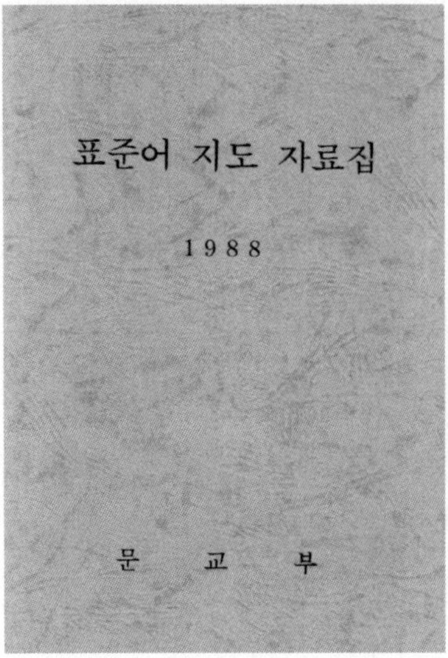

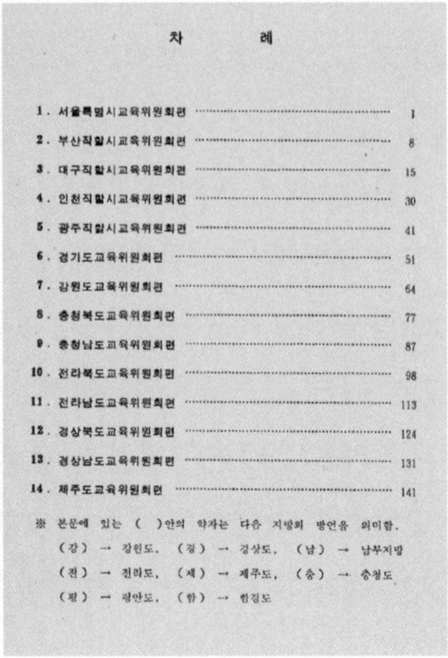
차 례

※ 본문에 있는 ( )안의 약자는 다음 지방의 방언을 의미함.
(강) → 강원도, (경) → 경상도, (남) → 남부지방
(전) → 전라도, (제) → 제주도, (충) → 충청도
(평) → 평안도, (함) → 함경도

사진 1 『**표준어 지도 자료집**』 **표지 및 목차**

교육을 담당하고 있는 모든 선생님들은 수업이나 학생과의 대화에서 **올바른** 우리말 사용에 솔선수범해야 함은 물론, 학생들의 말씨를 **바람직하게** 이끌어나가야 하는 책임을 지고 있다고 하겠습니다. 이 일을 돕기 위해 (…) 이번에는 교육 현장에서 학생, 교사, 학부모 들 간에 많이 사용되고 있는 각 지방의 사투리를 한데 모아서 이를 표준어로 **바로잡아** 『표준어 지도 자료집』을 제작·배포하게 되었습니다. (…) **곱고, 바르고, 품위 있는** 우리말을 쓰는 분위기가 크게 확산되어나가기를 간절히 바랍니다. (「발간사」)

"올바른 우리말"을 사용하고 학생들의 언어생활을 "바람직하게 이끌

사진 2 **학생들이 사용하는 사투리 및 표준말**(경기도 편)

어"갈 수 있도록 각 지역의 사투리를 표준어로 "바로잡아" 주는 자료집을 간행하게 되었다는 말이다. 이에서 사투리를 '밉고, 틀리고, 품위 없는' 말씨로 이해하는 당시의 교육자 및 교육 관리자들의 인식이 적나라하게 드러난다.

한편 이 책은 14개 시도의 초·중등 교사들(자료집 제일 뒷면에 명단 공개)이 각 지역 학생들이 많이 쓰는 사투리들을 수집한 뒤 이를 한데 모아 시도별로 정리·나열(가나다순)한 것이다. 이 자료집에는 '학생들이 사용하는 사투리'에다가 대응 '표준말'을 달아 표로 정리해 보기 쉽도록 하였다(사진 2 참조).

분량의 면에서 이 책은 표준어 대비 방언 차의 크기와 관계없이 각 시도별로 7면(서울, 부산, 경북)에서 15면(대구, 전북)에 이르기까지 면수가 달리 할애되어 있다('경기, 제주'는 13면). 아울러 각 지역의 일상어로 사용되는 사투리뿐 아니라, '서울, 인천, 경기'의 경우에는 해당 지역에서 쓰이는 타 지역의 방언을 포괄하고 있기도 하다.

이로 보아 이 자료집에 수록할 단어에 대한 선별 기준은 딱히 정해진 바가 없었을 것으로 여겨진다. 당시에 왜 그러한 단어들이 '틀리고 곱지 않은 말'로 선택되었는지 아무도 근거를 대어 설명하지는 못했으리라는 말이다. 나아가 수많은 일상어 사투리들을 박멸의 대상으로 삼음으로써 여기저기에서(특히 일선 교사들) 반발이 적지 않았으리라는 점은 충분히 예상되고도 남는 일이다.

10장
법정에 선 표준어

사투리 쓰는 사람은
교양 없는 사람?

국가 주도의 경제발전이 최우선의 과제로 여겨지던 1980년대는 70년대에 이어 강력한 중앙집권의 시기였다. 그러한 까닭에 언어 또한 이전 시기와 마찬가지로 국가의 통제에서 벗어날 수 없었다.

그리하여 이 시기에는 이전 시기보다 더 조직적으로 정부 주도의 표준어 정책이 수립되고 이에 따라 표준어 보급을 위한 교육이 더욱 강화되었다. 말하자면 한국의 80년대는 강력한 표준어 보급 정책이 시행되던, 이른바 표준어의 전성시대였던 셈이다. 이로 인해 사투리는 급속히 위축되고 각 지역의 전통적 사투리는 제한적으로 노인층에서 쓰는 말이 되었다.

하지만 이에 대한 반발도 적지 않았다. 1990년대 들어 표준어가 전국을 석권해가는 가운데 사투리의 소멸을 우려하는 사람들의 움직임이 곳곳에서 활발히 일어났다. 그리하여 여러 방면의 인사들이 표준어의 부정적 기능을 언급하는 가운데 사투리의 독자성과 평등성을 거론하며 표준어의 독주에 시시때때로 제동을 걸었다. 이로써 국가 주도의 표준어 정책, 나아가 어문정책이 비로소 본격적인 도전을 받기 시작한 것이다.

한국의 표준어 규정

한국의 어문규범은 언어생활에서 지켜야 하는 공식 규정으로, '한글 맞춤법, 표준어 규정, 외래어 표기법, 로마자 표기법'을 모두 아우른다. 이들 네 규정은 조선어학회가 관여하여 1930년대에 처음 정해졌으나 그 이후부터 지금까지 80여 년 동안 여러 차례의 개정이 이루어졌다. 현재의 한글 맞춤법과 표준어 규정은 1988년 1월에 개정되었으며 외래어 표기법은 그보다 2년 앞서 1986년 1월에 그리고 로마자 표기법은 그보다 10여 년 늦은 2000년 7월에 개정되었다.

이 중에 표준어 규정은 문교부[1] 주관 아래 1988년 1월에 개정안이 확정되어 1989년 3월 1일부터 전면적으로 시행되었다. 1970년 4월에 '한글 맞춤법 개정 및 표준어 연구를 위한 국어조사연구위원회'가 구성되고 일련의 작업을 통해 1979년 3월에 개정 시안이 만들어졌으니 이의 개정 발의에서 시안 작성 그리고 그것의 시행에 이르기까지 근 20년의 세월이 경과한 셈이다.

그 과정에서 1984년 5월, 어문규범의 개정 및 보급 나아가 어문정책 전반을 담당케 할 목적으로 학술원 산하에 '국어연구소'[2]가 설립되었다. 이 국어연구소를 중심으로 남은 표준어 개정 작업이 마무리된다.

그런데 현행 표준어 규정(1989년 3월 시행)에 따르면 표준어는 '교양 있는 사람들이 두루 쓰는 현대 서울말'이다. 이전에는 표준어를 '중류사회에서 쓰는 현대 서울말'로 정의하여 상류층 또는 하류층이 아니라 중류층의 말을 표준으로 삼았었다. 하지만 '중류사회'의 기준이 모호하다는 의

---

1 문교부는 오늘날 '교육부'와 '문화체육관광부'로 나누어졌다.
2 이는 1991년에 '국립국어연구원'으로 승격되었고 2004년에 이름을 바꿔 지금의 '국립국어원'이 되었다.

견을 받아들여 1988년의 개정에서는 '중류층 사람들'이 쓰는 말을 '교양 있는 사람들'이 쓰는 말로 바꾸었다.

이와 같이 표준어의 정의를 변경한 것은 사실 표준어가 '교양인'의 언어라는 점을 부각시키기 위해서였다. 공적 활동에서 정확하고 교양 있는 언어가 사용되어야 함을 강조하면서 일반인들에게 표준어의 교육과 사용을 강력히 유도할 목적이었던 것이다. 하지만 본래의 의도와는 다르게 표준어를 '교양인'과 결부지음으로써 한편으로는 다음과 같은 문제들이 제기되는 가운데 표준어의 권위가 도전을 받는 빌미를 제공하기도 했다.

표준어를 쓰지 않으면 교양 없는 사람인가요?

교양 있는 사람은 표준어를 쓰나요?

사투리는 교양 없는 사람들이 쓰는 말인가요?

서울 사람은 다 교양 있는 사람인가요?

사투리를 쓰면 교사가 될 수 없나요?

엄마한테 말하거나 친구들끼리 얘기할 때도 표준어를 써야 하나요?

표준어의 차별성, 획일성, 강제성 및 그에 따른 불합리성이 개인의 기본권을 침해한다는 인식이 사회 전면에 부상하기 시작했던 것이다. 이러한 추세가 사회적으로 점차 확산되면서 표준어는 결국 헌법재판소의 법정에 서게 되었다.

표준어에 대한 헌법 소원

2006년 5월, 사투리 연구 모임 '탯말두레'의 회원들이 현행 표준어 규정에 대해 헌법 소원을 제기했다. 표준어를 '교양 있는 사람들이 두루 쓰는 현대 서울말'로 정한 표준어 규정 그리고 그러한 표준어로 교과서 및 공문서를 작성하도록 한 국어기본법이 국민들의 평등권과 행복추구권[3] 및 교육권을 침해한다는 것이었다. 그리하여 2008년 11월 13일, 헌법재판소 대심판정에서 표준어 규정이 헌법에 위배되는지 여부에 대한 공개 변론이 열렸다.

이 자리에서 청구인 측은 표준어를 교양 있는 사람들이 사용하는 말로 규정함으로써 지역 사투리를 사용하는 사람을 교양 없는 사람으로 간주하는 등 "차별 대우"를 한다고 주장했다. 아울러 표준어를 서울말로 한정하여 서울말로만 공문서를 작성해야 하고 서울말로 편찬된 교과서로 교육을 받아야만 하는 등 지역어에 익숙한 사람들이 기본권을 침해받는다고 덧붙였다. 이에 대해 표준어 정책을 주관하는 문화체육관광부 측에서는 표준어는 국가 공동체 구성원의 의사소통을 위한 것이므로 사회 통합의 측면에서 표준어 규정 및 그에 대한 교육이 불가피하다고 변론했다.

그 이후 헌법 소원이 제기된 지 꼭 3년 만(2009년 5월)에 헌법재판소 재판부(9명)는 표준어 규정 및 이를 포함하는 국어기본법이 국민의 기본권을 침해하지 않는다며 청구인들이 낸 헌법 소원을 재판관 7대 2의 의견으로 기각했다. 공문서에 사용되는 말이 표준어로 통일되지 않으면 혼란을 가져올 수 있고 교과서를 각기 다른 방언으로 저술하면 표준어를 체계적으로 배울 기회를 상실하기 때문에 표준어 규정은 필요불가결한 규율이라는 것이다. 또 "서울의 역사성, 문화적 선도성, 사용 인구의 최다성" 등 다양한 요인을 종합적으로 고려할 때 표준어를 서울말로 정한 것은 합리적인 기준으로 인정된다고 판단했다.

---

3 행복추구권은 일반적으로 '인격 존중, 행동의 자유, 개성의 자유로운 발현, 인간답게 살 수 있는 환경' 등을 보장받을 수 있는 권리를 말한다.

이러한 결정에 대해 두 명의 재판관(김종대, 이동흡)이 소수 의견을 냈다. 서울 지역이라는 기준이 원활한 의사소통을 위해 적정한 범위라고 하기에는 지나치게 좁고 획일적이어서 국민의 문화적 통합에 오히려 장애를 초래하고 그 결과로 국어의 발달을 저해할 수 있다는 것이다. 나아가 지역 사투리를 표준어에서 배제하여 해당 지역민들에게 문화적 박탈감을 주는 것은 적절하지 않으며 표준어로 인해 서울 이외 지역 주민의 기본권이 제한을 받는 것 또한 불합리하다며 반대를 표시했다.

어찌되었든 표준어에 관한 위헌 시비는 헌법재판소의 합헌 결정으로 일단락되었다. 하지만 자세히 들여다보면 청구인들의 주장도 나름대로 합당한 근거에 기반을 두었다고 할 수 있다. 특히 표준어가 이미 전국을 거의 석권하고 있는 시대적 상황을 고려하여 표준어의 존재가 지금의 시점에서 불합리하다고 판단한 두 재판관의 소수 의견은 다시 한번 진지하게 되새겨볼 일이다.

또 하나 주목할 만한 것은 헌법재판소의 심판 과정에서 재판부가 표준어 규정의 적용 영역을 구체적으로 한정했다는 점이다. 즉 해당 규정의 "교양 있는 사람"을 단지 "교육을 받은 사람"으로 해석하고 이 규정이 강제하는 범위는 "최소한의 것"으로, 교과서와 공문서만을 "규율 대상"으로 한다고 하였다(그럼에도 표준어 규율이 "법적 효과"는 갖지 않는다고 명시함).

그러한 까닭에 교과서와 공문서를 제외한 출판물이나 영화·드라마 및 노래가사 등이 속한 "사적 언어"의 영역은 이 규정의 "아무런 제한을 받지 아니"하는 권역이 된다. 나아가 이 판례에 근거할 때 교과서와 공문서 이외의 영역에서 표준어 사용을 강제하는 간행물 심의 기준이나 방송·광고 심의 규정 등은 위헌적 요소를 포함하게 된다.

아울러 국가 및 지방자치단체(이하 '지자체')에 지역어의 보전과 발전을 위해 노력해야 할 의무를 명시한 법 조항이 없다는 재판부의 지적도 사회적 반향을 불러일으켰다. 그 이후 전국의 여러 지방의회에서 지역어 진흥 관련 조례들을 제정하기 시작한 것이다. 그리하여 「군산시 우리말 계승발전 지원 조례」(2008) 이래 지금까지 전국적으로 26개 조례가 제정되었다(2016년 8월 현재). 물론 이러한 법적 조치들은 사투리가 그동안 차별받지 않았다면 애초에 상정될 필요조차 없는 것들이었다.

'표준어에 관한 헌법 소원'과 관련하여 청구인과 재판부, 양측의 주장과 논거를 좀더 정확히 이해하기 위해 헌법재판소의 판례(사건번호: 2006헌마618)를 바탕으로 해당 사건의 개요를 자세히 요약하여 제시한다.

헌법 소원의 내용

1. 공문서나 교과서를 작성할 때 표준어 규정을 준수하도록 강요하는 것은 지역어에 익숙한 사람들로 하여금 의사 표현 수단에 제약을 받게 한다. 따라서 공문서를 작성하거나 교과서를 편찬 또는 검정할 때 이 규정을 지키도록 하여 표준어의 사용을 강제하는 것은 국민들의 행복추구권과 평등권 및 교육권 그리고 자녀를 교육시킬 언어를 선택할 권리를 침해하므로 위헌이다.

2. 이 규정은 표준어를 '교양 있는 사람들이 두루 쓰는 현대 서울말'로 정의함으로써 서울이 아닌 지역의 방언을 쓰고 있는 사람들을 차별 대우하며 아울러 교양 없는 사람으로 멸시하는 결과를 가져온다. 따라서 국가가 특정 방언을 표준어로 지정함으로써 다른 방언을 사용하는 사람들을 비표준적이며 교양 없는 사람으로 평가받게 하는 것은 평등권과 행복추구권 및 교육권을 침해하므로 위헌이다.

3. 국가 및 지자체는 지역어의 보전과 발전을 위해 일상생활에서 지

역 사투리를 우선적으로 자유롭게 사용하고 초·중등 교육과정에서 이를 습득하고 활용할 수 있도록 교육해야 함에도 불구하고 이를 이행하지 않고 있다. 따라서 국가 및 이러한 지자체가 지역어의 보전 방안 등 국어의 발전을 위한 계획을 수립·시행하지 않는 것은 지역 주민들의 행복추구권 및 교육권을 침해하므로 위헌이다.

재판부의 논의 사항

1. 표준어 규정을 강제하는 것이 공권력 행사에 해당하는지 여부.

2. 공공기관의 공문서를 작성하거나 초·중등 교과서를 편찬 또는 검정할 때 표준어 규정을 준수하게 하는 것이 청구인들의 행복추구권을 침해하는지 여부.

3. 초·중등 교육과정에다가 지역어 보전에 적합한 내용의 교과를 편성해 넣을 의무가 국가 및 지자체에 존재하는지 여부.

결정 사항

1. 다른 선진국에서는 국가가 교과서를 표준어로 제작하도록 법률로 강제하지 않고 학계와 문화계의 자발적인 노력과 권위 있는 민간 사전의 편찬 작업에 의해 이를 실현하고 있으며 국가가 이에 직접적으로 개입하는 경우는 없다. **우리나라의 표준어 규정은 비록 국가가 개입되어 있기는 하나 아무런 법적 효과를 갖지 않으므로** 이로 인한 기본권 침해의 가능성이나 위험성을 인정하기는 어렵다. 그리고 **표준어의 정의는 서울 지역어 가운데 교육을 받은 사람이 구사하는 언어라는 의미일 뿐,** 교양 있는 사람인지 여부에 관한 판단이 관련되어 있다고 보기는 어렵다.

2. 표준어 규정은 공문서에 사용되는 언어가 통일되지 않는 경우 의

사소통상 혼란을 가져올 수 있다는 점에서 필요불가결한 규율이다. 또 교과서를 편찬·검정할 때 표준어 규정을 준수하게 하는 것도 필요불가결하다. 만일 여러 지역에서 각기 다른 방언으로 교과서를 제작할 경우, 각 지역어를 사용하는 학생들은 표준어를 체계적으로 배울 기회를 상실하게 되고 그 결과 국가공동체 구성원의 원활한 의사소통에 적지 않은 영향을 미치게 된다.

아울러 서울의 역사성, 문화적 선도성, 사용 인구의 최다성 및 지리적 중앙성 등 다양한 요인에 비추어볼 때 서울말을 기준으로 표준어를 정한 것이 기본권을 침해하는 행위라 하기는 어렵다. 또한 서울말에도 다양한 형태가 존재하므로 교양 있는 사람들이 사용하는 말을 기준으로 삼는 것은 합리적이라 할 수 있다. 그러므로 공문서 및 교과서 작성에서 표준어 규정을 준수하게 하는 것은 행복추구권을 침해한다고 보기 어렵다

한편, 이러한 조항들은 공교육을 위한 교과용 도서 및 공문서만을 규율 대상으로 하고 있을 뿐 이와 무관한 사적 언어에 관하여는 아무런 규율을 하고 있지 않다. 그러므로 **일상생활의 대화뿐 아니라 교과서 및 공문서 등을 제외한 모든 형태의 문서 작성, 문학작품, 영화, 드라마, 노래가사 등에서 사용하는 언어는 아무런 제한을 받지 않는다.**

3. 국가 및 지자체가 초·중등 교육과정에 지역어 보전 등의 교과를 편성하지 않은 것에 대한 위헌법률심판 청구가 적법하려면 헌법 규범에 그러한 의무가 명시되어 있어야 한다. 하지만 우리의 헌법에는 국가 및 지자체에 청구인들이 주장하는 것과 같은 의무가 있다고 명시된 바가 없다.[4]

---

4 2005년 1월 27일, '국어기본법'이 발의·제정되었다. 이 법률에는 지역어의 보전이 "국가와 지방자치단체의 책무로 명시"되어 있다(김세중 2005, 9면).

소수 의견

'서울'이라는 기준으로 표준어의 범위를 정하고 교과서와 공문서에 표준어만을 쓰도록 강제하는 행위는, 다음과 같은 이유로 국민들의 언어생활에 관한 행복추구권을 침해하여 헌법에 위배된다.

첫째, 특정 지역어를 표준어로 정하면 그 지역 이외의 방언을 사용하는 사람들의 언어생활에 상당한 위축을 가져온다. 국어의 표준화와 교육의 질적·양적인 성장, 매스컴의 발달 등을 통해 **오늘날 전국적인 방언 차이는 국민의 의사소통에 별다른 어려움을 주지 않을 만큼 약화되었다. 이와 같은 현재의 언어 환경에 비추어볼 때 과거의 기준을 엄격하게 고수한다면 오히려 표준어 나아가 국어의 발달을 저해하게 된다.**

둘째, 서울 이외 지역의 방언도 해당 주민들의 역사적·문화적·정서적 창조물이며 우리 모두의 문화유산이다. 아울러 각 지역어는 해당 사용자들뿐 아니라 우리 민족 전체의 정서와 감정 표현에 가장 적합한 수단이다. 이러한 점을 감안할 때 이들 지역어 모두를 표준어에서 배제하여 해당 지역 주민에게 문화적 박탈감을 주는 것은 합리적 방법이라 할 수 없다.

셋째, 서울말은 국민 전체의 원활한 의사소통의 기준이 된다고 하기에 지나치게 좁고 획일적인 개념이다. 따라서 이 지역어가 서울 이외 지역민의 기본권을 제한할 합리적 기준이 될 수는 없다.

서양 여러 나라의 표준어

서양의 선진국에서는 표준어 사용을 법률로 강제하는 것 등과 같이 국가가 언어생활에 직접 개입하는 경우가 거의 없다. 표준어는 19세기의 이른바 제국주의 시대에 통일된 언어를 통해 자국민의 의사소통을 원활하게 하고 또 이를 피식민지인들에게 강요하는 차원에서 정립된 개념이다.

그러기에 20세기 중반 제2차 세계대전이 끝나면서 명목적으로는 이들 중 대부분의 국가에서 표준어 규범 자체를 폐기하였다. 오늘날에는 주로 근대화 및 산업화가 한창인 국가에서 의사소통 수단의 통일을 목적으로 표준어 정책을 시행하는 게 보통이다.

프랑스

프랑스는 언어 규범화에 국가가 적극적으로 관여해온 대표적인 나라에 속한다. 1789년의 프랑스혁명 이후 20세기 중반까지 '프랑스어 교육을 통한 프랑스어의 국어화'와 '사투리의 근절'을 목표로 언어 규범화 작업을 진행하였다. 그 과정에서 학교 등 공공장소의 벽에 '사투리 사용 금지' 팻말을 붙인다든지, 학교에서 사투리를 사용한 학생들에게 징벌 표로서의 '방언 패찰'을 목에 걸게 하거나 반성문을 쓰게 한다든지 하여 인권상의 문제를 야기하였다.

20세기 중반 이후에는 프랑스어의 수호와 확산을 위한 '프랑스어 사용에 관한 법'(1975) 및 이에다가 처벌 규정(벌금 및 손해배상 청구)을 명문화한 '투봉법'(1994)[5]을 제정하였다. 하지만 이들은 영어의 위협에서 프랑스어를 보호하기 위한 차원의 것이었으며 지역어의 억압을 목표로 한 것은 아니었다.

그러한 까닭에 일찍이 프랑스 정부는 데익손법(1951)을 제정하여 학교에서 지역어 교육을 허용하기 시작했으며 바이루 훈령(1995)을 통하여 지

---

5 '투봉(Toubon)'은 이 법의 제정을 주도한 장관의 이름이다.

역 방언에 프랑스 표준어와 대등한 지위를 부여하게 된다.[6] 그 이후 국가가 국민의 언어생활에 직접 개입할 수 있게 한 투봉법마저 사문화되었다.

독일

독일의 표준어는 하노버(독일 북부에 있는 니더작센주의 행정·문화·경제의 중심지) 및 그 주변 지역에서 사용되는 말이라 한다. 이는 명시적으로 규정되어 있는 사항은 아니며, 이 지역의 방언이 독일어 문어와 가장 유사하다는 데 근거한 것으로 보인다.

현재의 독일에는 표준어 규정뿐 아니라 독일어를 규범화하기 위해 따로 설립한 국가기관 또한 없다. 다만 '독일어 연구소(Institut für Deutsche Sprache)'나 '독일어 맞춤법 위원회(Rat für deutsche Rechtschreibung)' 등의 단체에서 독일어의 표준화를 위해 노력하고 있다. 2001년 기민당(CDU)[7]에서 영어의 위협에 맞서 자국어를 보호하고자 '독일어 보호법(Sprachschutzgesetz)'을 연방의회에 제출했으나 각 정당 및 이들 단체의 반대 등 여러 요인이 복합적으로 작용해 부결되었다.

영국과 미국

현대의 선진국 중에서 헌법에 공용어를 아예 명시하지 않은 나라는 영국과 미국뿐이다. 이 두 나라에는 언어정책을 전담하는 국가 공식 기관도 물론 없다. 언어 규범화는 권위가 인정된 문법서나 사전 등의 출판물을 바탕으로 이루어진다. 대체로 영국은 『옥스퍼드 영어사전(*The Oxford*

---

6 '데익손(Deixonne)'이나 '바이루(Bayrou)'는 당시의 프랑스 교육부장관의 이름이다.
7 1945년에 창당한 독일의 중도 우파 성향의 연방 정당으로, '기독교민주당'의 약칭이다. 헬무트 콜(Helmut Kohl, 재임 1982~1998), 앙겔라 메르켈(Angela D. Merkel, 재임 2005~현재) 등의 총리를 배출하였다.

English Dictionary)』 그리고 미국은『웹스터 사전(*Webster's Dictionary*)』
으로 기준을 삼는다.[8]

표준어에 관한 한 간혹 영국의 '용인 발음(Received Pronunciation)'
이나 미국의 '일반 미국 영어(General American)'처럼 단어 차원이 아니
라 발음 차원에서 언급되는 일이 있다. 하지만 이마저도 현재의 두 나라에
서는 그것의 존재나 연원에 대해 정확히 알지 못하는 일반 언어 화자들이
대부분이다.

일본의 표준어

1902년 문부성에 설치된 '국어조사위원회'에서 표준어가 본격적으로
언급된 이래 '도쿄(東京)'는 공식적으로 일본 표준어의 기준 지역이 되었
다. 20세기 초에 도쿄말을 중심으로 성립된 일본의 표준어는 제국주의 시
대의 자국민 및 피식민지인에 대한 교육 언어, 나아가 식민통치의 수단으
로 활용되었다.

그리하여 일본 정부는 사투리(또는 피식민지의 언어)를 추방하고 표준
어(또는 일본어)를 보급하기 위해 여러 지역에 '방언 패찰' 제도를 도입하
는 등 강압적인 표준어 정책을 전면적으로 시행하였다. 하지만 패전
(1945) 후 일본에서는 제국주의나 국가주의(또는 전체주의)에 대한 거부
감 그리고 표준어에 의해 차별받은 지역 방언의 존재 등으로 인해 표준어
와 관련된 많은 정책들이 폐기되었으며 표준어를 새로 규정하려는 시도
도 더이상 이루어지지 않았다.

---

8 『옥스퍼드 영어사전』(초판)은 1884년에 제1권이 간행된 후 1928년에 완간되었다. 1933년에는
보급판으로 총 13권짜리의 사전을 간행하였다. 『웹스터 사전』은 웹스터(Noah Webster,
1758~1843)가 1828년에 초판(2권)을 발행한 후 여러 차례의 개정을 거쳐 현재는 총 3권의 영
어 사전이 되었다.

다만, 오키나와(沖繩) 지역에서만은 그 이후로도 꽤 오랫동안 지역 사투리를 없애고 표준어를 보급하려는 움직임이 계속되었다. 오키나와는 1879년에 일본제국에 병합되었는데 병합 후 일본 정부는 이 지역에서 원주민의 언어와 문화를 일본에 귀속시키고자 강압적인 동화정책을 지속적으로 펼쳤다.

'방언 패찰'은 그중 원주민들의 언어, 즉 '류큐어(琉球語)'를 말소하기 위한 수단의 하나로 사용되었다. 그리하여 오키나와 지역의 학교에서는 학생이 류큐어를 사용하면 벌칙으로 목에 방언 패찰을 걸게 했다. 이러한 행위를 비인간적이라 여기면서도 자녀가 완전한 일본 국민이 되기를 바라는 일부 부모들의 묵인 속에 방언 패찰은 1960년대까지 계속 허용되었다.

하지만 인권의 차원에서 이러한 방언 패찰의 존재가 일본 전역에 알려지면서 엄청난 파문이 일었고, 지방자치의 차원에서 지방문화 말살에 대한 반성의 목소리 또한 매우 팽배해졌다. 이러한 사회 분위기의 형성으로 비로소 수십 년간 지속되어온 표준어 보급 운동과 방언 박멸 운동은 완전히 폐기되었다. 현재는 국립국어연구소(1949년 12월에 설립)의 주관 아래, 이미 성립되어 있던 도쿄말 중심의 공통어 보급에 진력하고 있다.

제국주의 시대의 '방언 패찰'

19·20세기의 제국주의 시대에 표준어 보급과 사투리 근절을 위한 교육 방안의 하나로 '방언 패찰' 제도가 시행되었다. 이와 같은 방언 패찰은 나무 또는 쇠로 만든 패찰에 '사투리 사용 금지' 또는 '나는 사투리를 말했어요' 등의 문구를 써넣고 사투리 쓴 학생들로 하여금 줄드린 패찰을 목에 걸게 하여 징벌 표로 활용되었다. 결과적으로 이는 한 국가의 언어를 표준어로 통일하는 데 크게 기여하였다.

사진 1 일본의 '방언 팻말'
(『아사히신문』 2009.11.29)

이러한 방언 패찰은 'Vergonha'('모욕'을 나타내는 프랑스 사투리)라 불리면서 프랑스에서 가장 먼저 만들어졌는데 20세기 중반에 이를 때까지 영국, 스페인, 일본 등 여러 제국주의 국가로 확산되었다. 영국의 'Welsh Not(e)'(웨일스 표찰), 스페인의 'Cataluña Symbole'(카탈루냐 표찰), 일본의 '沖繩 方言札'(오키나와 방언 팻말) 등이 그 대표적인 예다.

일본의 '방언 팻말(方言札, 호겐 후다)'은 두 개의 나무 팻말에 줄을 드려 목에 걸 수 있도록 했는데 한쪽에는 '方言札(방언찰＝방언 팻말)', 다른 한쪽에는 'この札をなくした者は重いバツをあたえる(이 팻말을 없애는 사람에게는 무거운 **벌**을 준다)'라는 글귀를 써놓았다(사진 1 참조). 패전 때(1945년 8월)까지는 오키나와 이외에 수도 도쿄에서 멀리 떨어진 도후쿠(東北), 규슈(九州) 지방 등지에서도 이 방언 팻말이 사용되었다.

이와 같은 방언 패찰들은 제2차 세계대전이 끝난 뒤 여러 나라에서 인권 및 지방문화 차별의 문제를 불러일으켰다. 그리하여 이들 각국에서 제국주의의 소멸과 함께 지방자치제가 강화되는 가운데 대부분의 나라에서 방언 패찰 제도는 자취를 감추게 되며 표준어 개념 또한 상당수 국가에서 유보되기에 이른다. 이처럼 제국주의 국가에서 표준어 보급을 위해 도입한 방언 패찰이 오히려 그 바탕이 되는 표준어 규범을 폐기하는 데 크게 기여했다는 점은 매우 아이러니한 일이 아닐 수 없다.

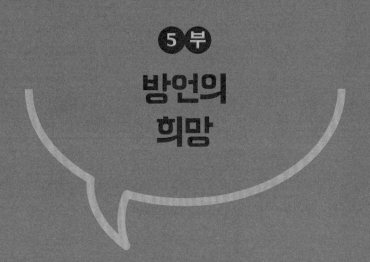

5부

방언의
희망

1961년 5·16군사혁명위원회에 의해 지방의회가 해산된 지 꼭 30년 만에 이 땅에서 지방자치제가 다시 시행되었다. 1991년 6월, 지방의회 구성을 시작으로 행정구역 재편 및 각종 자치단체장 선거(1995) 등을 실시하면서 지역성을 기반으로 한 지방자치제가 그 체제를 점차 공고히 하게 되었다. 훗날 일부 지역의 지방자치단체가 사투리 관련 정책을 활발히 펼칠 수 있게 된 것도 이와 같은 지방자치제의 정착에 힘입은 바 크다.

게다가 1995년에는 지역 민영방송이 시작되었다. SBS로 대표되는 '지역 민방'은 국내 일부 지역에서만 시청이 가능한 방송으로, KBS나 MBC 그리고 EBS의 '전국 방송'과 대비된다. 이러한 지역 민방은 1995년 케이블TV의 출범과 함께 1차로 광주·대구·대전·부산, 이어서 울산·인천·전주·청주(1997)와 강원(2001) 및 제주(2002) 지역에서 개국하였다.

이들 지역 민방이나 KBS·MBC의 지역국들은 지역 방송으로서의 특성을 살린다는 취지에서 일정 비율 이상의 자체 프로그램을 제작·방영하도록 되어 있었다. 그리하여 일부의 지역 방송들은 어려운 여건 속에서도 해당 지자체와 보조를 같이하면서 사투리를 활용하여 지역성을 부각하는 프로그램을 상당수 제작했다.

비로소 방송에서 '지방'이 고려되고 사투리를 사용하는 일에 대하여 좀 더 관용적이면서 자유로운 환경이 조성되기 시작했다. 이처럼 지방을 대우하는 추세는 방송의 영역에서 영화나 출판 등에 이르기까지 우리 사회의 문화계 전반으로 점차 퍼져나갔다.

한편 2000년대에 들어서면서 인터넷의 활성화와 위성방송의 개국 그리고 휴대전화의 상용화 및 유튜브(YouTube)와 같은 동영상 사이트의 개설 등 소통 환경상의 엄청난 변화가 일어났다. 또한 개인용 컴퓨터의 일반화와 디지털 TV방송의 개시 및 스마트폰의 전격적 보급 등으로 사회의 모든 정

사진 1 **'부추'의 방언** (온라인 '우리말샘')

　2016년 10월, 국립국어원에서는 개방형 사전(국민 참여형 국어사전) '우리말샘'을 온라인으로 개통하였다(2017년 현재 시범 운영 중). 이 사전에는 방언 어휘 9만 개, 전문용어 35만 개를 포함하여 100만여 단어가 수록되어 있는데 국민 누구나 참여해 각 단어의 뜻풀이, 발음, 용례 및 방언 등에 관한 정보를 수정할 수 있게 하였다.

　특히 '방언(지역어)'에 관한 한, '우리말샘'에서는 표준어(가령 '부추')를 검색하면 해당 단어의 '내용 보기'에서 '관련 지역어'의 목록 및 사용 지역(도별)을 함께 볼 수 있다(사진 1 참조). 아울러 이들 정보에 대해 이견이 있을 때는 상단 왼쪽의 '집필 참여하기'란을 활용, 자신의 의견을 적어 최종 편집·수정 작업에 참여할 수도 있다. 이로써 어느 한 지역·계층에 속한 개인의 사투리도 문화적·학술적 가치를 지니고 있다면 '국어사전' 속에서 표준어와 상당히 대등한 지위를 인정받을 수 있게 된 것이다.

보가 디지털화함으로써 온라인을 통한 전면적 소통의 기반이 마련되었다.

그리하여 국가 및 지역 경계가 허물어진 대신 개인 간의 경계가 공고해졌다. 이와 같이 SNS, 즉 온라인을 매개로 한 개인과 개인 사이의 소통 체계가 확고해지면서 한국사회에 '개인'(또는 '개성')을 중시하는 풍토가 급속히 확산되었다. 다소 늦은 감은 없지 않으나 마침내 사투리가 '전체'와 '통일'의 압박에서 벗어날 수 있는 여건이 갖추어지기 시작한 것이다.

11장

TV 속의 방언

괜찮아유

정부는 방송에서의 표준어 사용을 강조할 목적으로 1992년에 방송심의규정을 개정하였다. 이때에 방언 화자의 TV 고정 출연을 금지하는 조항이 새로 추가되었는데 이는 TV 프로그램 속에 쓰이는 사투리를 규제하는 강력한 장치가 될 여지가 충분했다. 그런데 이와 같은 심의규정의 전면 개정에도 불구하고 사투리 사용자의 TV 출연을 원천적으로 봉쇄할 수는 없었던 모양이다.

지난 1일부터 시행된 새 방송심의규정이 사실상 지켜지지 않고 있어 실효성에 의문이 제기되고 있다. (⋯) 제63조에 언급된 사투리 진행자의 규제 조항은 규제의 범위가 분명치 않아 방송 현업인들을 혼란에 빠뜨리고 있다. (「새 방송심의규정 '유명무실'」,『경향신문』1992.7.15)

하지만 재미를 추구하는 TV방송에서 웃음의 소재가 되면서 정감을 주는 사투리를 사용하지 못하게 하는 것은 애초에 불가능한 일이었다. 또 그러한 사투리를 사용하는 유명인을 진행자 또는 고정 출연자에서 완전히 배제하는 것도 쉬운 일이 아니었다. 의외로 이 시기의 사투리는 한쪽에선

전국을 휩쓰는 충청 경상 사투리

「괜찮아유」「밤이면…」인기절정

억센감 있지만 감칠맛돋워 유행어로

사진 2 **TV 속의 사투리** (『동아일보』1991.8.23)

끊임없이 지탄을 받으면서도 그 나름대로 TV방송의 윤활유로서 독자적인 영역을 구축하고 있었다(사진 2 참조).

사투리 쓰는 연예인

1980년대 후반의 인기 드라마 「한 지붕 세 가족」(1986~1994). 이 드라마에서 세탁소를 운영하는 만수 아버지 장씨(일명 '장 세탁') 역을 맡은 탤런트 최주봉. 그는 고향 충청도의 사투리를 활용해 특유의 말투를 만들어냈는데 이것이 시청자들의 마음을 사로잡았다. 고정 배역의 사투리가 드라마의 흥행에 긍정적인 영향을 미치게 된 것이다. 그의 말투는 너무나 인상적이어서 20여 년이 지난 지금까지도 성대모사에 자주 등장하는 인물 중하나로 회자된다.

하지만 당시에 방송에서의 사투리는 근본적으로 규제의 대상이었다. 정규 방송에서 사용되는 사투리는 심의의 칼날에서 결코 자유로울 수 없었다. 그럼에도 코미디 프로그램만은 여기에서 예외였다. 웃음을 주기 위해 코미디언(또는 개그맨)들은 어느 정도 자유롭게 방송에서 사투리를 사용하곤 했던 것이다.

이와 관련하여 한 가지 흥미로운 사실은 코미디언이나 개그맨, 즉 희극 배우의 3분의 1 이상이 충청도 출신이라는 점이다. 유머의 소재로 사투리를 직접 활용하는 김학래·최양락·이영자·김준호·안상태·장동민 등을 포함하여, 근래의 유수한 코미디언 중 상당수가 고향이 충청도란다.

게다가 요즈음의 각종 방송 프로그램에서 요리 솜씨와 함께 화려한 말솜씨를 뽐내는 백종원도 충남이 고향이다. 가히 '유머러스한' 충청도라 할 만하다. 물론 이 계통에서 충청도 사투리로 능청스러우면서도 구수한 입담을 쭉 과시해온 배우 윤문식을 빼놓을 순 없다.

이처럼 충청도 사람들이 유머를 잘 구사하고 더 나아가 상당히 많은 수의 충청도 출신이 코미디언으로 활약하고 있는 것은 아마도 그들이 주로 사용하는 충청도식의 우회적 화법과 관련되었을 성싶다. 정중하게 격식을 차리되 자신의 뜻을 직접 드러내기보다 느릿느릿 상대의 눈치를 보며 에둘러 은유적으로 자신을 표현하는 충청도 사람들의 화법. 웃음은 직설적일 때보다 이와 같이 우회적일 때 더 쉽게 발현되는 법이다. 그러니 재미있을 수밖에. 거기에다가 그들의 느린 말투(성격은 오히려 급한 듯!)도 웃음 제조에 한몫했다.

이러한 충청도식 화법을 집약해서 보여준 코미디가 1980년대를 대표하는 코미디 프로그램 「유머 1번지」(1983~1992)의 '괜찮아유' 코너다. 여기에서 충청도 시골 마을의 가장 역할을 이 지역 출신의 두 배우(김학래, 최양락)가 사투리를 활용해 잘 소화해냈다.

이 코너에서는 무언가 원하는 것이 있어도 남에게 달라 하지 못하고 남이 준다 해도 선뜻 받겠다고 말하지 못하는 상황, 정신적·금전적 피해를 보았으면서도 싫다거나 하지 말라고 못 하는 상황, 그런 상황에서 쓰는 충청도식 표현 '냅둬유우, 됐유, 괜찮아유우' 등이 시청자들의 웃음을 자아냈다. 예를 들어, 자기 집 그릇이 상대방의 실수(?)로 떨어져 깨지는 상황에서 주인공은 속이 아프면서도 "괜찮아유우. 깨지니깨 그릇이지, 튀어오르면 공이지유." 하고 대답한다. 물론 진짜 괜찮다면 억양이 이와는 약간 달라진다.

한편 충청도 이외의 지역 사투리 중에는 경상도 말이 코미디 프로에 자주 등장했다. 「개그 콘서트」(1999~현재)의 '생활 사투리'나 '서울 메이트'는 경상도 사투리를 웃음 코드로 직접 활용한 코너다. 여기에서는 경상도 말을 서울말(또는 다른 지역 말)과 대조시키면서 잘 고쳐지지 않고 직설적인 경상도 방언의 특성을 유머에 접목했다.

경상도 말은 '성조(聲調, 소리의 높낮이)'라 불리는 강한 억양을 가지고 있어, 특히 발음의 면에서는 고치려 해도 쉽게 고쳐지지 않는 방언에 속한다. 또 '어'와 '으'를(특정 지역에서는 'ㅅ'과 'ㅆ'도) 구별하지 못하는 등 다른 방언에 비해 음소의 수도 적어 표준어를 배우는 데 상대적으로 어려움이 크다.

그러한 까닭에 경상도 화자는 자신의 말을 완전히 고치기도 쉽지 않지만 설사 표준어 문장을 익혀 그것을 어느 정도 구사하게 되었다 해도 대부분 그 바탕에 '억양'이라는 경상도 말의 흔적을 남기게 되는 것이다. 그리하여 경상도 출신의 연예인들은 자신의 방언 특징을 쉽게 교정하지 못한다는 점 때문에 1980년대 말까지 방송 출연에서 불이익을 받았다.

그런데 1990년대에 들어 한국의 대중문화가 사투리에 관대해지면서 상황이 바뀌었다. 씩씩하고 직설적인 화법을 구사하는 이경규·강호동·김제동 같은 경상도 출신의 연예인들이 오히려 진행자 또는 고정 출연자로서 인기를 끌기 시작한 것이다.

　　"사투리 교정 포기하자, 오히려 인기" ── 데뷔 10년 만에 「일요일 일요일 밤에」(일명 '일밤')에서 햇빛 이경규[1] (『동아일보』 1991.7.26)

있는 그대로를 바로 말하는 경상도식의 직설적인 말투, 그것이 대중들에게 '속 시원하게' 받아들여졌다. 이와 같은 경상도식 화법이 에둘러 우회적으로 말하는 충청도식 화법과 완전히 대척적이라는 점도 흥미롭다. 이를테면 정반대 속성의 두 화법이 한국의 코미디계를 장악한 셈이다.

사투리 드라마

　　TV 드라마 속에 이따금 등장하던 사투리 배역이 2010년대에 들어서면서 양적·질적으로 급격한 신장세를 보였다. 이 시기에 제작된 드라마를 개관하면 사투리가 단순한 감초 역할에서 주역으로까지 승격했다 할 만하다. 사투리가 드라마의 성공에 미치는 영향력이 이전 시기보다 훨씬 더 커진 것이다.

　　2010년 이후의 드라마 중에 사투리 구사가 어색했다거나 또는 너무 잘해서 시청자들 사이에 화제가 되었던 연기자들과 이들이 출연한 드라마의 목록을 함께 나열하면 다음과 같다. 지상파(공중파) TV 드라마만

1　기사의 제목대로 사투리 교정을 '포기'해서 인기를 얻게 된 것이 아니라, 사회의 변화로 사투리가 인기몰이에 장애가 되지 않는 세상이 열린 것이다. 사투리를 교정하지 않아도 방송 출연에 제약을 받지 않는 시대가 도래했다는 말이다.

을 대상으로, 비교하기 쉽도록 방언권별로 구분해 제시한다. 이를 통해 볼 때 전국이 고루 분포한 가운데 경상도가 좀 많고 강원도가 극히 드물다는 사실이 눈에 띈다.

경상도 방언	MBC	「골든타임」(2012): 송선미, 이성민
	KBS	「해운대 연인들」(2012): 조여정
		「참 좋은 시절」(2014): 김희선, 옥택연
		「란제리 소녀 시대」(2017): 보나
	SBS	「추적자」(2012): 박근형
		「리멤버」(2015~2016): 박성웅
전라도 방언	SBS	「추적자」(2012): 조재윤
	MBC	「왔다 장보리」(2014): 오연서, 황영희, 김지영(아역)
		「엄마」(2015): 도희
	KBS	「임진왜란 1592」(2016): 이철민
제주 방언	SBS	「인생은 아름다워」(2010): 김용림
	MBC	「맨도롱 또똣」(2015): 김희정
충청도 방언	SBS	「샐러리맨 초한지」(2012): 이범수
	MBC	「달콤 살벌 패밀리」(2015~2016): 정웅인, 정준호
강원도 방언	MBC	「쇼핑왕 루이」(2016): 남지현
북한 방언	MBC	「반짝반짝 빛나는」(2011): 김지영
		「불어라 미풍아」(2016~2017): 임수향, 임지연, 이영은(아역)
	KBS	「정도전」(2014): 선동혁, 유동근
연변 방언	SBS	「애인 있어요」(2015~2016): 김현주, 김하유(아역)

이처럼 많은 드라마에 사투리가 등장하게 된 것은 무엇보다도 우리 사회의 대중들이 지역 사투리에 상당히 너그러워진 덕이었다. 또 이는 각 지역 사투리가 비로소 '연기어'로 자리 잡아가기 시작했음을 의미하기도 했다.

그럼에도 아직 드라마나 영화에서 어색한 사투리 연기를 자주 보게 되는 것은 그러한 연기어가 확고히 정립되어 있지 않다는 사실을 시사한다. 이제는 사투리 드라마 또는 영화를 완벽하게 만들어내기 위해 모든 지역에 대해 사투리 연기어의 정립 그리고 그것을 위해 사투리 연기를 전담 지도하는 전문 사투리 코치가 필요한 시점이 됐다.

일반적으로 말해 연기어는 여러 가지 면에서 일상 언어와 똑같진 않다.[2] 특히 연기어가 사투리일 경우에는 의사 전달이 가능한 정도의 사투리 대사를 구사하면서도 화법이나 억양 등의 면에서 드러나는 지역적 차이를 시청자들이 그럴듯하게 받아들이도록 해주어야 한다. 이는 배우가 단지 그 지역 출신이라고 그리 쉽게 할 수 있는 일은 아니다. 그 대사 및 발성법이 일상어와 다를 뿐 아니라 자신에게 익숙한 연기어도 아니기 때문이다.

이와 같은 사투리 연기어는 주로 해당 지역에 정통한 작가에 의해 만들어진다. 그리고 이를 실제 구현하는 데는 상황에 꼭 들어맞게 말투와 어조(intonation)를 증폭·조절하는 배우들의 연기가 필요하다.

결국 해당 사투리에 익숙한 작가와 배우의 협업 속에서 한 편의 사투리

---

2 무대에서 사용되는 연기어(演技語)는 다음 두 가지 성격을 갖는다. (1) 문어적 구어: 작가가 쓴 응축된 대사를 배우가 음성화한 비일상적 언어. 그러기에 연기어에서는 담화 표지('어/에, 그, 저' 또는 '뭐야, 그냥/그저/그만' 등 대화 도중에 넣는 표현)나 발화 실수 등 일상 구어에 흔히 나타나는 표현이 거의 출현하지 않는다. (2) 전략적 언어: 관객 및 연기 상황을 고려한 비일상적 언어. 그러기에 연기어에서는 혼잣말을 관객이 들을 수 있도록 크게 낸다거나, 적당한 발화 속도를 거의 항상 유지하면서 대화의 목적이나 사회적 통념에 맞추어 다소 작위적인 표현을 자주 사용하게 된다.

드라마나 영화 또 그에 소용되는 연기어가 탄생하는 것이다. 그러기에 숙련된 사투리 작가와 연기자를 많이 배출한 지역의 사투리가 연기어로 더자주 활용됨은 너무나 당연한 일이다.

한편 어느 사투리든 한 가지 느낌의 말투만 가지는 것은 아니다. 가령경상도 말은 보통 씩씩하고 강하지만 대화의 상황 또는 상대에 따라 부드럽고 상냥한 말투로 실현되기도 한다. MBC 드라마 「골든타임」(2012)에서탤런트 송선미는 바로 경상도의 그런 공손한 말투를 연기어로 선보였다.

그럼에도 경상도 말은 억세다는 사회적 통념으로 인해 그녀의 여리고나긋나긋한 부산 사투리가 한때 서울말을 흉내낸 '짝퉁' 사투리로 몰리기도 했다. 부산 출신 시청자들의 적극적인 변호가 있기 전까지 이에 대한논란은 꽤 오래 지속되었다.

사투리 드라마의 지존 「응답하라 1994」

케이블TV 방송의 tvN에서는 복고 열풍을 드라마에 접목해 「응답하라1997」(일명 '응칠')을 2012년에 제작·방영하였다. 드라마가 부산을 배경으로 한 까닭에 주인공 '시원(정은지)' 등이 연기어로 부산 사투리를 사용했는데 그것이 드라마의 인기에 한몫했다. 그리하여 2013년에는 같은 방송사(정식 명칭은 '방송채널사용사업자')에서 시대와 배경을 약간 달리하면서사투리를 훨씬 더 강화한 「응답하라 1994」(일명 '응사')를 제작했다.

「응사」(부제: 촌놈들의 전성시대)는 지방에서 올라온 1994년의 대학 새내기들과 하숙집 딸 '나정(고아라)'의 성장기를 그린 드라마다. 무대는 그들이함께 모여 살던 서울 신촌의 한 하숙집. 이 드라마는 94학번 동갑내기 주인공들 사이의 '연애'를 중심으로, 타지에서 겪는 대학 생활의 고충과 애환 그리고 서울 생활에 적응해가는 과정에서 발생한 사건 등을 일화(에피소드)

로 하여 총 21부작이 방영되었다. 특히 이 드라마의 주요 배역들이 구사한 사투리는 다음과 같이 여러 면에서 대중들의 관심을 크게 불러일으켰다.

첫째, 한두 인물만 사투리를 쓰던 이전의 드라마와 달리 이 드라마에서는 모든 배역이 지역 사투리를 구사하는 인물로 설정되었다. 이를 방언권별로 구분해 제시하면 다음과 같다. 이해의 편의를 위해 해당 연기자의 본이름을 괄호 속에 함께 적어둔다(배역명과 드라마상의 별명을 병기할 때에는 기호 '='로 구분).

경상도　이일화(이일화), 김재준=쓰레기(정우), 성나정(고아라), 삼천포(김성균)

전라도　성동일(성동일), 조윤진(도희), 해태(손호준)

충청도　김동준=빙그레(바로)

서울　　김선준=칠봉이(유연석)

경기도는 '서울'로 대표시켰고 강원도와 제주도는 인구 비례, 즉 적은 인구수를 고려하여 제외되었다고 생각하자. 어찌되었든 배역 모두에게 사투리를 쓰게 하니 서울말(또는 표준어)도 하나의 방언이라는 점이 좀 더 분명해졌다. 이때의 사투리는 지역과 지역을 구분하는 표지(標識), 나아가 자신의 지역적 정체성을 드러내는 표지가 된다.

둘째, 과거에 비해 전라도 사투리의 위상이 한결 높아졌다. 이전의 드라마에서는 대개 사회적으로 낮은 계층의 인물이 전라도 사투리를 썼다. 그리고 지역 사이에도 위계를 두어 경상도와 전라도의 경우 경상도 인물이 언제나 상위자거나 적어도 동급이었다.

그렇지만 이 드라마에서는 이러한 위계를 역전시켜 오히려 웃음을 유발하는 장치로 활용하기도 했다. 다음 대화(제6화)에서 보듯 이 드라마에서는 전라도 '조윤진'이 담화상으로는 경상도 '삼천포'보다 상위자로 설정되었다(후에 둘이 결혼하니, '아내'를 '남편'보다 상위자로 설정한 것일 수도 있겠다). 이해하기 쉽도록 원 대사를 약간 줄여 제시한다.

(밥 대신 빵을 먹는 문제로 다툰 조윤진과 삼천포)

빙그레: 아, 그냥 시간 없으니께 빵 먹자 그라는디?

삼천포: 내는, 빵은 한 끼 식사로 안 친다고 전해라.

조윤진: 지랄 육갑을 떨고 있다고 전해야.

삼천포: 말 좋게 해라, 좋게 해.

조윤진: 염병하네. 니 행동이나 똑바로 해. 니는 먼 놈의 까탈이 그라고 심하냐? 어이, 좀 생긴 대로 놀아야.

삼천포: 생긴 게, 뭐, 어때서? 이 가시나.

빙그레: 그만 좀 혀. 니들 혹시 좋아서 이러는 거 아니여?

조윤진: 미친 새끼.

(시무룩해진 삼천포, 이때 등장한 나정)

성나정: 삼천포 쟤는 또 왜 저라는데?

조윤진: 까불어싼깨 처맞았지.

빙그레: 아 쫌. 야, 빵 먹어. 배고프담서.

삼천포: 됐다.

(…)

삼천포: (윤진이는) 말로는 못 이긴다.

셋째, 주인공들이 사용한 사투리를 통해 지역에 따른 방언 차가 언급되고 그로부터 연기자들의 원 고향에 대한 논란이 불거졌다. 이러한 논란 특히 경남과 경북 말씨에 대한 논란은 '응사'의 후속작 「응답하라 1988」 (2015~2016)에까지 계속 이어졌다.

경상도는 경남과 경북의 말이 다르며, 같은 경남이라도 낙동강의 동쪽 (부산, 울산 등)과 서쪽(삼천포,[3] 진주 등)의 말이 다르다. 이는 전라도의 경우도 마찬가지다. 전남과 전북 그리고 전남에서도 동부(순천, 여수 등)와 서부 (광주, 목포 등)의 말이 다르다.

이러한 차이를 해당 지역 사람들은 금방 알아챈다(경상도든, 전라도든 '북도'보다 '남도'가 말이 더 빠르다). 그러기에 시청자들 사이에 이 드라마의 배역과 그 말씨 속에 드러나는 방언 차이에 관한 질의응답(Q&A)이 SNS 곳곳에서 이루어졌다.

또 같은 사람이라도 태어난 곳과 자란 곳, 그리고 어려서 산 곳과 커서 산 곳이 크게 다르면 그에 따라 말씨도 달라지게 마련이다.[4] 일반적으로 언어학계에서는 만 13세(대개는 중학생) 정도까지는 언어(또는 방언)를 외국어(또는 타 방언)가 아니라 모어로 습득하는 것으로 본다.

사투리로 한정하면 대체로 고등학교에 들어가기 전에 배운 말이 자신의 고유한 방언이 된다는 뜻이다(커서 배운 사투리는 대개 완벽히 구사하진 못한다). 그런 까닭에 시청자들은 역시 SNS를 통해 각 연기자들의 출생지와 성장지 및 출신 초·중·고교 등을 추적하여 그들이 쓰는 사투리의 연원을 밝히고자 했다. 사회 전체적으로 드라마 속의 사투리가 실제 방언

---

3 삼천포시는 1995년의 행정구역 개편으로 경남 사천군과 통합하여 지금은 사천시가 되었다.
4 성장지뿐 아니라 부모도 이에 영향을 미친다. 일반적으로 방언은 할아버지·할머니의 말에서도 영향을 받는다고 한다. 따라서 한 사람의 말에는 조부모 및 외조부모의 고향 언어가 녹아있는 셈이다. 조부모와 외조부모 및 부모 모두 출신지(성장지)가 다르다면 최대 6개 지역어가 자신의 말에 영향을 미친 것이 된다.

에 대한 폭넓은 관심을 유발하게 된 셈이다.

사투리 토크쇼 「늘 푸른 인생」

한국의 TV방송에서 연기어가 아니라 일상어로서의 사투리를 들을 수 있는 프로그램은 그리 많지 않다. 그것도 대부분 각종 뉴스·보도·교양 프로그램에 등장하는 짤막한 인터뷰 정도에 불과하다.

이러한 점에서 매주 한 시간씩 거의 일상적으로 사용되는 한 지역 사투리를 생생하게 들려준 MBC의 「늘 푸른 인생」(2003~2016)은 그 자체로 매우 의의 있는 TV 프로그램이었다고 할 수 있다. 하지만 아쉽게도 이 프로그램은 2016년 4월 3일(일)에 방영된 656회(충북 단양군 직티리 편)를 마지막으로 방송이 종료되었다.

「늘 푸른 인생」은 매주 한 지역, 시골 마을을 정해 그 마을 소식을 전하고 65세 이상 된 어르신들의 일상 및 과거를 대담으로 풀어나가는 이른바 '고향 사투리 토크쇼'다. 이 프로그램의 출연자들은 자기 마을에 대한 소개와 자녀들에게 보내는 영상 편지 그리고 한평생을 함께한 부부 사이의 애증이 서린 과거사 및 자신들의 파란만장한 인생사를 다소 어색한 표준어에다 사투리를 섞어가며 이야기한다.

이 프로그램에 출연한 마을 어르신들은 'TV방송'이라는 매우 위축될 수 있는 상황 속에서도 자신들의 이야기에 거침이 없다. 이들이 보이는 자신감의 원천은 일차적으로 그들이 쓰는 사투리에 있는 것으로 여겨진다.

이와 같은 분위기를 조성하는 데에는 프로그램 진행자 이상용의 역할이 자못 컸다.[5] 충남 출신인 그는 타고난 재치와 입담으로 자칫 격식적이

---

5 2014년부터 진행자가 코미디언 이용식으로 바뀌었다.

고 딱딱해질 수 있는 장면을 매번 부드럽게 이끌었다. 가끔은 매끄러운 진행을 위해 자신의 고향 사투리를 사용하기도 했다.

이처럼 사투리를 방송 전면에 드러내지는 않더라도 제한적이나마 접할 수 있게 해주는 프로그램은 이 이외에 또 몇이 있다. 특히 고향에 대한 정취와 향수를 되살리고 고향의 맛과 멋을 소개하는 프로그램들에서 일상적 사투리가 많이 노출된다. 이들은 대부분 방송사의 지역국(지역 네트워크)을 연결하여 진행하는 보도 프로그램들이다.

- KBS「6시 내 고향」(1991~현재)
- MBC「(해피 실버) 고향은 지금」(1997~2009), 「(그린 실버) 고향이 좋다」(2009~2016)
- SBS「(네트워크 현장) 고향이 보인다」(2008~현재)

이 중 MBC는 프로그램 진행자로 전북 출신의 탤런트 김성환을 발탁했다는 점에서 다른 방송과 구별되었다. 연예계에서 그는 사투리 쓰는 연기파 배우이자 사투리 코치를 겸하는 인물로 유명하다.

그러한 까닭에 MBC는 해당 프로그램의 특성을 반영하여 그 진행자로 사투리 전문 배우를 선택한 것으로 여겨진다. 이를테면 '사투리 토크쇼'를 대비한 방송용 포석이었던 셈이다. KBS나 SBS의 위 프로그램들에서는 대체로 정규 아나운서가 진행을 맡았다.

그 이외에 사투리가 중심에 놓이는 건 아니지만 짤막한 사투리를 그래도 간간이 들을 수 있는 프로그램도 여럿이다. 물론 2015년 이전에 종영된 프로그램 및 지역 민방, 종합편성채널의 프로그램들까지 포함하면 여기 제시한 것보다 훨씬 많다.

- KBS「전국 노래자랑」(1980~현재),「인간극장」(2000~현재),「다큐멘터리 3일」(2007~현재),「한국인의 밥상」(2011~현재),「사람과 사람들」(2015~2017),「구석구석 대한민국 행복한 지도」(2017.5~2017.12)
- SBS「순간 포착 세상에 이런 일이」(1998~현재),「생활의 달인」(2005~현재),「잘 먹고 잘 사는 법, 식사하셨어요?」(2014~2016)
- MBC「찾아라! 맛있는 TV」(2001~2016),「100세 시대 전국 기행」(2016.4~2017.4)
- EBS「한국 기행」(2009~현재),「장수의 비밀」(2013~현재)

한편 각 방송사(KBS, MBC, SBS)의「네트워크 특선」도 이 계열에 속한다. 이는 각 지역국이 제작한 프로그램을 편집하여 전국으로 방송하는 프로다.

가령 KBS에서는 창원방송총국의「네트워크 참TV」(2004~현재), 광주방송총국의「남도 지오그래피」(2008~현재), 대전방송총국의「노장불패」(2009~현재) 등을 편집하여 'KBS네트워크 특선'을 제작·방영하고 있다. 특히 이러한 '특선'의 하나인 KBS의「내 고향 스페셜」(2012~현재)이나 MBC의「어영차 바다야」(2013~현재)에서는 고향 및 어촌에 관한 프로그램만을 추려 방송하므로 다른 프로그램에 비해 사투리를 한결 더 자주 듣게 된다.

사투리 다큐멘터리「사투리의 눈물」

TV방송 프로그램으로 지역 사투리를 단순히 들려주는 것을 넘어 사투리에 관한 생태적 관찰과 주장을 담은 이른바 '사투리 다큐멘터리' 프로도 있다. 이들은 대체로 한국사회의 여러 방면에서 빚어지고 있는 사투리 소멸의 위기를 보여주고 각 지역 사투리의 특징과 가치에 대한 진술 그리고 이를 바탕으로 사투리와 표준어의 공존을 이야기한다.

1990년대 중반 이후 각 방송사에서는 이러한 사투리 다큐멘터리를 여럿 제작하였다. 이제까지 확인 가능한 것으로만 이들 프로그램을 연도순으로 나열해 제시하면 다음과 같다. 편의상 라디오방송 프로그램도 함께 제시한다.

- MBC 「사투리」(1994.9)
- 포항MBC 「경상도 방언의 뿌리를 찾아서」(1995.2)
- SBS 「정다운 고향, 아름다운 사투리」(1995.5.17)
- KBS1 라디오 「한국의 사투리」(1996.12.16~12.20)
- 부산방송(현재는 KNN) 「아름다운 유산 사투리」(2003)
- EBS 「울고 웃는 우리말, 사투리」(2005.9.17~9.19)⁶
- KBS강릉 「강릉 사투리 고향을 그리다」(2007.9.4)
- 여수MBC 라디오 「사투리! 징허니 꼬스운 언어유희」(2008.8.26~8.27)⁷
- MBC경남 「사투리의 눈물」(2011.1.23)
- 제주CBS 「On Air 지꺼진 상상」(2012.12.27~12.28)
- MBC 「시사매거진 2580」의 '달룽개를 아시나요'(2013.3.18)
- 제주MBC 「제주어의 지꺼진 반란」(2015.11.19)
- EBS 「사투리 기행」(2017.12.11~12.15)⁸

---

6 이는 총 3부로 구성되었다. 제1부(우리말의 씨앗)에서는 각 지역 사투리의 특징, 제2부(사투리의 미학)에서는 사투리가 활용된 문화와 예술, 그리고 제3부(두 개의 목소리)에서는 표준어와 사투리의 충돌과 공존의 문제를 살폈다.
7 이는 총 2부로 제작되었다. 제1부는 '카만 있는 사투리 무담시 건든단가', 그리고 제2부는 '점잔 빼고 앙거 있음 사투리다 뗄싹 크간디'이다.
8 이는 총 5부로 제작되었다. 제1부는 '오메, 참말로 좋소 잉', 제2부는 '하모, 니캉내캉 먹구로', 제3부는 '그려? 그류!', 제4부는 '살아볼랑가, 우덜맹키로', 제5부는 '마카, 반갑소야'다.

이들 중에 사투리를 향한 가장 진한 메시지를 담은 프로그램은 MBC경남에서 2011년에 제작·방영한 「사투리의 눈물」(약 50분 분량)이다. 이 프로그램에서는 사투리에 대한 따뜻한 시선을 시종 유지하면서 강력한 표준어 정책 때문에 초래된 사투리의 위기를 철저히 (경남) 사투리 화자의 처지에서 살폈다. 이 프로그램은 내용상 다음과 같이 크게 세 부분으로 나뉜다.

(1) 경상도 사투리 심층 분석
(2) 사라지는 방언
(3) 표준어 강권하는 우리 사회

첫 부분에서는 경상도 방언의 특징에 대한 진술을 통해 사투리가 필요하며 가치 있는 존재임을 언급한다. 그리고 중간 부분에서는 사투리의 사용 실태를 진단하고 그 소멸의 원인을 분석한다. 마지막으로 끝부분에서는 우리 사회에 팽배해 있는 표준어 지상주의를 비판하고 이를 벗어나 표준어와 사투리의 평등한 공존을 모색해야 한다고 주장한다. 방언에 관한 언어 태도의 면에서 보아 「사투리의 눈물」은 다른 사투리 관련 프로그램들과 다음 두 가지 점에서 구별된다.

첫째, 상황에 따라 공식적인 자리에서도 사투리가 사용될 수 있기를 바랐다. 교과서나 공문서 또는 시험이나 면접에서 사투리를 쓰면 무조건 "틀렸다" 하는 현 세태에 대해 이 프로그램은 심각한 우려를 표했다.

이러한 태도를 반영하여 「사투리의 눈물」은 사투리 랩 가수로 알려진 'MC메타'[9]에게 프로그램의 진행을 맡겼다. 비록 랩의 형식을 빌렸지만 방송 프로그램 진행자에게 사투리를 쓰도록 한 것이다. 이로써 사투리에 공식적인 자리에서 사용되는 격식어의 지위를 부여하고자 하는 의도가 반영되었음을 알게 된다.

둘째, 사투리 사용의 문제를 인권의 차원에서 접근하고자 했다. 표준어의 압력을 폭력으로 규정하고 우리가 항상 쓰던 사투리를 그대로 사용함으로써 언어 사용권을 되찾을 수 있기를 바랐다.

그럼에도 자신의 사투리를 촌스럽고 부끄럽게 여기는 현실, 이에 대해 '지역말 앞에 두고 차별하면 안 된다'면서도 사투리가 "와 이레 버림받았노?" 하며 슬피 외친다. 이 프로그램의 제목이 '사투리의 눈물'인 까닭이다. 이 프로그램에서 강조하고 있다시피 좀더 당당해질 필요가 있는 '우리의 사투리'다.

MBC 라디오의 「자갈치 아지매」와 「아구 할매」 그리고 「말바우 아짐」

사투리에 '격식어'로서의 지위를 부여하고자 한 노력들도 보인다. 격식어로서 사투리가 가지는 위상을 정립하기 위해, 아주 공식적인 자리에서 사투리의 사용을 종종 시도했다는 말이다. TV방송은 아니지만 부산MBC 라디오의 「자갈치 아지매」가 그 대표적인 예다.

「자갈치 아지매」는 1964년부터 방송되어온 부산MBC 라디오의 인기 시사평론 프로그램이다. 이는 부산 지역을 중심으로 현장을 고발하고 미담을 소개하는 일종의 '5분 뉴스'와 같은 프로인데 요즘은 월요일에서 금요일까지(주 5회), 매일 아침(08:45~50)에 5분간(실제 내용은 3분 남짓) 방송된다. 성우 박성언이 1999년부터 진행을 맡아 사투리 방송을 계속하고 있다. 이 프로그램의 특징은 부산 출신의 진행자가 방송 내용을 사투리로 전

---

9 MC메타는 「무까끼하이」라는 사투리 랩 가요를 부른 가수다(13장 「사투리 쓰는 사람들」의 '사투리로 노래하다' 참조).

달한다는 것이다. 그로 인해 방송국 내부에서조차 반대 의견이 꾸준히 제기되었으나 이를 극복하고 현재까지 50여 년간 방송을 지속해 이제는 최장수 프로그램이 되었다. 이는 표준어를 사용해야 한다는 방송 규범에서 벗어나 공식 방송어로 부산 사투리를 선택함으로써 청취자가 지역적 정체성을 확립하는 데 크게 기여했다. 1999년의 부산시 청취율 조사에서 지역 프로그램 1위를 차지한 적도 있다 한다.

이러한 형식의 프로그램은 마산MBC(현 MBC경남) 라디오의 「아구 할매」로 이어졌다.[10] 「아구 할매」는 1994년에 시작되었는데 마산 출신의 진행자가 사투리로 방송을 하여 지역 청취자들의 주목을 받았다. 월요일~토요일 주6회, 그리고 매일 저녁시간(18:10~15)에 5분간 방송되었다.

방송 초기에는 마산 지역의 유명 DJ 김혜란[11]이 진행을 하였으나 2004년부터 임혜숙 PD가 직접 진행을 맡아 사투리 방송을 계속하였다. 하지만 아쉽게도 2015년 1월에 방송이 종료되었다.

「아구 할매」는 「자갈치 아지매」처럼 지역을 중심으로 한 시사평론 라디오 프로그램이다. 해당 지역 출신의 진행자가 홀로 짧은 시간(5분 이내)에 사투리를 쓰면서 청취자에게 방송 내용을 전달하는 형식도 모두 동일하다. 하지만 현재의 시점에서 두 프로그램은 지역을 달리한다는 점 말고도

---

10 대구MBC의 「달구벌 만평」(1967~현재, 2분 30초 방송)이나 광주방송(KBC)의 「출동 무등골 24시」(1995~1997, 10분 방송) 등도 「자갈치 아지매」와 같은 체재를 갖춘 프로그램이라 할 수 있다. 하지만 전자의 「달구벌 만평」은 연극배우 홍문종이 사투리가 아니라 표준어를 주로 사용하면서 진행해온 프로그램이다. 이와 달리 「출동 무등골 24시」는 성우 김봉조(무등골 돌쇠)가 사투리로 방송하였으나 다른 프로그램들처럼 오래 지속되지는 못하였다. 한편 제주MBC 라디오의 「돌하르방 어드레 감수광」도 제주 사투리로 진행하는 5분짜리 시사고발 프로그램이었다(작가는 공공미술가로 활동하는 양기훈). 중간에 단절된 기간이 있기는 했지만 이는 1987년에서 2015년까지 제주 지역에서 꽤 오랜 기간 인기리에 방송되었다고 한다.

11 그녀는 1986년부터 4년간 마산MBC 라디오의 「별이 빛나는 밤에」를 진행하여 라디오 DJ로서 이름이 알려졌다.

말투의 면에서 아주 중대한 차이를 드러낸다. 방송에 쓰이는 사투리의 농도가 확연히 다른 것이다.

「자갈치 아지매」의 진행자는 사투리 억양에다가 일부 부사나 어미들을 지역 사투리로 바꾼 말투를 구사한다. 대사의 대부분을 차지하는 일반명사나 동사·형용사의 경우는 상당수 표준어를 가져다 쓴다. 그러한 까닭에 외지인 누구라도 지역적 거부감을 갖지 않은 이라면 이 방송을 이해하는 데 거의 어려움이 없다.

이에 반해 「아구 할매」에서는 상당한 단어가 사투리다. '짐치, 맹글다, 에럽다' 등의 고유어에서부터 "우리가 씨는 겡상도 포준말"이나 "닥알로 바우치기" 등처럼 한자어나 속담에 이르기까지 지역 사투리를 상당히 농도 짙게 사용한다. 그래도 가끔 단어 몇 개만 못 알아들을 뿐 외지인들에게 통역이 따로 필요한 정도는 아니다.

두 프로그램에서 발견되는 이와 같은 차이는 기본적으로 방송 청취자 수의 차이에서 비롯한 것으로 여겨진다. 즉 「자갈치 아지매」가 대상으로 한 청취자는 적어도 350여만 명의 부산 시민인 반면, 「아구 할매」는 그보다 훨씬 적은 수의 청취자(100여만 명의 통합 창원 시민)를 대상으로 하고 있어 그런 차이가 발생했다는 말이다. 인구의 수와 다양성 정도는 으레 비례하므로 인구가 많은 부산에 더 많은 지역 출신의 사람들이 살고 있으리라는 점은 충분히 예상하고도 남는다. 따라서 그처럼 다양한 청취자들을 감안하여 부산 「자갈치 아지매」의 제작진이 사투리의 농도를 좀 옅게 조절했다는 것이다.

한편 광주MBC 라디오의 「말바우 아짐」은 시사평론이라는 점에서 이들 프로와 동일하나 전라도 사투리가 사용됐다는 점에서 차이를 보인다.[12] 이는 2005년에서 2012년 3월(월~토 08:30~35)까지 방송되었는데 마당극

배우 지정남이 1인 다역('아짐' 및 그녀와 대화하는 여러 상인 역할)을 맡아 사투리를 쓰면서 진행했다고 한다(아직 실제 방송 자료를 듣지는 못함). 그 제목의 '말바우'는 광주시 북구 우산동에 있는 전통시장의 이름이고, '아짐'은 '아주머니'의 전라도 사투리다.

어찌되었든 이들 세 프로그램은 사투리 격식어의 정립 가능성을 열어 주었다는 데에서 시사하는 바가 매우 크다. 일반적으로 하나의 언어는 대화 상황에 따라 두 가지 말투를 갖는다. 하나는 친구나 식구끼리 그냥 이야기할 때처럼 비공식적인 자리에서 쓰는 일상적 말투(일상어)이며, 다른 하나는 발표나 면접을 할 때처럼 공식적인 자리에서 쓰는 격식적 말투(격식어)다. 사투리를 쓴다고 해서 격식적 상황에서 일상어를 그대로 사용하는 것은 아니므로 지역 방언의 경우에도 두 말투의 구분이 있는 것은 너무나 당연하다.

그럼에도 한국 사람들은 오랫동안 격식적 상황, 즉 공식적 자리에서는 표준어를 쓰도록 교육받아왔다. 사투리 화자들에게 격식어로서 표준어를 강요해온 것이다. 그런데 방송에서 사투리라니! 특히 뉴스 및 시사평론과 같은 보도 프로그램에서 일상적 사투리란 더욱더 용납되지 않는 것이었다.

하지만 이들 세 프로그램의 진행자들이 방송에서 선보인 것은 일상어가 아니라 격식어로서의 사투리였다. 정확한 의사 전달이 가능하도록 억양의 강도와 진폭을 상당히 줄이고 소리를 가급적 또박또박 내는 정중한 말투를 사용했다는 말이다. 청취자, 즉 청자의 성향을 고려하여 사투리의

---

12 광주방송(KBC)의 「시사터치 따따부따」는 2007년 8월에서 현재까지 방송되고 있는 동일한 형식의 TV 프로그램이다. 원래는 진행자의 사투리가 돋보이던 시사고발 프로그램(월~목 19:05~20)이었는데 지금은 박구용 교수(전남대)가 출연자들과 표준어로 대담하는 프로가 되었다.

농도를 조절하기도 했다.

이와 같은 사투리의 격식적 말투는 상대방을 자극하지 않으면서 자신의 생각을 정확히 전달하려 할 때 쓴다. 그러기에 '취직을 위한 면접' 같은 상황에서 사투리 화자들이 바로 그러한 말투를 사용하는 것이다.

그럼에도 불구하고 표준어를 쓰는 사람, 아니 표준어를 쓴다고 철석같이 믿고 있는 사람들은 이를 정중한 말투로 여기지 않는다.[13] 격식적 상황에서 그들은 절대로 사투리를 써서는 안 된다 맹신하고 있기 때문이다. 심지어 방언 화자 중에도 그리 생각하는 사람들이 적지 않다.

이러한 점을 고려할 때 「자갈치 아지매」나 「아구 할매」 그리고 「말바우 아짐」은 격식적 말투의 사투리를 세간에 널리(?) 알린, 매우 의의 있는 프로그램이라 할 만하다. 이들이 표준어에 밀려난 사투리 격식어의 위상을 재정립하는 데 큰 도움이 된, 아주 중요한 프로그램이었다는 말이다.

일반적으로 격식적 말투가 결핍된 언어는 곧 소멸의 위기에 봉착하게 마련이다. 일상어는 사투리를, 격식어는 표준어를 사용하는 상황이 오래 지속되면 일상어로서의 사투리마저 격식어의 영향을 받아 조만간 사라지게 된다는 것이다. 그러기에 우리는 「자갈치 아지매」와 같은 프로그램을 제작한 사람들 그리고 이에 응원을 보낸 수많은 지역민들이 자신의 언어를 지키기 위해 얼마나 중요한 일을 했었는지 반드시 기억할 필요가 있다.

---

[13] 그러한 까닭에 매우 부당하지만 부산 등 사투리가 강하다고 인식되는 지역 출신의 많은 젊은 이들이 사투리 교정을 위해 '언어 치료소'나 '스피치 학원'을 다닌다. "취업을 앞둔 대학 졸업 예정자들 사이에 최근 때아닌 사투리 교정 바람이 불고 있다. (…) 부산 시내 15곳의 언어 치료 소에는 올 들어 지금까지 대학생과 취업 재수생 70여 명이 등록 (…) 최근 사투리를 교정하려 는 대학생 등이 부쩍 늘고 있다."(『경향신문』 1997.5.9) 이러한 잘못된 인식을 일소하기 위해 사투리 격식어를 정립하고 확산시키는 것이 매우 시급한 상황이다.

12장

영화 속의 사투리 열풍

니가 거시기혀야 쓰겄다

1990년대에 들어 사투리가 본격적으로 쓰인 첫 영화는 임권택 감독의 「서편제」(1993)였다. 「서편제」는 한국 영화사에서 100만 관객 시대를 연 '판소리 영화'(나아가 '한국적 음악영화')였는데 그 대사로 사용된 전라도 사투리가 토속적 분위기를 불러일으켜 흥행에 크게 기여했다. 하지만 영화인들의 기억 속에 오래도록 남은 것은 사투리가 아니라 판소리의 구성진 가락이었고 또 영화의 촬영지로 알려진 전남 완도군의 청산도였다.

이처럼 전라도가 주 무대가 된 영화에 전라도 사투리가 등장하는 것은 매우 자연스러운 일이었다. 그러기에 관객들은 너무나 당연하게 영화 속 인물들의 사투리를 받아들였다. 그로 인해 영화 속 사투리 표현까지 기억하는 이는 극히 드물 수밖에 없었다.

이러한 상황은 임권택 감독의 또다른 영화 「태백산맥」(1994)에서도 마찬가지였다. 조정래(趙廷來)의 동명 소설을 영화화한 「태백산맥」[1]은 미소 냉전 시대의 한국 분단 문제를 정면으로 다룬 작품이다.

이 영화는 여수·순천 사건(1948.10)에서부터 인천상륙작전(1950.9.15) 직

1 　제목과 달리 「태백산맥」의 주 공간적 배경은 정작 '소백산맥'이다.

후 이루어진 남로당 전남도당의 철수에 이르기까지 발생한 좌우익의 대립을 그렸다.[2] 주인공은 좌익의 '염상진(김명곤)'과 우익의 '염상구(김갑수)' 형제 그리고 그 사이에서 좌절하는 중도의 '김범우(안성기)'이고, 이 영화의 주 무대는 전남도당이 머물러 있던 전남 보성의 벌교 지역이었다.

이와 같이 전라도를 무대 또는 역사적 배경으로 하는 영화에 전라도 사투리가 쓰이는 것은 아주 당연했다. 그러한 까닭에 「태백산맥」의 사투리 또한 관객들의 주된 관심에서 벗어나 있었다. 사투리보다는 그 영화 전면에 흐르는 주제의식에 대중들의 초점이 맞춰져 있었던 것이다. 이를 감안할 때 영화에서 사투리가 진짜로 사람들의 주목을 받은 것은 2001년에 개봉한 「친구」(곽경택 감독)에서부터라 할 수 있다.

「친구」와 부산 사투리

「친구」는 네 명의 고등학교 친구가 1976년 이후 20여 년 동안 다른 삶을 살아가면서 겪은 이야기를 다룬 영화다. 특히 '준석(유오성)'과 '동수(장동건)'의 갈등이 영화의 중심축을 이루는데 이 두 인물이 다른 폭력 조직에 가입하면서 서로 충돌하다가 결국 준석이 동수를 죽이게 되는 비극을 그렸다. 이 영화의 열풍으로 「친구」 전용 세트장 및 자갈치시장 등 '부산'이 관광 명소로 부상했다.

영화 「친구」에 쓰인 말은 전형적인 부산 사투리였다. 거친 조폭들의 세계를 상징적으로 잘 표현하기 위해 억세고 강한 부산 사투리가 채택되었다. 영화가 성공하면서 남자다움을 강조하는 차원에서 「친구」의 사투리

---

2 임권택 감독은 인천상륙작전 이후의 내용을 「태백산맥 2」로 영화화하고자 하였으나 우익 단체의 협박으로 그 제작을 포기했다고 한다.

유오성　　　　　　　　　장동건

함께 있을 때,
우린 아무것도 두려울 것이 없었다!

친구

영화 속의 인상적 대사

동수: 내가 니 시다바리가?[3]
준석: 마이 컸네, 동수.
동수: 고마해라. 마이 무웄다 아이가?

* 시다바리: 남의 일을 대신해주는 심부름
꾼. 여기서는 '똘마니'(또는 '졸개') 정도의
뜻으로 쓰였다.
* 마이: 많이.
* 컸네: 컸네.[4]
* 고마해라: 그만해라.
* 무웄다: 먹었다.
* 아이가: 아니냐.[5]

사진 1 영화 「친구」(2001) **포스터**

대사를 따라하는 사람들이 생겨났다.

　하지만 2000년대 초까지는 영화에서 사투리의 사용이 제한되어 있었다. 그러한 까닭에 당시의 언론에서 「친구」의 사투리는 비난의 대상이 되었다. 한쪽에서는 이 영화 속의 언어가 청소년들에게 나쁜 영향을 준다 하고, 다른 한쪽에서는 경상도 말을 왜 조폭의 언어로 격하시켰느냐고 따졌다.

3　이때의 '-가'는 '예/아니요'를 판정해달라고 할 때 쓰는 의문 어미. 의문사에 대한 설명을 요구할 때는 '-고'를 쓴다. 〈예〉 이거 니 책이가?(이거 네 책이니?), 이거 누 책이고?(이거 누구 책이니?)
4　전통적 부산 사투리에서는 '어'와 '으'가 구별되지 않는다.
5　이는 앞말 '마이 무웄다'를 강조하여 '많이 먹었잖아' 또는 '진짜 많이 먹었다' 정도의 뜻을 나타낸다.

그래도 사람들은 이에 아랑곳하지 않고 계속 「친구」의 사투리를 따라 했다. 지금도 「친구」의 인상적 대사는 적절한 상황에서 패러디되어 줄곧 사용되고 있다. 그만큼 우리 사회에서 지역 사투리에 대한 거부감은 줄어들었다.

그 이후로도 경상도 사투리는 각종 영화에 단골로 가장 자주 등장했다. 특히 힘든 시기를 꿋꿋이 헤쳐나온 인물을 표현하는 데에는 씩씩하고 강인한 느낌을 주는 경상도 말이 제격이었다. 관객수 1,400만 명의 영화 「국제시장」(윤제균 감독, 2014)의 주인공 '덕수(황정민)'가 바로 그러한 인물로, 영화 속의 덕수도 경상도 방언 화자였다.

「국제시장」은 '덕수'의 삶을 통해 6·25전쟁 이후로부터 현재에 이르는 격변의 시대를 단선적으로 그려나간 영화다. 1950년 12월의 '흥남 철수' 때 아버지와 헤어져 부산으로 피난 온 열두 살짜리 덕수. 그는 부산 국제시장의, '고모(라미란)'가 운영하는 수입 잡화점 '꽃분이네'에서 일하며 가장으로서 다섯 식구의 삶을 책임진다. 고난의 삶을 씩씩하게 이겨나가는 덕수. 그러기에 감독은 이러한 덕수를 부산 사투리 화자로 만들었다.[6]

「황산벌」의 '거시기'

「친구」의 경상도 사투리에 이어서 대중들의 관심을 끈 것은 「황산벌」(2003)의 전라도 사투리였다. 이준익 감독의 「황산벌」은 고구려·백제·신라 3국이 지금과 같은 정도의 방언을 사용했다는 전제 아래, '의자왕(오지명)'과 '계백(박중훈)'의 백제 그리고 '김유신(정진영)'의 신라가 마지막으로 힘을 겨룬 황산벌 전투를 익살스럽게 그린 영화다.

---

6 가만히 생각해보면 덕수는 열두 살에 '흥남'(함경남도)을 떠났으니 언어적으로는 함경도 사투리를 쓰는 게 더 자연스럽다.

사진 2 영화 「황산벌」(2003) 포스터

(퀴즈) 다음 대사에서 '거시기'의 뜻은?

1. 계백아, 니가 거시기혀야 쓰겠다.
  ('의자왕'이 '계백'에게)

2. 니들 나랑 거시기혀야 쓰겠다.
  ('계백'이 '병사들'에게)

3. 머시기헐 때꺼정 갑옷을 거시기헌다.
  (계백이 세운 비장의 '거시기' 작전)

(답)
1. (전쟁에 반대하는 중신들을) 설득해주기
2. 싸우러 나가기
3. 절대로 벗지 않기(이때의 '머시기허다'는 '죽다'를 뜻한다.)

이 영화에서는 전라도 사투리에 흔히 쓰이는 '거시기'라는 단어를 웃음의 소재로 활용했다. '거시기'는 어떤 말을 대신할 때 쓰는 대용(代用) 표현으로, 영화 속에는 '거시기' 작전도 있었고 심지어 '거시기'라는 배역(이문식)도 있었다. '거시기'를 초점으로 복잡한 내용을 단순하게 또 재미있게 풀어간 것이다.

이처럼 「황산벌」은 전라도 사투리를 통해 장엄하고 슬픈 내용을 코믹하게 표현함으로써 진지한 역사적 사실에다가 흥미와 재미를 더하고자 하였다. 그리하여 상영 당시에(어쩌면 지금까지도) 이 영화의 '거시기'는 이 말이 표준어인지, 사투리인지 하는 데 대한 사회적 논란을 불러일으켰을 정도로 매스컴의 큰 주목을 받았다. 이 '거시기'는 『표준국어대사전』

(1999)에 '이름이 얼른 생각나지 않거나 바로 말하기 곤란한 사람 또는 사물을 가리키는 대명사'로 풀이되어 있다.

그후 「황산벌」의 성공으로 이준익 감독은 이 영화의 후속편 「평양성」(2011)을 제작했다. 이는 백제가 멸망한 뒤, '김유신(정진영)'과 '문무왕(황정민)'의 신라와 '연개소문(이원종)'의 고구려 사이에 벌어진 전쟁을 모티프로 했다. 그러므로 이번에는 경상도와 평안도에 사투리의 초점이 놓이게 되었으며 황산벌 전투에서 살아나 재참전한 '거시기(이문식)'를 통해 전라도 사투리가 감초처럼 영화 곳곳에 출현했다.[7]

이 이외에 전라도 사투리를 활용한 영화는 몇 개 더 있다. 그중에 인상적인 것은 오성윤 감독의 만화영화 「마당을 나온 암탉」(2011)이다.

이는 작가 황선미가 지은 동명의 동화(2000)를 영화로 만든 것인데, 해당 영화에서는 원작에 없는 '달수'(목소리 연기 '박철민')를 등장시켜 그로 하여금 전라도 사투리를 쓰게 하였다. '달수'는 양계장(안락한 삶)을 뛰쳐나온 주인공 암탉('잎싹')을 끝까지 옆에서 돕는 수다쟁이 수달의 배역 이름으로, 그의 맛깔스러운 사투리가 영화의 흥행(관객수 220만 명)에 상당부분 기여했다. 구수하고 익살스러운 인물에 전라도 사투리를 입혀 정감과 생동감을 느낄 수 있게 한 것이다.

강원도 사람들은 절대로 쓰지 않는 '어디 갔드래요?'

강원도 사투리를 사실상 처음으로 대중에게 알린 영화는 장규성 감독의 「선생 김봉두」(2003)다. 이는 촌지만 밝히던 '김봉두(차승원)'가 좌천되어 강원도 오지 마을의 초등학교 분교 교사로 부임한 후 개과천선하는

---

7 이 영화에서 하나 더 주목할 만한 점은, 사투리 가요(강산에의 「와 그라노」)가 엔딩 음악으로 쓰였다는 것이다. 이에 대해서는 13장 「사투리 쓰는 사람들」의 '사투리로 노래하다' 참조.

주인공 '여일(강혜정)'의 인상적 대사

■ 뱀이가 깨물믄 마이 아파.
■ 자들하고 친구나?[8]
■ (총에 배를 맞아 죽어가면서) 여가 뜨
　거와. 마이 아파.

*마이: 많이.
*자들: 쟤들.
*여가: 여기가.
*뜨거와: 뜨거워.

사진 3 영화 「웰컴 투 동막골」(2005) 포스터

과정을 익살스럽게 그린 영화다.

　이 영화에서는 아역 배우들의 강원도 사투리가 인상적이었는데 그들은 사투리를 배우기 위해 '영월'에서 한 달간 학교를 다녔다고 한다. 영월 출신의 연극배우(이재구)가 사투리 지도를 맡음으로써 영화계에서 '사투리 코치'라는 영역을 개척한 바도 있다. 분교 아이들의 순박함 때문에 주인공 김봉두가 변하게 되는데 이를 상징적으로 나타내고자 강원도 사투리가 쓰였다.

　이처럼 '순박함'으로 상징되는 강원도 사투리를 대중들이 따라하게 만

---

8 이때의 '-나'는 강원도 영동 방언을 대표하는 의문 어미다. 〈예〉 어대 가나?(어디 가니?), 이게 니 책이나?(이게 네 책이니?)

든 영화는 박광현 감독의 「웰컴 투 동막골」(2005)이다. 6·25전쟁과 남북 분단을 소재로 한 이 영화에서는, 가상의 공간 '동막골'에 국군 일행과 인민군 일행 그리고 미군 병사가 들어오면서 일어난 사건을 코믹하게 그렸다.

이 영화에 쓰인 독특한 억양의 말은 강릉 사투리다. 그런데 대부분의 사람들은 강원도 말이 다 그렇다고 생각한다. 하지만 이때의 강릉 사투리는 강원도, 특히 영동지역에서 쓰는 사투리의 하나다.

강원도는 태백산맥에 의해 크게 동서로 양분되는데, 말 또한 그렇게 둘로 나뉜다. 즉 태백산맥 서쪽의 영서 방언과 동쪽의 영동 방언이 구분되는 것이다. 영서지역의 말은 경기도 동부의 말과 비슷한 반면, 영동지역의 말은 특유의 억양과 독특한 어미나 단어들을 가지고 있어 언뜻 경상도 말(또는 북한 말)처럼 들린다. 그러한 영동지역(강릉, 영월, 정선, 평창 등지)에서 사용되는 사투리의 억양이 매우 순박한 느낌을 주어 영화나 방송에서 주목을 받은 것이다.

그런데 「웰컴 투 동막골」이 흥행에 성공한 이후 이상하게도 강원도 사투리에 관한 사회통념형[9]이 생겨났다. 강원도 사람들은 말끝에 '-드래요'를 붙인다는 것이다. 그래서 많은 이들이 강원도 사람들 앞에서, "밥은 먹었드래요?" 또는 "어디 갔드래요?" 하며 그들의 말을 흉내 내기도 하였다.

하지만 강원도 사람들은 절대로 그런 표현을 사용하지 않는다(김봉국 2006). "내 고향은 강릉이래요."처럼 어미 '-이래요'는 쓰지만, "먹었드래요, 갔드래요"처럼 '-었/았드래요'는 안 쓴다는 말이다. 그들이 이런 말을 들으면 심지어 '짜증난다'고 하니 이제부턴 조심할 필요가 있다.

---

[9] 사회통념형(stereotype)은 '실제로 그러지는 않으나 대중들의 인식에 특정인들이 사용하리라고 철석같이 믿고 있는 표현'을 가리킨다.

자막이 필요한 한국 영화 「지슬」

우리나라 사투리 중에 '알아듣기 어렵다'고 인정받는 건 단연코 제주 방언이다. 그런 까닭에 흥행을 생명으로 하는 영화에서 제주 방언은 주목을 받기가 어려웠다.

이러한 차원에서 오멸 감독의 독립영화(기업형 제작 및 배급 체재에 종속되지 않은 영화) 「지슬」(2013)은 제주 사투리를 연기어로 등장시켰다는 점만으로도 매우 실험적인 영화라 할 수 있다. 그럼에도 불구하고 전국적으로 145만 명의 관객을 동원했으니 결코 흥행에 실패한 영화는 아니다.

감독 오멸은 제주도 출신이다. 그리고 이 영화에선 제주 출신의 배우가 상당수 출연하여 제주 사투리로 대사를 했다. 그러고는 타 지역 출신 관객들의 이해를 돕기 위해 표준어 자막을 달았다.

이 영화의 제목 '지슬'도, 더 흔하게는 '지실'이라고 하는데 제주 사투리다. '지슬'은 제주도 사람들이 어려운 시기에 항상 먹었고 또 먹을 수밖에 없던 '감자'[10]를 가리킨다. 이와 같은 제주 사투리로 그는 제주도 사람들에게 가장 슬프고 무서운 이야기로 각인되어온 '제주 4·3사건'을 사실적이면서도 담담하게 그려냈다.

제주 4·3사건은 '대화'가 실종된 '산'과 '해안' 사이에서 무고한 제주도민이 숱하게 죽어간 비극적 사건이었다. 그러기에 이를 영화화한 「지슬」에서 대사는 그리 큰 비중을 차지하는 요소가 되지 못했다. 나아가 제주 사투리는 '육지 사람'[11]들에겐 해득하기 어려운 말이었으므로 대사로 활용한들 그들에게 감동을 주는 요소로 직접 작동하긴 힘들었다.

그리하여 오멸 감독은 「지슬」에서 어차피 이해하기 어려울 사투리 대

---

10 흥미롭게도 제주 사투리로 말하는 '감자, 감저'는 표준어로 '고구마'다.
11 제주도 사람들은 타 지역 출신을 '육짓사름'이라 부른다.

사진 4 영화 「지슬」(2013) 포스터

1948년 4월 3일에 발생한 남로당 무장대의 제주도 소요 사태. 이를 진압하고자 미군정은 해안에서 5km 떨어진 지점을 기점으로 '해안'과 '산'을 나누고 '산' 지역에 대해 '소개령'을 내린다. '산'에 사는 사람과 물자를 '해안'으로 옮긴 뒤, 남은 '산' 지역을 토벌하려는 것이다.

하지만 '산'의 주민들은 삶의 터전을 버리지 못해 일단 마을의 큰 동굴로 피난을 간다. 그들은 곧 어떻게 되는 건 아니겠지, 또 나를 어쩌진 않겠지 하는 생각에 동굴에 숨어 지내면서도 웃음을 잃지 않고 평소와 거의 다름없이 살아간다.

마을에 남은 한 노모. 토벌대가 마을에 들어와 노모를 살해하고 집들을 소각한다. 노모는 죽어가며 나중에 찾아올 아들을 위해 치마폭에 '지슬' 몇 알을 품는다. 후에 그들의 피난처였던 동굴마저 발각되어 마을 주민들은 동굴을 탈출, 눈 위를 도망치다가 토벌대에게 모두 사살된다.

사를 최대한 절제함으로써 관객들에게 자신의 메시지를 그저 덤덤하게 전달하고자 했다. 대사를 통해 슬픈 역사를 구구절절이 설명하기보다 죽지 않으려고 상대를 죽이는 모순된 시대 상황과 그로부터 파생된 공포 분위기를 '장면'에 의지해 객관적으로 표현하려 했다는 말이다. 그러한 까닭에 출신 지역을 막론하고 어떤 관객들에게는 「지슬」의 표준어 자막마저도 오히려 각 장면에의 몰입을 방해하는 요소가 되었다.

마지막으로 「지슬」과 관련된 주변적인 이야기 하나. 이 영화의 부제는 '끝나지 않은 세월 2'다. 오멸 감독은 동일 사건을 다룬 김경률 감독의 독립영화 「끝나지 않은 세월」(2005)을 계승한다는 의미에서 이와 같은 부제를 붙였다고 진술했다. 이로써 보면 「지슬」은, 해당 작품을 끝으로 요절한 제주 출신의 감독 김경률(1965~2005)을 추모할 목적으로 제작된 영화이기도 한 셈이다.

충청도 화법의 「거북이 달린다」

충남 예산의 한적한 읍내, 이곳에 숨어든 현상금 1억 원의 탈주범. 이연우 감독의 「거북이 달린다」(2009)는 이 탈주범을 잡기 위해 고군분투하는 "얼빵한" 시골 형사 '조필성(김윤석)'과 그의 친구들의 얘기를 코믹하게 그렸다.

이 영화의 부제는 '빠른 놈 위에 질긴 놈'. 빠르진 않아도 끈질기다는 충청도 사람들의 기질을 표현했다. 그리고 영화 곳곳에서 직설적이지 않고 언제나 에둘러 말하는 충청도식의 우회적 화법을 드러냈다.

영화의 초반, 조필성의 딸 3학년 '옥순(김지나)'이 다니는 예산의 한 초등학교. 박물관으로 현장학습을 가는 도중에 필성을 만나 일일교사로 참여해달라고 부탁하는 '담임선생님(강성해)'.

담임: 바쁘시쥬?

필성: 네.

담임: 알쥬. 그만 가봐야겠네유.

필성: (주저하며) 우린 사람이 없어요?

담임: 없유. 허다 허다 안 되면 사거리 건강원 하는 상환이 아버님한테 뱀 좀 몇 마리 풀어달래서 잡아달래야쥬.

필성: (어쩔 수 없다는 듯) 지가 해보까유?

담임: 아버님은 바쁘잖유?

필성: 호신술, 범인 잡는 요령, 뭐.

담임: 그건 좀 약하쥬. 저쪽은 불자동차가 넉 대유.

필성: 닭장차까지 부르면.

담임: 그래주시겠유? 감사해유.

사진 5 영화 「거북이 달린다」(2009) 포스터

담임선생님의 부탁은 직접적이지 않으나, '저쪽'(다른 반)의 소방관 아빠가 '불자동차 넉 대'를 학교에 불렀다고 무심(?)하게 먼저 말하여 필성의 경쟁심을 자극한다. 결코 먼저 해달라는 법이 없다. 전형적인 충청도식 화법이다. 이 일일교사 이야기는 사건과 직접적인 관련은 없지만 여기서 끝나지 않는다.

영화의 후반, 탈주범 검거 과정에서 잘못을 범하여 필성은 형사직에서 파면된다. 이에 걱정하는 옥순.

옥순: 아부지, 뭐 물어볼 거 있는디.

필성: 먼디?

옥순: 아니여.

필성: 너 일일교사 땜에 그러는 거지?

옥순: 정 힘들면 그만둬유. 기냥 뱀집 상환이 아버지 부르면 되니께.

필성: 나 믿어. 아빠가 누구여?

필성은 (딸과의 약속을 지키기 위해) 기어코 탈주범을 자신만의 힘으로 검거한다. 그 보상으로 경찰 복직과 특진. 그리고 일일교사 하는 날, '닭장차'에다가 경찰 악대까지 출동하여 옥순을 의기양양하게 한다.

이에서 보듯 「거북이 달린다」는 틀림없이 충청도식 유머가 돋보이는 영화다. 그러한 유머의 생성에 시나리오 작가나 감독이 기여한 바가 상당했겠지만, 그것을 자연스럽게 소화한 배우들의 연기는 충분히 주목받을 만한 가치가 있다.

사투리 연기의 배우 김윤석

이 시기의 영화 속 사투리 연기는 배우 송강호가 원조다. 그는 「넘버 3」(1997)에서 삼류 킬러 '조필' 역을 맡아 말 더듬는 경상도 사투리 연기로 일약 스타가 되었다. 그 이후 송강호는 상당히 많은 영화에서 자신의 고향(경남 김해) 사투리를 그대로 드러내면서 연기를 했다.

그와 달리 김윤석은 영화에서 여러 지역 사투리를 구사한 배우다. 그는 충북 단양에서 태어나 어려서 부산으로 이주, 거기에서 초·중·고교와 대학을 다녔다. 처음에는 주로 연극계에서 활동하였으나 「타짜」(2006)의 도박꾼 '아귀' 역으로 영화계에 이름을 알리기 시작했다.

흥미로운 것은 그의 연기어가 한 지역 방언에 국한되어 있지 않다는 점이다. 「타짜」와 「해무」(2014)에서는 전라도 사투리를 사용했고 「거북이 달린다」(2009)에서는 충청도 사투리, 「황해」(2010)에서는 연변 사투리(여기서는 자막이 쓰임) 그리고 「범죄의 재구성」(2004)과 「극비수사」(2015)에서는 경상도 사투리를 썼다. 사투리 연기에 있어서는, 마치 이전 시기의 도금봉을 다시 보는 느낌이다(이 책의 7장 「광복 후 대중문화계의 큰 별들」 참조).

게다가 그는 사투리에 관한 한 상당한 인식 능력을 지닌 배우다. 사투리 사이의 언어적 차이를 잘 구별해낼 뿐 아니라, 사투리에 대한 편견에서도 이미 벗어나 있다. 다음은 「극비수사」 개봉 직후에 가진 '뉴스엔'과의 인터뷰(2015.7.5) 내용이다.

연기력에 대한 평가만큼이나 사투리에 대한 편견 역시 만만치 않다. (…) 부산 사투리는 억양이 강하다고 하지만 가장 부드러운 경상도 사투리가 아닐까 싶다. (…) 경남과 경북이 다르고 구마다 또 다르듯, 어떤 사투리가 맞고 안 맞고, 잘하고 잘하지 못하고를 구분하는 것은 무의미하다. (…) 서울 사람이라고 다 똑같은 말투로 말하는 것은 아니지 않냐. 사투리도 마찬가지다. (…) 그리고 우리도 '사랑한다'는 얘기를 할 줄 안다. 사투리만 쓰면 무뚝뚝한 줄 아는데 그것도 아니다.

어떤 사투리든 지역마다(심지어 '구'마다) 다르고, 한 지역 사투리도 여러 가지 말투를 갖는다. 그럼에도 우리 사회에 '○○도' 사투리는 이렇다 하는 편견이 강해, 사투리가 연기어로 확장되는 걸 방해한다는 말이다. 이러한 진술 등에 기반할 때 김윤석은 사투리 연기어의 정립을 위해 무척 애쓴 영화배우임에 틀림없다.

'사투리 연기어'와 관련하여 연극인 오태석(吳泰錫)도 주목할 만하다. 그는 충남 서천 출신으로, 연세대 재학 시절에 연극계에 입문해 극작가 겸

연출가가 되었다. 1962년 6월에 국립극장(명동)에서 「영광」을 초연한 이래 지금까지 55년 동안 수십여 편의 작품을 제작·연출하였다.

그의 연극에서 드러나는 특징 중의 하나는 사투리를 쓰는 배역이 자주 등장한다는 점이다. 「환절기」(1968)의 조역 '옥자(김민자)' 이후 「물보라」(1978)와 「자전거」(1983) 등은 사투리 연극이라 할 정도로 거의 모든 배역이 충청도 사투리를 썼다. 특히 「자전거」는 2004년에 경남 거창 사투리로 대사를 바꿔 공연한 것으로도 유명하다.[12]

그는 2003년에 '제주 4·3사건'을 다룬 창작극 「앞산아 당겨라 오금아 밀어라」(서울 대학로 아룽구지 소극장)를 제주 방언으로 공연하는 실험을 했다. 그러면서 사투리를 연극 언어로 적극 활용하는 이유를 '오마이뉴스'와의 인터뷰(2003.1.3)에서 다음과 같이 밝혔다.

(제주 방언은) 순수하고 덜 오염되어 있었다는 것 (…) (사투리들이) 더 생생하게 울림을 울리고 있어야 되지 않는가. 그렇지 않으면 정체성이 사라져버릴 위험이 있다.

그는 "반쯤은 잊혀진 표현과 단어를 찾아 새로운 생명을 불어넣는 것"을 "극작가의 책무"라 여기고, 그것을 실제로 구현하기 위해 애쓴 인물이다(장원재 2009, 270면). 점차 획일화되어가는 우리말의 다양성을 확보하고 그에 따라 지역 정체성을 회복시키려는 언어 운동을 벌인 극작가였다는 말이다.

다만, 사투리에서 '순수성'을 따질 때 그 사투리들 사이에 '위계'가 생겨

---

12 공연되진 않았지만 2003년에는 '충청도본' 「춘향전」도 썼다. 이들 작품의 공연 연도와 그 내용에 대해서는 서연호·장원재 공편(2003~2009) 참조.

난다는 점은 다시 한번 생각해볼 일이다. 표준어와 사투리 사이에 위계가 존재하지 않듯, 어떠한 사투리들 사이에도 위계가 성립되진 않는다. 게다가 '순수함'의 판별 기준도 자의적일 수밖에 없다.

13장
사투리 쓰는 사람들

야야, 봉숙아

1990년대 중반 이후 이주 외국인이 급증하면서[1] 정부와 지방자치단체 및 여러 민간단체에서 이들에 대한 한국어 교육 프로그램을 상당수 기획·제공하였다. 특히 지방에 거주하는 결혼 이민자들에게 지역 사투리를 가르쳐야 할 필요성이 제기되어, 일부 기관에서는 방언 교재를 따로 마련하는 등 표준어와 사투리 병행 교육을 위한 기초 작업을 수행하기도 했다.

하지만 시간의 흐름에 따라 각 지역의 사투리 사용 인구가 급격히 줄어 오늘날 결혼 이민자들에 대한 사투리 교육은 거의 이루어지지 않고 있는 실정이다. 그럼에도 가족 또는 이웃 주민 및 동료들의 언어에 지속적인 영향을 받아 지방에 사는 이주 외국인들 중 일부는 해당 지역의 사투리를 그대로 쓴다.

이러한 추세와는 무관하게 오래전부터 이 땅에서 사투리를 구사해온 외국인들도 있다. 그들은 대부분 귀화한 한국인(복수 국적자 포함)들이다. 이들의 행보는 한국에서 외국인도 사투리를 쓸 수 있다는 사실을 인식시킴으로써 사투리에 우호적인 사회 분위기를 조성하는 데 일조했다.

---

1 2016년 정부 통계(KOSIS 국가통계포털)에 따르면 이주 근로자(취업자)가 96만 명, 결혼 이민자가 15만 명, 유학생(어학연수자 포함)이 11만 6천 명에 달한다고 한다.

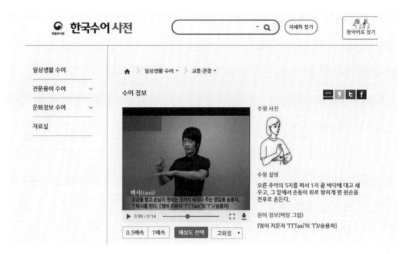

사진 1 수어(手語) **'택시'**

채널A의 '아침뉴스'를 소개한 기사 「수화도 지역별로 표현법 다르다」(『경인일보』 2013.11.8)에 따르면, 수어에도 사투리가 있다. 예를 들어 '택시'의 경우, 서울·광주·대구에서는 "오른손 엄지와 검지로 T 자를 만들어 왼손 손등"에 올려 표현하지만 부산에서는 "T 자 모양으로 만든 손가락을 머리 위"로 올려 표현한다.

이에 대하여 인터넷 『한국 수어 사전』(2016)에서 '택시'의 수어 정보는 "오른 주먹의 5지(엄지)를 펴서 1지(검지) 끝 바닥에 대고 세우고, 그 밑에서 손등이 위로 향하게 편 왼손을 전후로 흔든다."라고 되어 있다. 국립국어원에서는 이 사전을 내면서 이들 수어 정보뿐 아니라, '수화' 등의 용어를 '수어(手語)'로 통일하였다.

세브란스 병원 국제진료센터 소장 인요한(본명은 존 린턴 John Linton, 전라도식 이름은 '짠')은 전남 순천 출신이므로 당연히 전라도 방언 화자다. 그의 할아버지는 미국인 선교사 인돈(윌리엄 William)이고 할머니는 인사례(본명은 샬럿 벨 Charlotte Bell)[2] 그리고 아버지는 인휴(휴 Hugh), 어머니는 인애자

---

2 그녀는 미국인 선교사 유진 벨(Eugene Bell, 1868~1925)의 딸이다. 유진 벨(한국 이름은 배유지)은 근대계몽기와 일제강점기 동안 주로 전라도 지역에 머물러 살면서 선교와 교육 및 의료 사업에 헌신한 인물이다. 그를 기리기 위해 1995년에 '유진벨 재단'(대북 의료 지원을 목적으로 한 비영리 민간단체)이 세워졌다.

(로이스Lois)다. 이 '린턴(Linton)', 즉 '인'씨 집안은 그 할아버지 때부터 대대로 한국(특히 전라도 지역)에 살면서 선교와 교육 및 보건·의료의 영역에서 한국사회 발전에 크게 이바지하였다.

한편, 방송인 하일(본명은 로버트 할리Robert Harley)은 본래 미국인 국제 변호사다. 1985년에 부산의 영도 지역으로 이주해와 정착한 까닭에 부산 사투리를 배웠다. 1997년에 귀화하면서 이름도 한국식으로 바꿔 '영도 하(河)씨'의 시조가 되었다. 그는 방송에 나와서 거침없이 사투리를 쓰는 외국인(?)으로도 유명하다.

사투리로 말하다

1990년대 초반 지방자치제가 다시 시행되면서 각지 지역민들 사이에 지방, 특히 사투리에 대한 관심이 높아졌다. 그리하여 일부 지자체 및 민간단체에서는 이러한 관심을 더욱 고조시키기 위해 해당 지역 주민들을 대상으로 사투리 경시대회를 개최하였다. 그러한 대회의 효시가 바로 제주도교육청이 주최한 '제주 사투리 대회'다.

1992년 10월 20일(화), 제주시 문예회관 대극장에서는 '제1회 제주 사투리 말하기 대회'가 열렸다. 이는 제31회 한라문화제(1992.10.17~24) 행사의 하나로 신설된 프로그램인데 사라져가는 전통 제주 방언의 가치를 대내외에 알리고 그것의 보존과 확산을 도모할 목적으로 새로 기획된 것이었다.

현재의 '탐라문화제' 공식 홈페이지를 참조하면, 당시 이 대회에는 학생부 10개 조, 일반부 4개 조, 관광부 4개 조, 재외 교민부 4개 조 등 총 22개 조가 참가하여 "대성황"을 이루었다고 한다. 제주 사투리에 대한 도민의 높은 관심도가 이런 대회를 처음 성공적으로 개최하게 한 것이다. 제

41회(2002) 때부터 행사의 공식 명칭이 '탐라문화제'로 바뀌면서 이 사투리 대회도 '제주어 말하기 대회'로 이름이 바뀐다.

그 이후 같은 해 11월에 열린 '경상북도 고향말씨 자랑 대회'(경상북도 주최)를 필두로 1994년의 '강릉 사투리 경연 대회'(강원일보사 주최), 1996년의 '전라도 사투리 구연 대회'(목포문화원 주최), 1998년의 '충청도 사투리 경연 대회'(동양일보사 주최) 등 사투리 경시대회가 잇달아 열렸다. 이제까지 확인된 사투리 대회의 목록 및 개요를 표로 정리해 보이면 다음과 같다.[3]

표 1 사투리 경시대회 목록 및 개요

방언	대회명	제1회	최종 대회[4]	참조 사항
강원	강릉사투리경연	1994.5	2017	강릉 단오제
	정선사투리경연	1996.10	2006	정선 아리랑제
	감자사투리경연	2005.8		평창 강원감자큰잔치
	웰컴투강원도사투리경연	2005.11		강원도 출신 국회의원 대상
	영월사투리경연	2009.9	2013	영월 삼굿축제
경기	서울말으뜸사용자선발	2009.11	2010	서울 종로구, 성동구
경남	경상도사투리	1996.11		마산 가톨릭여성회관
	사투리경연	2004.5		사천 와룡문화제
	경상도사투리말하기	2007.10	2017	경남 지사배
	합천사투리말하기	2009.10	2017	합천 대야문화제
	경남사투리경연	2013.11		경남 민속문화의 해 (국립국어원, 경상남도)
	부산사투리뽐내기경연	2014.10	2015	부산시

3 이와 성격이 약간 다르지만, 전라북도 남원문화원에서 개최한 '제1회 남원사랑 사투리 글짓기 공모'(2005.9)도 이 범주에 넣을 수 있다. 『시방 나면 말이 웨 필요흐디야!』(남원시·남원문화원 2005)는 그 수상작을 모은 자료집이다. 이를테면 이는 글말로서의 사투리 경시대회였던 셈이다.
4 2017년 10월까지 치러진 대회 중에 신문, 인터넷, 게시판 등을 통해 확인된 것으로만 한정했다.

방언	대회명	제1회	최종 대회	참조 사항
경남	경상도(거창지방)사투리말하기	2014.11	2017	거창문화원
	아름다운우리말경연	2014.11	2015	부산 북구
경북	경상북도고향말씨자랑	1992.11	1997	경상북도
	울진사투리경연	2004.10		울진 송이축제/성류문화제
	풍기사투리경연	2004.11		풍기 인삼축제
	울진사투리발표	2008.4		울진문화원
	경북사투리경연	2009.9		경북민속문화의 해 (국립국어원, 경상북도)
	안동사투리경연	2009.11	2017	안동문화원
	경북사투리경연	2011.11		칠곡 교육문화회관
	의성사투리경연	2012.4		의성 산수유꽃축제
	포항사투리경연	2012.12	2013	포항문화원
	문경사투리경연	2015.12	2016	문경시 의정동우회
	경주말겨루기한마당	2016.10	2017	경주 신라문화제
전남	전라도사투리구연	1996.11	2017	목포문화원
	아름다운전라도말자랑	2011.2	2015	광주 시립민속박물관
	전라좌수영탯말경연	2012.5	2013	여수 거북선축제
	완도사투리막춤경연	2013.5	2015	완도 장보고수산물축제
전북	전라도사투리경연	2001.9		전주MBC 추석특집
	김제사투리경연	2003.10		김제 지평선축제
제주	제주어말하기	1992.10	2017	탐라문화제
	제주어골을락대회	2009.10	2017	제주어보전회
	제주어말하기	2015.10	2017	제주 서귀포 칠십리축제
충남	충청도사투리경연	2004.10		홍성 내포문화축제
	충청도사투리경연	2012.9	2013	예산 옛이야기축제
충북	충청도사투리경연	1998.10	2003	청주 동양일보
	충청도사투리경연	2014.10	2016	충북 예술제
북한	남북사투리경연−함경도·전라도 편	1998.7		국립민속박물관

방언	대회명	제1회	최종 대회	참조 사항
북한	이북사투리경연	2008.7		강원 속초 통일문화제
	북한지역사투리노래자랑	2014.10	2016	사단법인 새조위
기타	팔도사투리경연	1997.8		서울 강서구
	팔도사투리경연	1999.6	2008	강원 태백 태백산철쭉제
	전국사투리경연	2004.1		KBS 설 특집
	영호남의원생활사투리경연	2005.4		국회 지방자치발전연구회
	팔도사투리경연	2007.10		충남 천안 흥타령축제
	영호남사투리경연	2009.5		경남 하동 야생차축제
	전국사투리경연	2013.11		안전행정부
	재한외국인전국사투리경연	2014.2		재한외국인문화교류재단
	전국사투리경연	2016.3		경남 양산 원동매화축제
	전국사투리경연	2016.10		경북 상주 이야기축제

위의 목록이 빠짐없이 조사된 것이 아니어서 완전하다 할 수는 없으나 이것만으로도 대체적인 경향을 파악하는 일은 가능하다. 그리하여 전체 51개 대회 중에 지역적으로는 경상도에서 개최된 대회(총 22개)가 압도적이며 지속 횟수로는 그 반 가까이 1회성 행사였다는 사실을 알 수 있다.[5]

표 2 사투리 경시대회 현황

지속 횟수	1회	2회	3회	4회	5~7회	8회	9~11회	12~21회	22회 이상	총계
대회 개수	25	8	4	1	4	0	6	0	3	51

이들 대회 중에 2017년 현재까지 5회를 넘겨 계속되고 있는 것은 모두

5 1990년대에 시작된 대회가 11개, 2000년대에 시작한 대회가 21개, 2010년대(2010~2017)에 시작한 대회가 19개니, 점차 많아지는 추세라 할 수 있다.

8개다(5회 이상의 대회 중 5개는 중지). 그 가운데 '제주어 말하기 대회'(26회)와 '강릉 사투리 경연 대회'(24회) 그리고 '전라도 사투리 구연 대회'(22회) 셋은 20년 이상 지속되었지만 나머지 5개 대회 중 '경상도 사투리 말하기 대회'(11회)만 10회를 넘겼을 뿐 '안동 사투리 경연 대회'(9회)와 '합천 사투리 말하기 대회'(9회) 및 '제주어 골을락 대회'(9회) 그리고 '아름다운 전라도 말 자랑 대회'(7회)는 아직 10년을 넘어서지 못했다.[6]

이에서 보듯 사투리 경시대회가 단발성 행사에 그치는 경우가 많은 것은 행사의 성격이 모호했다거나 하여 '사투리 대회'가 그다지 주목을 받지 못했기 때문으로 여겨진다. 가령 해당 지역의 특산물 축제에서 그와 별 상관이 없는 사투리 대회가 열리면 그 축제에 참여하는 일반인들의 호응을 얻기가 어렵다. 또 좌중을 휘어잡는 사투리 재담꾼이 대회에 참여하지 않으면 그런 사투리 대회는 청중들의 관심을 끌 수 없게 된다. 그러니 사투리 대회를 여는 목적을 분명히 하고 일상어로서의 사투리를 자연스럽고 맛깔나게 구사하는 이야기꾼[7]을 발굴하는 일, 그것이 사투리 경시대회의 성패를 좌우하는 요소들이 된다.

한편 이들 사투리 대회의 수상작들은 대부분 세간에 알려지지 않는다.[8] 하지만 일부 수상작은 해당 지역 권역을 벗어나 그 내용이 어느 정도 전국화하기도 한다. 이들 중 일반인들에게 비교적 많이 알려진 '이율곡의 10만 양병론'(강릉시 사천면의 이청림 씨 구연)을 소개한다. 이는 제10회

---

6   '정선 사투리 경연 대회'(1996~2006)나 태백산 철쭉제의 '팔도 사투리 경연 대회'(1999~2008)는 10회를 넘겼으나 오늘날까지 지속되고 있는 것 같지는 않다.

7   이들은 어느 마을, 어느 세대에나 있게 마련이다. 그런 이가 젊은이나 어린이라면 더욱 좋다. 하지만 어떤 경우라도 원고 내용을 그냥 외워 발표하는 듯한 느낌을 주면 안 된다.

8   이례적으로 『(제1회 목포지역권)전라도 사투리 구연 대회: 입상작 모음집』(목포문화원 1996)이나 『경상남도 사투리 말하기 대회』(한국문화원연합회 경상남도지회 2011)처럼 수상작들을 모아 책으로 낸 경우도 있다.

(2003) '강릉 사투리 경연 대회'에서 대상을 받은 것이라 하는데, 실제 구연된 음성 파일을 듣고 전사(轉寫)한 한글 원고를 여기에 함께 제시해 보인다(일부 단어에는 괄호 안에 표준어 대역을 붙임).

전하! 자[왜적]들이 움메나 빡신지(센지) 영깽이 같애(여우 같아)가지고, 하마(벌써) 서구 문물을 받아디레가지고요, 쐬꼽등거리(쇳덩어리)를 막 자들고(두드리고) 빨쿠고(펴고), 이래가지고 뭔 조총이란 걸 맹글었는데.

한쪽 구녕 큰 데다가넌 화약등거리하고 재재하이(잘잘한) 쐬꼽등거리를 우게넣고는, 이쪽 반대편에는 쪼그마한 구녕을 뚫어서 거다(거기다) 눈까리를 들이대고, 저 앞에 있는 사람을 전조서(겨누어서) 들어 쏘먼은, 거 한번 걸어들리면 대뜨번에(단번에) 쎗살이가 빠지잖소.[9] 그 총알이란 기 날아가지고 대가빠리에 맞으먼은 뇌진탕으로 즉사하고요, 눈까리에 들어 걸리먼은 눈까리가 다 박살나고, 배때기에 맞으믄 창지가 마카(모두) 게(쏟아져) 나와가지고 대뜨번에 쎗살이가 빠져요.

그리고 자들이 떼가리로(무리지어) 대뜨번에 뎀비기 때문에, 만 명, 2만, 5만 갖다가는 택도 안 돼요. 10만이 돼야 돼요. 이기 분명히 얘기하는데, 내 말을 똑떽이(똑똑히) 들어야 될 기래요.

그리고 자들이요, 움메나 영악시러운지요, 아주 순순히 이래가지고는 되지 않아요. 우리도 아주 더 빡시게(세게) 나가고, 이래서 뭐 막 대포도 잘 맹글고 훈련을 잘 시케서(시켜서), 이래야지 되지 안 그래므 우리가 잡아멕혜요.

---

9 '쎗살'은 혀의 살을 가리킨다. 그러므로 '쎗살이가 빠지다'는 '혀가 빠지다', 결국 '죽다'를 뜻한다.

사투리로 노래하다

대구 출신의 가수 MC메타(본명은 이재현)는 2011년에 「무까끼하이」라는 사투리 랩 가요를 발표했다. 그런데 방송 심의 과정에서 그 제목 및 가사가 문제가 됐다.

이 곡에 대해 MBC와 SBS 측은 '비속어'를 이유로, KBS 측은 '일본어식 표현'을 이유로 방송불가 판정을 내린 것이다. 무지하게 긴 랩 가사 속에 비속어가 전혀 없다 하긴 어려우나, 일상적으로 쓰는 사투리를 제외할 때 비속어는 '구라, 또라이, 뻥, 쌍판, 주디(주둥이)' 정도로 불과 몇 개 되지 않으므로 이것만으론 그 규제가 좀 과했다 할 만하다. 또 제목 '무까끼하이'가 일본어 같다 하나 그 근거가 불분명하며, 설사 그렇더라도 이 단어 하나 때문에 방송불가 판정을 내렸다면 이는 더욱 부당한 처사다.

MC메타에 따르면 '무까끼하이'는 '(아주) 무식하게, 융통성 없이 고지식하게' 정도의 뜻을 나타내는 대구 사투리라 한다. 이는 대구에서도 아주 널리 사용되는 단어는 아닌 듯하다. "무까끼하이 길에서 와(왜) 싸우노?" 이처럼 말하는 사람들이 있는데, 이때 '무까끼하이'의 뜻을 고려하면 틀림없이 '무식하이(무식하게)'와 연관된 말일 듯싶다. 이에 대해 방송불가 결정을 내린 심의위원들은 아마도 이때의 '무까끼하이'를 근거없이 특정 인들이 사용하는 비속어거나 일본어에서 온 말로 간주했던 것이리라.

이러한 점을 감안할 때 「무까끼하이」에 대한 방송불가 판정은 노래가사 곳곳에 등장하는 사투리들을 비속어(심지어는 일본어)로 본 데 따른 결과로 여겨진다. "됐으, 됐으요, 고마 됐으요"나 "놔두이소 (…) 말아무이소 (…) 잡아무이소" 등 운율을 맞추기 위해 등장한 사투리 어구들 그리고 "힘 다 빼고 자빠졌네, 무참하이. 사는 기, 이런 기가?" 등과 같은 사투리 문장들을 비속어(또는 일본어) 표현으로 규정하고 그런 결정을 내

렸으리라는 말이다.

정말 그러하다면 우리들의 사투리 가요는 우리나라 방송계에서 영어 노래만도 못한 대접을 받은 셈이다. 그래도 제9회 한국대중음악상(2012) 시상식에서 대중들이 뽑은 '랩힙합(노래)' 부문 최우수상을 받았다니 다소나마 위안이 된다.

이와 같은 사투리 가요는 이제까지의 한국 현대 가요사를 되돌아볼 때 그 전에도 세간의 화제가 된 적이 있었다. 그 하나가 제주도 출신의 가수 혜은이의 「감수광」(1977)이었다면 그 두 번째는 고등학생 가수 문희옥의 데뷔 음반 『사투리 디스코』(1987)였다.

먼저, 혜은이의 「감수광」에서는 그 후렴구에 등장하는 제주도 사투리가 대중들에게 참신함을 넘어 신비롭게까지 받아들여졌다(그래서인지 부르는 사람마다 가사가 제각각이다).

감수광 감수광 난 어떡허렌 감수광
설룬 사람 보냄시메 가거들랑 혼저 옵서예

이는 '가십니까, 가십니까, 난 어떡하라고 가십니까, 서러운 사람을 보내는 것이니 가거든 어서 (돌아)오세요'로 번역된다. 이 후렴구는 사실 고려가요 "가시리 가시리잇고 (…) 날러는 어찌 살라 하고 가시리 가시리잇고 (…) 설온 님 보내옵나니 가시는 듯 도셔오소서"에 꼭 들어맞는다. 이를테면 이는 고려시대 「가시리」의 현대판 제주 사투리 버전인 셈이다.

한편 문희옥의 음반 『사투리 디스코』에서는 「삼수갑산 비둘기」(함경도), 「이별의 삼랑진역」(경상도) 등 몇 곡에다가 팔도 사투리를 담았다. 그것들 중에는 「천방지축」이란 트로트 가요가 가장 좋은 반응을 얻었는데 "어째 그라요, 어째 그라요, 시방 날 울려놓고, 떠나갈 바엔 사랑한다고 뭐 땀시 그랬당가요" 등 전라도 사투리를 활용해 큰 인기를 끌었다.[10] 사투리 가요 가 주는 참신함과 정겨움으로 이 곡이 세인들의 주목을 받은 것이다. 하지 만 문희옥의 『사투리 디스코』의 경우, 음반 판매에는 크게 성공(360만 장) 했으나 공연 실적은 저조했다고 한다.

이 음반은 1980년대 후반에 발매되었는데 불행히도 이때는 방송이나 무대 등 공식적인 자리에서 사투리 사용을 금기시하던 시기였다. 더군다 나 정치적으로 차별받는 처지에 놓여 있던 전라도 사투리는 당시에 공연 언어로서는 매우 부적절한 것이었다.

그러기에 「천방지축」을 포함한 그녀의 노래는 방송이나 무대 공연에 서 환영을 받을 수 없었다.[11] 사투리 가요가 사적 영역(음반 감상)에서는 허용되었어도, 공공의 영역(공연)에서는 그러지 못했었다는 말이다. 그 이후로 한동안은 사투리 노래가 가요계에서 사람들의 이목을 끌지 못하 였다.

그러다가 2000년대 들어, 가수 '강산에'가 자작곡 「와 그라노」를 발표 했다. 이 곡은 2002년에 발매한 6집 음반에 실렸는데[12] 가사가 모두 부산 사투리로 되어 있다. 이 노래에서는 라틴계 리듬에, "와 그라노, 니 또 와 그라노"로 시작하여 "뭐라 캐쌓노 (…) 내 우짜라꼬 (…) 니 우짤라꼬 (…) 니 고마해라" 등 운율이 있는 사투리 가사가 상당수 반복되었다. 사 투리를 활용해 운율을 맞추는 동시에 마치 외국 노래처럼 들리게끔[13] 가 사에 참신성을 가미한 것이다.

---

10 사실, 문희옥은 강원도 삼척군 장성읍(현재는 태백시) 출신의 가수다.
11 물론 가수가 고등학생이었다는 점도 이에 영향을 미쳤을 것으로 보인다.
12 이 음반에는 그의 아버지 고향인 함경도의 사투리를 약간 섞어 넣은 「명태」란 곡도 들어 있다.
13 실제로 이에는 멕시코 노래(즉 스페인어 노래) 같다는 댓글이 많이 달렸다.

그 결과 「와 그라노」는 지역 정서도 반영하고 흥미 유발에도 성공한 사투리 노래, 그리고 전국적으로 대중들에게 상당히 널리 알려진 사투리 노래가 되었다. 이는 훗날 이준익 감독의 영화 「평양성」(2010)의 엔딩 음악으로 쓰이기도 했다.

이처럼 음악에 사투리를 접목하면 지역적 정감을 드러낼 수 있으며 표준어에 없는 운율(동음 또는 유음·비음 반복 등)을 노래가사로 활용하는 일이 가능하다. 5인조 록밴드 '장미여관'이 부른 경상도 사투리 노래 「봉숙이」(2011)를 보자.

> 야, 봉숙아, 말라고 집에 드갈라고
> (⋯)
> (후렴) 못 드간다 못 간다 말이다
> 이 술 우짜고 집에 간다 말이고

위 노래에서는 '말라고'와 '우짜고'가 3음절이면서 '-라고'와 '-짜고'의 대(對)를 이루고 있다. 그럼으로써 이에 대응하는 표준어 '뭐 하려고'와 '어찌하고'보다 훨씬 짧아지고 더 규칙적이며 한결 부드러워졌다. 그러니 여기에는 표준어 '들어가려고, 들어간다'보다 '드갈라고, 드간다' 등의 경상도 사투리가 더 잘 어울릴 수밖에. 결국, 이러한 사투리들이 모여 「봉숙이」는 한결 코믹하면서 더 재미있는 노래가 되었다.

이제까지 언급한 노래들, 즉 「감수광」에서 「봉숙이」에 이르기까지 이들 노래를 부른 사람은 모두 중앙에서 활동하는 유명 가수들이다.[14] 하지만

---

14 7인조 남성 그룹 '방탄소년단'도 「팔도강산」(2013)이란 사투리 노래를 불렀다.

그 이외에 전국적으로 널리 알려지지는 않았어도 각 지역마다 각지 사투리를 써 노래하는 가수들이 있다. 이들은 지역 정서 및 특색을 반영해 노래를 만들고 해당 지역 내에서 주로 활동한다.

가령 제주도 출신의 가수 양정원도 그중 한 사람이다. 제주 방언에서는 독특하게 '아저씨, 아주머니' 대신 '삼춘'이란 호칭을 쓰는데 그래서 그의 대표곡이 「삼춘」(2008)이다. 방언상의 특징이 그의 노래에 그대로 드러나 있는 것이다. 이와 같은 가수들이 각 지역에서 좀더 많이 배출되고 지역적 지원을 받아 누구라도 활발히 활동할 수 있는 기반이 마련됨으로써 이 땅에서 사투리 노래 공연이 매우 일상적인 지역문화 활동의 하나가 되는 시대가 열릴 수 있기를 기대해본다.

사투리로 쓰다

'나무위키'는 사용자 누구나 작성·편집·수정이 가능한 백과사전 인터넷 사이트다.[15] 그런데 여기에 실려 있는 방언 항목들에는 매우 흥미롭게도 각 항목에 대한 '표준어 설명'과는 별도로 '사투리 설명'이 따로 베풀어져 있다. '방언 적용 버전'이란 제목 아래 해당 내용이 사투리로 바뀌어 덧붙어 있는 것이다.

동남 방언 한반도 동남부서 쓰는 한국어 사투리 중에 하나데이. 쓰는 데는 부싼, 대구, 겡상남도, 겡상북도, 울싼에 행정구역하고 쪼매 비스므리하고 (…) 옝남 방언, 겡상도 방언, 겡상도 사투리라 칸다.

---

15 '위키피디아(wikipedia)' 또는 '위키(wiki)'는 인터넷 백과사전으로, 각 항목에 대한 설명을 누구라도 작성할 수 있고 또 열람·수정할 수 있는 사이트다. 그러한 위키 사이트의 한 종류가 '나무위키'다.

서남 방언 생각해본개 어른들한테 쓰는 말 여따 써놓으면 쪼까 골 아퍼지고 더 늘어져갖고 영 보기 껄쩍찌근할 것이구마잉. 딱 봐서 알아먹기 편하게 쓰는 게 위키으 원칙이고 전라도 높임말보다는 낮춤말이 그 거시기한 것에 더 잘 맞응개 이 문서는 전라도식 해체로 작성해불었어.

제주 방언 제주어를 졸바로 곧지 못하는 젊은 사름이 작성해부난 문서의 질이 좋지 아니한게 마씀. 제주도 주민 및 제주어 요망지게 하는 사름네가 수정해줍서. 제주도 주민도 젊은 사름들은 잘 못한덴 마씀. 겐디 진짜 제주어로 써불민 읽어지는 사름 이시쿠광?

충청 방언 서울말이나 충청도 사투리나 비슷혀서 어째 보면 기냥 반말루 써논 것 같어. 뭐 어쩌, 사실이 그런디. 글타구 존댓말루다가 써서 '~해유' 이렇게 쓰면 또 그것두 웃기는 노릇 아니겠어? 문서의 통일성을 위해 존댓말 어미인 '~유'체는 거의 쓰지 않구 '~여, ~겨' 어미가 자주 사용되었음을 알아뒀으면 혀.

위의 인용문에서, 나무위키 사전(방언 적용 버전)의 서술 문체에 관한 고민을 엿볼 수 있다. '동남 방언'(경상도 사투리)에서는 보통의 사전들과 마찬가지로 '-다'체(경상도식으로는 '-데이'체)를 썼고 '제주 방언'에서는 존댓말을 썼다. 이와 달리 '서남 방언'(전라도 사투리)과 '충청 방언'에서는 '-다'체에 준하는 문체(여기서는 반말체)로 서술해야 한다고 주장하였다.

대개의 경우, 사전 항목은 지극히 격식적인 문체로 작성되게 마련이다. 이러한 사정을 감안하면 이 '방언 적용 버전'의 진술은 전문적인 내용을 글로 쓸 때 사용하는 사투리 격식어에 관한 논의나 다름없다.

그런데 저 앞에서 MBC 라디오의 「자갈치 아지매」와 「아구 할매」 그리고 「말바우 아짐」(이 책의 11장 「TV 속의 방언」 참조)과 같은 사투리 방송이 '입말'로서 격식적 말투의 사투리를 정립하기 위해 커다란 노력을 기울인 중요한 프로그램들이었다고 서술한 바 있다. 이와 동일한 맥락에서, 나무위키 '사투리 설명'의 필자들은 '글말'로서 이에 비견되는 노력을 기울인 사람들이었다 할 만하다.[16]

한편 이 땅에서 글말로 사용되는 사투리의 문제를 가장 많이 고민한 이는 아마도 소설가나 시인 등의 문학인들이었을 것으로 여겨진다.[17] 비록 '지문'이 아니라 소설 속 '대화'에 한하는 일이 대부분이었지만 그들은 사투리를 '대화'에 넣으며 글말로서의 사투리 문학어를 창조했다. 대표적으로 박경리(朴景利, 1926~2008)는 경상도, 이문구(李文求, 1941~2003)는 충청도, 현기영(玄基榮)은 제주도, 조정래(趙廷來)와 최명희(崔明姬, 1947~1998)는 전라도의 사투리를 문학어로 활용해 자신의 작품을 썼다.[18]

이러한 작업에 많은 시인들이 동참했음은 군이 예서 더 부연할 필요가 없다. 다만, 박목월(朴木月, 1915~1978)의 「사투리」(1968)와 김춘수(金春洙, 1922~2004)의 「앵오리」(2004), 두 시만은 여기에 직접 인용해두고자 한다(박목월은 경북 경주, 김춘수는 경남 통영 출신의 시인이다). 이 두 시에

---

16 사투리의 '활자화'를 위해 애쓰는 일명 '사투리 잡지' 『전라도닷컴』(발행인 황풍년)도 여기에 소개할 만하다. 2002년부터 지금까지 통권 179호가 발행된 이 잡지에는 주로 전라도의 자연과 문화에 관한 취재 기사가 실려 있다(기사문은 대개 표준어로 작성됨). 이 잡지의 인터뷰 기사 대부분에서 지역민의 생생한 사투리가 가감 없이 그대로 드러난다(아주 어려운 일부 단어에만 표준어 대역을 붙임).

17 이러한 작가층에 만화가 허영만도 포함된다. 전남 여수 출신의 그는 「식객」을 『동아일보』에 연재(2002.9~2008.12)하면서 전국의 수많은 사투리를 만화 속 말풍선에 담았다. 그가 자신의 만화에서 처음으로 선보인 사투리는 『오! 한강』(1987)에서의 '전라도 말'이었다.

18 출생지에 따라 일별하면 박경리는 경남 통영, 이문구는 충남 보령, 현기영은 제주시, 조정래는 전남 순천, 최명희는 전북 전주다.

는 고향 사투리에 대한 시인의 감성이 직접적으로 드러나 있다.

　　우리 고장에서는
　　오빠를
　　오라베 했다.
　　그 무뚝뚝하고 왁살스러운 악센트로
　　오 오라베 부르면
　　나는
　　앞이 칵 막히도록 좋았다.

　　나는 머루처럼 투명한
　　밤하늘을 사랑했다.
　　그리고 오디가 새까만
　　뽕나무를 사랑했다.
　　혹은 울타리 섶에 피는
　　이슬마꽃 같은 것을 ……
　　그런 것은
　　나무나 하늘이나 꽃이기보다
　　내 고장의 그 사투리라 싶었다.

　　참말로
　　경상도 사투리에는
　　약간 풀 냄새가 난다.
　　약간 이슬 냄새가 난다.

그리고 입안이 마르는
황토흙 타는 냄새가 난다.

─「사투리」 전문

이에서 보듯 박목월은 자신이 듣고 자란 사투리에서 느껴지는 그리운 정감을 직접적으로 표현했다. 나아가 김춘수는 다음의 시 「앵오리」에다가 고향 및 전통(사투리)의 소멸을 대하는 시인의 안타까운 마음을 담았다.

우리 고향 통영에서는
잠자리를 앵오리라고 한다.
부채를 부치라고 하고 고추를
고치라고 한다.
우리 고향 통영에서는
통영을 토영이라고 한다.
팔을 폴이라고 하고 팥을
퐅이라고 한다.
코를 케라고 한다.
우리 고향 통영에서는
멍게를 우렁싱이라고 하고 똥구멍을
미자발이라고 한다.
우리 외할머니께서는
통영을 퇴영이라고 하셨고 동경을
딩경이라고 하셨다. 그러나
까치는 까치라고 하셨고 까치는

깩 깩 운다고 하셨다. 그러나

남망산은

난방산이라고 하셨다.

우리 외할머니께서 돌아가셨을 때

내 또래 외삼촌이

오매 오매 하고 우는 것을 나는 보았다.

—「앵오리」전문

마지막으로, 조정래의 소설 『태백산맥』(1989)에 등장하는 다음 진술은 사투리와 관련해 여기서 다시 새겨볼 만하다.

사방천지 떠돔시로 서울 물도 쪼깐 묵어봤구만이라. 헌디 (…) "밥 먹었니이?, 잘 잤니이?"고 간사시럽고 방정맞고 촐싹거리는 말이 워디가 좋다고 배우겄습디여. 서울말에 비허면 전라도 말이 을매나 좋소. 묵직허고 듬직허고 심지고. 대장님도 전라도에 온 짐에 전라도 말 싸게 배우씨요. (…) 말 나온 짐에 한마디 더 혀야 쓰겄는디, 대장님이 몰라서 허는 소리제. 전라도 말맹키로 유식허고 찰지고 맛나고 한시럽고 헌 말이 팔도에 워디 있습디여. (제2권 192면)

전라도 사투리가 "묵직허고 듬직허고 심지고" 해서 서울말(또는 표준어)보다 좋다는 얘기다. 또 "유식허고 찰지고 맛나고 한시럽고" 해서 그것이 전국 "팔도"에서 제일 좋은 사투리라고도 말하고 있다.

이처럼 자신의 사투리가 가장 편하고 좋다는 말은 사투리를 귀히 여기는 모든 방언 화자들이 공히 하고픈 이야기다. 이러한 사람들 속에 당연히 표준어(또는 서울말) 화자도 포함될 터이니 결국 이 책(『방언의 발견』)에서 말하고자 하는 바는 표준어를 쓰지 말자고 하는 게 아니라, 남의 사투리를 쓰지 못하게 하지 말자는 것이 된다. 그것은 곧 전국 모든 방언의 고유한 가치를 발견하고 상호 인정하여 지역민의 자존심을 회복시켜주는 일이다.

사투리를 채집하다

광복 이후 사투리에 관심을 가진 많은 이들에 의해 전국 방방곡곡에서 방언채집이 이루어졌다. 그러는 가운데 국가적 차원에서 조사·연구자들의 역량을 결집하여 전국 방언 조사를 수행하고 그 결과물을 모아 책으로 간행하기도 했다. 한국정신문화연구원의 『한국 방언 자료집』(1987~1995)과 학술원의 『한국 언어 지도집』(1993) 그리고 국립국어원의 『지역어 조사 보고서』(2004~2013)가 바로 그러한 결과물들이다.

먼저, 『한국 방언 자료집』은 한국정신문화연구원(현 한국학중앙연구원) 어문연구실에서 주관한 '전국방언조사연구 사업'(1978~1995)의 결과물로 간행되었다. 1980년 7월부터 남한 전역(138개 군)을 대상으로 현지 조사를 실시한 후, 그 결과를 정리하여 1987년부터 총 9권의 자료집을 출간하였다.

다음으로 『한국 언어 지도집』은 국제학술원협회에서 주도한 세계 언어 지도집 간행 사업의 일환으로 출판되었다. 대한민국학술원은 1987년에 '한국 언어 지도집' 작성 계획을 세우고 이 계획에 따라 북한을 포함한 전국 304개 조사 지점을 3년에 걸쳐 조사하였다(북한 지역에 대해서는 월남한 사람들을 조사). 그 결과를 바탕으로 1993년에 모두 6장의 천연색 언어 지도(이에 관한 설명 포함)를 작성·간행하였다.

국립국어원에서 주관한 '지역어 조사 사업'(2004~2013)은 국내의 지역어 및 국외(중국과 독립국가연합)의 한국어를 조사·전사(轉寫)하고, 이를 오랜 기간 보존 및 활용할 수 있도록 각 방언의 음성 데이터베이스를 구축하는 것을 목표로 하였다. 10년간 총 71개 지역(국내 61지점, 국외 10지점)을 조사하고 그 조사 결과를 담은 음성녹음 파일과, 이를 전사한 한글 파일 및 책자 형태의『지역어 조사 보고서』를 펴냄으로써 국내 및 국외 한국어 방언의 생생한 자료를 확보할 수 있게 되었다.

그 이외에 개인 또는 민간단체 차원에서 책의 형식으로 간행한 방언 자료집도 그 수가 상당하다. 국내에서 간행된 것으로 이제까지 확인된 이들 저작 목록의 상세를 도별로 구분하여 아래 제시해본다(자료집의 제목은 거의 모두 한글로 바꾸었다).

전국(또는 남한)

- 경성사범학교 조선어연구부 편『방언집』, 1937.
- 오구라 신페이(小倉進平)『朝鮮語方言の研究』, 東京: 岩波書店 1944.
- 정태진·김병제『조선 고어 방언 사전』, 일성당서점 1948.
- 김형규『한국방언연구』, 서울대 출판부 1974.
- 최학근『한국방언사전』, 현문사 1978.
- 한국방언학회 편『이숭녕의 방언채집 자료』, 태학사 2014.

강원도

- 김인기『구수하게 살아 숨쉬는 강릉사투리 맛보기』, 한림출판사 1998.
- 이경진『삼척지방 방언 편람: 어데 가와?』, 삼척문화원 2002.
- 박성종·전혜숙『강릉방언사전』, 태학사 2009.
- 김인기『강릉방언대사전』, 동심방 2014.
- 서종원·이영수·심민기『정선방언사전』, 더메이커 2017.

경상남도

- 김영태『경상남도 방언연구』, 진명문화사 1975.

- 장일영『진주지역방언집』, 금호 2002.

- 부산 사투리를 사랑하는 사람들 모임 편『부산 사투리 사전』, 삼아 2003.

- 안길남『낙동강 하류 가락 지역어 조사 연구』, 세종 2005.

- 김종도·김우태『남해 사투리 사전』, 남해신문사 2005.

- 김회룡『하동의 토속어』, 하동문화원 2006.

- 양희주『부산말사전: 니 어데 갔더노?』, 조양 2008.

- 조규태『진주 사투리』, 문화고을 2010.

- 송인만『합천지방의 말: 사투리』, 합천문화원 2012.

- 이복남『겡상도 사투리, 뭐라카노?』, 온이퍼브 2012.

- 조용하『(울산 사투리 모음집) 니가 구쿠이까네 내가 그쿠지』, 디자인워크 2013.

- 신기상『울산방언사전』, 울산광역시 2013.

- 김용호『거제 방언, 사투리』, 한국문화사 2013.

- 경남방언연구보존회 편『경남방언사전』, 경상남도 2017.

경상북도

- 이상규『경북방언사전』, 태학사 2000.

- 최명옥·김주석『경주 속담·말 사전』, 한국문화사 2001.

- 류창석『안동방언집: 첨절 안겠디껴』, 영남사 2007.

- 정석호『경북동남부방언사전』, 글누림 2007.

- 김정균『안동방언사전』, 안동문화원 2009.

서울

- 국립국어연구원 편『서울 토박이말 자료집』, 1997~2000.

전라남도

- 이돈주『전남방언』, 형설출판사 1979.
- 이기갑·고광모·기세관·정제문·송하진『전남방언사전』, 태학사 1998.
- 이희순『방언사전 여수편』, 어드북스 2004.
- 주갑동『전라도방언사전』, 수필과비평사 2005.
- 오홍일『전남 무안지방의 방언사전』, 무안문화원 2005.
- 김성우『와보랑께』, 와보랑께박물관 2008.
- 황금연·강희진『담양방언사전』, 담양문화원 2010.
- 정현창『(전라도 말 맛보기) 전라도 사투리 사전』, 아름다운 세상 2012.
- 조병현『진도 사투리 사전』, 진도문화원 2014.
- 기세관『광양방언사전』, 한국문화사 2015.

제주도

- 석주명『제주도 방언집』, 서울신문사 1947.
- 박용후『제주방언연구』, 동원사 1960.
- 현평효『제주도방언연구』, 정연사 1962.
- 현평효·김종철·김영돈·강영봉·고광민·오창명『제주어사전』, 제주도 1995.
- 송상조『제주말 큰사전』, 한국문화사 2007.
- 현평효·강영봉『제주어 조사·어미 사전』, 제주대 국어문화원 2011.
- 현평효·강영봉『표준어로 찾아보는 제주어 사전』, 도서출판 각 2014.
- 김순자『제주수산물 방언자료집』, 수산업협동조합중앙회 2014.

충청남도

- 이원국『태안의 사투리』, 태안문화원 1999.
- 이걸재『공주말 사전』, 민속원 2009.

- 이명재 『예산말 사전』(제1권), 이화 2012.
- 이명재 『예산말 사전』(제2권), 신원문화사 2013.

충청북도

- 이동희 편 『정겨운 우리 영동 사투리: 충청북도 영동지역 방언 조사 자료집』, 영동문화원 2014.
- 김용래 『잊혀져가는 우리 지역 말·말·말: 충북 영동』, 장수 2015.

평안도

- 김이협 『평북방언사전』, 한국정신문화연구원 1981.
- 김영배 『평안방언연구』, 태학사 1997.

함경도

- 김태균 『함북방언사전』, 경기대 출판국 1986.
- 이영철 『함북방언(길주 지방) 연구』, 예진문화사 2005.
- 정원석·서윤환 편 『함흥지방 방언집』, 한국어린이문화연구소 2010.

아울러 책의 형식을 갖추지 않았더라도 각지 사투리를 채집하여 기록한 자료 그리고 구술 대화를 채록한 자료 등 각종 사투리를 모아놓은 자료집 도 무수히 많다. 구술 대화 및 이야기를 수록한 것으로 한국정신문화연구 원의 『한국구비문학대계』(82권, 1980~1988), 뿌리깊은나무 출판사의 『민중 자서전』(20권, 1981~1991), 국립국어원의 『지역어 조사 보고서』와 『지역어 전사 보고서』(92권) 및 『지역어 구술자료 총서』(51권)(이상 2004~2013) 그리 고 국립국어원의 『민족생활어 조사 보고서』(44권, 2007~2013) 등이 있다.

이와 같은 자료집들은 각지 사투리에 대한 적극적 관심의 집약이며 외 적 발현물이라 할 만하다. 자신의 말을 기록했든, 남의 말을 채집해 수록 했든, 관심을 가진 지역의 방언 및 문화 관련 사항을 상당한 노력을 들여 모아서 책자의 형태로 내놓은 것이 바로 '방언 자료집'이라는 말이다. 그러한 자료집은 대개 지역문화를 보존하고 지역적 정체성을 확인하는 차원에서 또 언어 연구의 다양한 기초 자료를 확보하는 차원에서 간행이 이루어진다.

이러한 자료집을 모두 포괄해보면 이에는 해당 지역의 살아 있는 단어는 물론 현재 쓰이지 않는 단어(사어) 또는 기억 속에만 존재하는 단어(이해어)들도 실려 있게 마련이다. 오래된 자료집일수록 지금은 쓰지 않는 '사어'나, 이해는 하지만 사용하지는 않는 '이해어'가 많이 포함되었으리라는 점은 쉬 예측된다.

이들을 다시 살려 쓰자는 건 아니고(그게 가능한 일도 아니고), 전통문화의 보전 차원에서 이러한 지역 사투리들을 더 많이 채집하고 차곡차곡 잘 정리해두는 일이 필요하다.[19] 그 결과물들이 이제까지 해왔던 것처럼 학술적으로 언어 연구의 새로운 시각을 제공하는 데 도움을 줄 뿐 아니라 사회적으로 전통(사투리)의 소멸 속도를 늦추는 데에 크게 이바지하게 될 수 있으리라 믿어 의심치 않는다.

---

19 이때 '사어'가 아니라면 해당 단어(또는 표현)의 '뜻풀이'와 '전형적인 용례' 그리고 그와 관련된 '문화적 정보' 등이 함께 기록되어야 한다.

전통 방언의 소멸 속도 늦추기

고향 사투리를 쓰던 사람들은 이에 관한 추억을 적어도 한두 가지는 꼭 가지고 있다. 어렸을 때 사투리를 써서 야단맞았다든지, 자신의 말이 표준어인 줄 알았는데 사투리였다든지, 사투리로 인해 오해를 사거나 웃음을 자아내게 되었다든지 하는 일들. 게다가 어려서 무언가 먹다가 혹은 친구들과 놀다가 자연스레 사용하던 말까지, 그런 말들도 대부분 지금은 하나의 추억이 되었다.

그런데 이러한 추억들마저 급속히 사라져가고 있다. 그것들이 이제는 몇몇 블로그나 유튜브에서만 재생될 뿐, 실지 기억 속에서는 희미해진 지 오래다. 그리고 예전에 실생활에서 그리 많이 쓰이던 사투리 단어(문법 형태 포함)들은 상당수 이해할 순 있지만 실제 구사하진 않는 소멸 위기의 '이해어'가 되었다. 시간이 흘러 그 사용 환경이 다시 조성되지 않는다면 그 단어들은 결국 소실되고 만다.

사투리(또는 방언)는 오랫동안 우리의 삶과 추억 속에 뿌리내려온 자산으로, 첨단 현대사회에 들어섰다고 바로 표준어에 자리를 내주어야 하는 그런 대상이 아니다. 오히려 전통의 소멸로 문화적 다양성을 점차 상실해가는 요즘과 같은 시대에는, 여러 가지 부면에서 다양하면서도 유연한 모습을 보여주는 사투리의 가치가 더욱더 의미 있게 받아들여진다. 학술적으로는 다양한 언어재를 통한 체계적인 언어 연구를 가능케 하고, 실용적으로는 표준어의 어휘적 공백을 메워 언어생활을 풍요롭게 하며, 문화적으로는 각 지역의 각별한 정서를 이해하고 또 표현할 수 있게 한다는 점에서 사투리는 그냥 그 자체로 독자적인 가치를 지니는 것이다.

그럼에도 불구하고 오늘날 전국 모든 지역의 전통적 사투리(또는 그것의 변종)는 소멸의 길로 접어들어 대개는 중·장년층 이상 화자들의 머릿속에만 남아 있다(연령층의 지역적 편차가 없지는 않다). 반면에 해당 지역의 젊은이들은 대체로 그러한 전통형 대신에 표준어의 지역적 변종을 쓴다. 이러한 사정을 감안할 때 전통 방언의 소멸은 어느 특정 지역이 아니라 전국적으로 또 '젊은 세대'에서 공히, 그리고 매우 급격히 일어나는 현상으로 이해된다.

현대사회의 이 같은 변화는 거스르려 해도 쉬 거스를 수 있는 게 아니다. 그렇지만 적어도 전통의 급작스러운 단절에서 생겨나는 사회적 문제를 최소화하기 위해서라도 그 속력을 조금 줄이는 일은 필요하다. 언어적으로는 기성세대의 추억 속에 내장된 전통형을 자주 끄집어내어 기억을 되살리는 것으로 속도의 지연이 어느 정도 가능하다. 물론 이에는 방언에 대한 편견이 사라지고 사투리 사용을 인위적으로 제한하지 않는 사회 분위기의 형성이 전제된다.

자신이 어려서 쓰던 말을 잃으면 고향을 잊는다. 옛날 그 말도 아니고 그 고향 그대로도 아니지만 어릴 적 사투리로 얘기하면 마음속 고향은 조금이나마 되살아난다. 그러기에 방언의 가치를 발견하고 기억의 복구를 통해 전통 방언의 소멸 속도를 늦추는 작업은 결국 고향을 잃는 속도(나아가 문화적 다양성의 상실 정도)를 줄이는 일이 된다. 그러고 보면 고향을 잃은 상실감 또는 그리움에 '방언 자료집'을 직접 펴내거나 그외 여기저기서 사투리를 간직하고자 애쓰는 이들은 모두 고향을 가슴에 품은 사람들이다.

참고문헌

- 강명관(2009), 『사라진 서울』, 푸른역사.
- 강신항(1980), 『계림유사 '고려방언' 연구』, 성균관대 출판부.
- 강영주(2004), 「국학자 홍기문 연구」, 『역사비평』 68.
- 강영주(2010), 「국학자 홍기문 연구 2: 1930년대 홍기문의 언론활동과 학술연구」, 『역사비평』 92.
- 강영주(2013), 「국학자 홍기문 연구 4: 해방 직후 홍기문의 활동」, 『역사비평』 102.
- 강정희(2016), 「민족 생활어 조사 사업 개관」, 『방언학』 24.
- 고미숙(1999), 「근대계몽기, 그 생성과 변이의 공간에 대한 몇 가지 단상」, 『민족문학사연구』 14.
- 고성환(2011), 「국어순화의 역사와 전망」, 『새국어생활』 21-2, 국립국어원.
- 곽충구(2001a), 「남북한 언어 이질화와 그에 관련된 몇 문제」, 『새국어생활』 11-1, 국립국어원.
- 곽충구(2001b), 「조선후기 문헌의 함북방언 어휘」, 『국어연구의 이론과 실제』(이광호 교수 회갑기념논총), 태학사.
- 곽충구(2007), 「방언의 사전적 수용」, 『국어국문학』 147.
- 곽충구(2010), 「이광명의 '이쥬풍쇽통'과 19세기 함남 갑산의 언어문화」, 『방언학』 12.
- 곽충구(2011), 「일제강점기의 방언 의식과 작품 속의 북부 방언」, 『영주어문』 21.
- 국립국어원 편(1999), 『표준국어대사전』, 두산동아.
- 김덕호·김순임·양민호·안미애 역(2011), 『경제언어학: 언어, 방언, 경어』(이노우에 후미오 지음), 역락.
- 김도경(2012), 「표준어의 이념과 '사투리'의 탄생: 1920년대 문학에서 표준어와

방언의 문제」,『어문학』117.

- 김봉국(2006),「강원도 말을 찾아서」,『새국어생활』16-4, 국립국어원.
- 김선애(2015),「무대 연기언어와 일상언어의 발화과정 비교 연구」,『한국예술연구』12.
- 김성규·정승철(2013),『소리와 발음』(개정판), 한국방송통신대 출판부.
- 김세중(2005),「국어기본법 시행의 의의」,『새국어생활』15-3, 국립국어원.
- 김완진·안병희·이병근(1985),『국어연구의 발자취』(대학교양 총서 17), 서울대 출판부.
- 김은신(1998),『한국 최초 101장면: 우리 근대문화의 뿌리를 들춰보는 재미있는 문화기행』, 가람기획.
- 김정대(2006),「공통어 정책: 표준어 정책의 새로운 모색」,『2006 언어정책 토론회 자료집』, 국립국어원.
- 김종서(1964),「한국 문맹률의 검토」,『교육학연구』2-1.
- 김홍수 선생 정년기념논총 간행위원회 편(2016),『글의 무늬를 찾아서』(김홍수 선생 정년기념논총), 서해문집.
- 김홍순(2011),「인구 지표를 통해 본 우리나라의 도시화 성격: 일제강점기와 그 전후 시기의 비교」,『한국지역개발학회지』23-2.
- 남성우·정재영(1990),『북한의 언어생활』, 고려원.
- 노영택(1979),「일제하의 농민계몽운동의 연구: 동아일보사의 브나로드운동을 중심으로」,『역사교육』26.
- 문교부(1976),『새마을운동: 교육부문』, 국정교과서주식회사.
- 민현식(1999),『국어 정서법 연구』, 태학사.
- 박경래(2011),「충청도 방언과 충청도 문학: 정지용의 '향수'에 쓰인 충청도 방언을 중심으로」,『영주어문』21.
- 박경래(2012),「국어사전과 방언의 수용: '표준국어대사전'을 중심으로」,『방언학』16.
- 박기성(2014),『한국방송사』, 원명당.

- 박노식(1995), 『뻥까오리 백작』, 씨와날.
- 박민규(2010), 「지역어 조사·보존 사업의 전개 현황」, 『새국어생활』 20-3, 국립 국어원.
- 박용규(2012), 『조선어학회 항일투쟁사』, 한글학회.
- 반재식(2000), 『만담 백년사: 신불출에서 장소팔·고춘자까지』, 백중당.
- 반재식(2004), 『한국 웃음사: 재담·만담·코미디』, 백중당.
- 방언연구회 편(2001), 『방언학 사전』, 태학사.
- 서연호·장원재 공편(2003~2009), 『오태석 공연 대본 전집 1~16』, 연극과 인간.
- 서종학 외(2009), 『2009년도 방언 경연 대회를 통한 지역 방언 활성화 방안 연 구』, 국립국어원.
- 손성필(2014), 「『북새기략』의 편찬 경위와 편찬자 문제」, 『민족문화』 43, 한국고 전번역원.
- 송기형(2015), 『현대 프랑스의 언어정책』, 한국문화사.
- 송철의 외(2013), 『한국 근대 초기의 어문학자』, 태학사.
- 오새내(2008), 「일제강점기 서울 지역어의 성격과 표준어와의 관계」, 『한국어학』 40.
- 오새내(2015), 「방송매체와 방언」, 『방언학』 22.
- 오승욱(2011-2012), 「한국 액션 영화배우 열전」 ①~⑫, 『신동아』 2011년 4월호 ~2012년 3월호.〔① 장동휘 ② 박노식 ③ 신성일 ④ 최무룡 ⑤ 챠리 셸 ⑥ 황인 식, 황정리 ⑦ 허장강 ⑧ 김희라 ⑨ 왕호 ⑩ 이대근 ⑪ 이대엽 ⑫ 남궁원〕
- 오승욱(2012), 「한국 여배우 열전: 위대한 악녀 도금봉」, 『신동아』 2012년 7월호.
- 오항녕 옮김(2013), 『존재집』(위백규 지음) 4, 흐름.
- 윤병석(1977), 「이광명의 생애와 〈이쥬풍쇽통〉에 대하여」, 『어문연구』 15·16.
- 윤여탁 외(2006), 『국어교육 100년사』, 서울대 출판부.
- 이관규(2011), 「표준어 교육의 실태와 방향」, 『새국어생활』 21-4, 국립국어원.
- 이기갑(2003), 『국어 방언 문법』, 태학사.
- 이기갑(2010), 「담화표지 '그냥', '그저', '그만'의 방언 분화」, 『방언학』 11.

- 이기갑(2010), 「지역어 조사·보존 사업의 성과와 활용 방안」, 『새국어생활』 20-3, 국립국어원.
- 이기문(1970), 『개화기의 국문연구』, 일조각.
- 이기문(1985), 「'녹대'와 '가달'에 대하여」, 『국어학』 14.
- 이병근(2000), 『한국어 사전의 역사와 방향』, 태학사.
- 이병근 외(2005), 『한국 근대 초기의 언어와 문학』, 서울대 출판부.
- 이병근 외(2007), 『일제 식민지 시기 한국의 언어와 문학』, 서울대 출판부.
- 이봉형(2015), 『영어권 지역과 언어의 이해』, 동인.
- 이상규·홍기옥(2015), 『시어 방언 사전』, 역락.
- 이상억(1994), 『국어 표기 4법 논의』, 서울대 출판부.
- 이연숙·고영진·조태린 옮김(2005), 『언어 제국주의란 무엇인가』(미우라 노부타카·가스야 게이스케 엮음), 돌베개.
- 이익섭(1981), 『영동영서의 언어분화: 강원도의 언어지리학』, 서울대 출판부.
- 이태영(1997), 「채만식 소설 '천하태평춘'에 나타난 방언의 특징」, 『국어문학』 32.
- 인요한(2008), 『내 고향은 전라도, 내 영혼은 한국인』, 생각의나무.
- 장원재(2009), 「21세기 초엽과 오태석의 만화적 상상력」, 『오태석 공연 대본 전집』(서연호·장원재 공편) 13, 연극과 인간.
- 전은경(2013), 「잡지 『소년』의 기획과 독자 전략: 글쓰기 형식 훈련과 '읽기'의 이중화 전략」, 『한국현대문학연구』 41.
- 전춘명 옮김(2001), 『독일 사회방언학』(Klaus J. Mattheier 지음), 한신대 출판부.
- 정승철(2005), 「근대 국어학과 주시경」, 『한국 근대 초기의 언어와 문학』(이병근 외), 서울대 출판부.
- 정승철(2007), 「일제강점기의 언어정책」, 『일제 식민지 시기 한국의 언어와 문학』(이병근 외), 서울대 출판부.
- 정승철(2009), 「어문민족주의와 표준어의 정립」, 『인문논총』 23, 경남대.
- 정승철(2010), 「소창진평의 생애와 학문」, 『방언학』 11.
- 정승철(2013), 『한국의 방언과 방언학』, 태학사.

- 정승철(2014), 「한국 방언 자료집 편찬의 역사」, 『방언학』 20.
- 정승철(2015), 「조선어학회와 『신민』」, 『관악어문연구』 40, 서울대 국어국문학과.
- 정승철(2016), 「방언채집운동에 관하여」, 『관악어문연구』 41, 서울대 국어국문학과.
- 정승철(2017), 「채만식과 방언」, 『관악어문연구』 42, 서울대 국어국문학과.
- 정승철·최형용(2015), 『안확의 국어 연구』, 박이정.
- 정진석(2014), 『한국 잡지 역사』, 커뮤니케이션북스.
- 정진석 편(1999), 『문자보급운동교재』, LG상남언론재단.
- 정홍섭(2010), 「『탁류』의 방언과 북한어」, 『한국현대문학연구』 31.
- 정희원(2013), 「한국의 다문화 사회화와 언어교육 정책」, 『새국어생활』 23-4, 국립국어원.
- 조태린(2016), 「성문화된 규정 중심의 표준어 정책 비판에 대한 오해와 재론」, 『국어학』 79.
- 조희문(2007), 「'춘향전' 영화의 지역어 사용을 통한 캐릭터 구성 연구」, 『영화연구』 34.
- 지제근(2011), 「의학 용어 순화의 실태와 문제점」, 『새국어생활』 21-2, 국립국어원.
- 차윤정(2010), 「〈자갈치 아지매〉를 통해 본 로컬의 경계 허물기 방식에 대한 고찰」, 『한국민족문화』 36.
- 최강현 역주(1999), 『후송 유의양 유배기 북관노정록』, 신성출판사.
- 최경봉(2005), 『우리말의 탄생』, 책과함께.
- 최경봉(2011), 「현대사회에서 표준어의 개념과 기능」, 『새국어생활』 21-4, 국립국어원.
- 최경봉(2016), 『근대 국어학의 논리와 계보』, 일조각.
- 최명옥(2015), 『한국어의 방언』, 세창출판사.
- 최원식(2002), 『한국 계몽주의 문학사론』, 소명출판.
- 한국간행물윤리위원회 편(1982), 『간행물 윤리 30년』.
- 한국교열기자회 편(1982), 『국어순화의 이론과 실제』, 일지사.

- 한국국어교육연구회 편(1976), 『국어순화의 방안과 실천자료』, 세운문화사.
- 한국정신문화연구원 편(1987~1995), 『한국방언자료집』.
- 한국정신문화연구원 편(1991), 『한국민족문화대백과사전』.
- 한성우(2005), 「『보통학교 조선어독본』 음성자료에 대한 음운론적 연구」, 『어문연구』 33-3.
- 한영순(1967), 『조선어 방언학』, 평양: 김일성종합대학출판사.
- 한재영(2011), 「외국의 표준어 정책」, 『새국어생활』 21-4, 국립국어원.
- 허남오(2001), 『너희가 포도청을 어찌 아느냐』, 가람기획.
- 허재영(2004), 「근대계몽기 이후 문맹퇴치 및 계몽운동의 흐름」, 『국어교육연구』 13.
- 허재영(2009), 「일제강점기 조선총독부의 교과서 정책과 교과서 편찬 실태」, 『동양학』 46.
- 허재영(2011), 「근대계몽기 언문일치의 본질과 국한문체의 유형」, 『어문학』 114.
- 현평효 외(2009), 『제주어사전』(개정증보판), 제주도.
- 황문평(1991), 「원맨쇼의 선구자: 윤부길」(연예인물사 9), 『월간 예술세계』 1991년 9월호.
- 황풍년(2015), 「인쇄 매체와 방언: '지역말'을 기록하는 원칙이 필요하다」, 『방언학』 22.
- 眞田信治(2001), 『標準語の成立事情』, PHP研究所.
- 眞田信治·임영철(1993), 『사회언어학의 전개』, 시사일본어사.

＊네이버 사전, 우리말샘, 한국역사정보검색시스템 및 각종 방언사전 등 참조.

찾아보기(인명)*

* 인명의 한자 병기는 본문에 따랐음.

사진 출처

13쪽 『계림유사』: 강신항 『계림유사 '고려방언' 연구』, 성균관대 출판부 1980

16쪽 『훈민정음』: 강신항 『훈민정음 연구』, 성균관대 출판부 1987

20쪽 『남해문견록』: 국립중앙도서관

20쪽 『북관노정록』: 최강현 『후송 유의양 유배기 북관노정록』, 신성출판사 1999

29쪽 『인어대방』: 『인어대방』 영인본, 태학사 1988

48쪽 소년 통신: 『소년』 영인본 제1권, 역락 1999

49쪽 소년 통신: 『소년』 영인본 제1권, 역락 1999

53쪽 『사정한 조선어 표준말 모음』: 인천문화재단

58쪽 보통학교용 언문철자법: 『역대한국문법대계』 제2부 36호, 탑출판사 1977

76쪽 표준말 발표식 거행: 『한글』 영인본 제3권, 한글학회 1994

86쪽 『조광』에 연재된 『천하태평춘』: 『조광』 영인본 제4권 3호, 역락 2006

93쪽 『한글원본』: 문화재청

93쪽 『한글공부』: 문화재청

101쪽 '벽동' 방언: 『한글』 영인본 제2권, 한글학회 1994